Tarn

TERRE DE CARACTÈRE

Typique de la région Occitanie, le département du Tarn est symbolisé par une nature vraie, un patrimoine resplendissant et une gastronomie épatante. C'est une destination idéale pour s'espanter, fousiquer, gansouiller, escargoter... Tous les plaisirs simples de la vie, quoi ! Normal, vous êtes dans le Sud-Ouest, le territoire du bien-vivre.

Dans une lumière qui rappelle parfois celle de la Toscane, le Tarn déploie un relief séduisant, fait de vallées sauvages arrosées de cours d'eaux et de monts escarpés. Au milieu de cette nature, tantôt libre, tantôt apprivoisée, des cités médiévales s'élèvent, tels des phares au cœur d'un océan de verdure.

La plus célèbre est la belle Albi. Classée au patrimoine mondial de l'UNESCO, la cité épiscopale semble avoir survécu avec majesté aux ouvrages du temps. Elle dévoile ses typiques briques rouges et son impressionnante cathédrale aux regards des curieux. Au Sud du département, c'est la ville de Castres, réputée pour son équipe de rugby, ses maisons perchées sur l'Agout et le musée Goya, qui joue de son charme. Tout autour de ces communes, des villages pittoresques tels que Cordes-sur-Ciel, Rabastens, Mazamet ou encore Gaillac tirent leur épingle du jeu.

Riche culturellement, le territoire est également une mine d'or pour les sportifs et les gourmands. Séduits par la variété de paysages et le terroir, ils craquent pour cette terre de caractère qui promet un dépaysement total.

Prêt à vivre une grande aventure tarnaise ? Suivez le guide !

Retrouvez cette offre en page 186

SOMMAIRE

© FRED

© CLAUDIO GIOVANNI COLOMBO - SHUTTERSTOCK.COM

6 INSPIRER
Marqué par son histoire, le Tarn est aujourd'hui un lieu dynamique qui répond à toutes les envies.

6 : Quand y aller ?
8 : Les bonnes raisons d'y aller
11 : Les 12 mots-clés
17 : Idées de séjour

21 DÉCOUVRIR
Découvrez le Tarn, un pays de savoir-faire, de culture et de passion, un décor naturel à la vie trépidante.

22 : Le vignoble du Gaillac
25 : Géographie
27 : Nature
30 : Histoire
33 : Architecture
35 : Beaux-arts
37 : Musiques et scènes
39 : Littérature
40 : Que rapporter ?
41 : Sports et loisirs
44 : Gastronomie
47 : Agenda

49 TRÉSORS DE L'ALBIGEOIS
L'agglomération d'Albi et les communes qui peuplent ses alentours n'auront plus de secret pour vous.

81 SIDOBRE ET MONTS DE LACAUNE
Avec ses paysages époustouflants et ses produits du terroir, le secteur vous promet de belles surprises.

97 CASTRES, MAZAMET ET LA MONTAGNE NOIRE
Marqué par l'artisanat et les conflits religieux, le territoire vous plongera dans l'histoire du Tarn.

125 PAYS DE COCAGNE
Pastel, safran, ail rose : les trésors du terroir attendent de pouvoir réveiller les 5 sens de leurs visiteurs.

149 BASTIDES ET VIGNOBLES DU GAILLAC
Avec sa vigne millénaire et son dynamisme culturel, ce secteur promet de vous en mettre plein les yeux.

181 ORGANISER SON SÉJOUR
182 : S'y rendre
183 : Séjours et circuits
184 : Se déplacer
185 : S'informer
188 : Index

Dans les rues de Gaillac.

© PAUL ATKINSON - SHUTTERSTOCK.COM

TARN-ET-GARONNE
AVEYRON
Vers Villefranche-de-Rouergue
Vers Caussade
Laguépie
Viaur
Mirandol-Bourgnounac
D115
D600
D922
D905
VAOUR
MONESTIÉS
D91
CORDES-SUR-CIEL
CARMAUX
Les Cabannes
D115
PENNE
Vers Montauban
D15
Blaye-les-Mines
D91
Forêt de Grésigne
D922
Vère
D3
D964
CAHUZAC-SUR-VÈRE
D600
D88
Le Verdier
Cestarols
PUYCELSI
N88
CASTELNAU-DE-MONTMIRAL
D964
Cagnac-les-Mines
D18
Marssac-sur-Tarn
ALBI
Vers Montauban
D999
D988
SALVAGNAC
GAILLAC
N88
A68
D612
St-Caprais
D84
Montans
Tarn
Cadalen
D988
LISLE-SUR-TARN
D964
RABASTENS
D97
A68
Laboutarie
ST-SULPICE-LA-POINTE
GRAULHET
GIROUSSENS
D12
Dadou
ST-LIEUX-LÈS-LAVAUR
Vers Toulouse
Dadou
D83
D112
LAUTREC
LAVAUR
D84
D112
Vers Toulouse
Lacougotte-Cadoul
St-Paul-Cap-de-Joux
Vielmur-s.-Agout
D12
D83
D20
Agout
D97
Magrin
D112
N126
PUYLAURENS
Saïx
N126
Soual
D621
D84
Sor
DOURGNE
HAUTE-GARONNE
D85
SORÈZE
Durfort
D629
Sor
AUDE

N
O
E
S
Autoroute
Nationale 4 voies
Nationale
Départementale
Ville, village
Sortie d'autoroute
Forêt domaniale
AVEYRON
Vers Rodez
Tanus
Tréban
D53
Cérou
Valence-d'Albigeois
Vers Réquista
D903
D74
Tarn
TRÉBAS
AMBIALET
D999
Villefranche-d'Albigeois
ALBAN
Vers Millau
D86
TEILLET
D607
D81
Dadou
le Masnau-Massuguiès
SAINT-PIERRE-DE-TRIVISY
BESSONNIÉ
D89
LACAZE
Vers Millau
D622
MURAT-SUR-VÈBRE
LACAUNE
NAGES
Vèbre
Lac du Laouzas
Vers Bédarieux, Béziers
D55
Vabre
Agout
LACROUZETTE
D53
D622
D907
BURLATS
BRASSAC
D622
Lac de la Raviège
Agout
Le Bez
Vers St-Pons-de-Thomières, Béziers
Noailhac
D68
Anglès
HÉRAULT
D612
Lac des Saints-Peyres
Aussillon
MAZAMET
LABASTIDE-ROUAIROUX
Thoré
Lacabarède
Vers St-Pons-de-Thomières, Béziers
St-Amans-Soult
N112
D118
Parc Régional du Haut-Languedoc
Tarn
AUDE
10 KM

QUAND Y ALLER

JANVIER

1° / 10°

CORRIDA DE L'ÉPIPHANIE
(LESCURE-D'ALBIGEOIS)
Enfilez vos baskets et débutez la nouvelle année avec une course à pied de 10 km autour de la commune de Lescure-d'Albigeois.

FÉVRIER

1° / 11°

FÊTE DU ROMARIN DOURGNE
(DOURGNE)
Cet événement – souvent méconnu du grand public – est l'une des plus anciennes manifestations traditionnelles de la région.

CARNAVAL D'ALBI
(ALBI)
Ce carnaval est l'un des plus grands défilés de la région ! Au programme : des chars, des parades géantes et des costumes !

MARS

4° / 16°

CARNAVAL VÉNITIEN DE CASTRES
(CASTRES)

© THANH - STOCK.ADOBE.COM

Chaque année, en mars, la « petite Venise du Tarn » sert de décor à un week-end de festivités aux couleurs de la cité des Doges.

JUILLET

16° / 29°

FESTIVAL PAUSE GUITARE
(ALBI)
Près de 50 artistes nationaux et internationaux sont prévus pour cet événement désormais majeur du sud de la France.

LES EXTRAVADANSES
(CASTRES)
Dédié à la danse, ce festival joue à 100 % la carte de la diversité, de la salsa au rock, en passant par le jazz et le flamenco.

AOÛT

16° / 29°

LA FÊTE DES VINS DE GAILLAC
(GAILLAC)
Cette grande fête du vin de Gaillac rassemble les professionnels et les curieux autour de rencontres et de concerts conviviaux.

L'ÉTÉ DE VAOUR
(VAOUR)
Dans ce village du Tarn, on aime rire de tout, surtout durant le festival L'été de Vaour. 5 jours à inscrire dans son calendrier !

SEPTEMBRE

12° / 25°

COCO JAZZ
(GAILLAC)
Créé en 2018 par un groupe de férus de jazz et de musique improvisée, ce festival gaillacois a de beaux jours devant lui.

Le climat du Tarn se caractérise par une influence océanique dominante, marquée par de fortes pluies en hiver et au printemps, ainsi que par la dominance de vents d'Ouest. Les températures, relativement douces (en moyenne il fait 13°C sur une année à Albi), battent des records en été en raison de l'influence méditerranéenne. Le département est alors l'un des plus chauds du pays ! L'Est du Tarn, influencé par la montagne, est davantage affecté par la pluie et le froid.

AVRIL

6° / 18°

FOIRE AGRICOLE DE RÉALMONT
(RÉALMONT)
La foire de Réalmont c'est 90 000 m² d'espace, 70 bénévoles, plus de 50 000 visiteurs et 600 exposants munis de leurs merveilles.

ACTHÉA
(ALBI)
Ce festival universitaire européen de théâtre, de musique et d'arts de rue transforme Albi en scène géante : concerts, spectacles, etc.

$ $

MAI

12° / 23°

FESTIVAL PAPILLONNEZ
(GAILLAC)
Ce festival gratuit est consacré à la nature et à la littérature. Familial, c'est un événement printanier à ne pas louper !

$ $

JUIN

14° / 27°

FESTIVAL TONS VOISINS
(ALBI)
Tous les ans, ce festival albigeois réunit des artistes autour de la musique de chambre. Un événement accessible à tous !

LA NUIT PASTEL
(ALBI)
Organisé sur les rives du Tarn, cet événement s'articule autour d'une vingtaine de rendez-vous : concerts, spectacles, danses...

$ $

OCTOBRE

9° / 20°

ARGENTINA
(ALBI)
Créé en octobre 2020, ce festival culturel est consacré à la musique populaire argentine à écouter, à regarder et à danser.

$

NOVEMBRE

5° / 14°

FESTIVAL DES ŒILLADES
(ALBI)
Chaque automne, le Festival du film francophone fait son cinéma à Albi ! A l'affiche : des avant-premières et des rencontres.

$

DÉCEMBRE

2° / 10°

MARCHÉ DE NOËL À CASTRES
(CASTRES)

© AMZPHOTO - ISTOCKPHOTO.COM

Avec son décor enneigé, son carrousel festif et sa quarantaine de chalets artisanaux, ce village de Noël est féerique.

$

LES BONNES RAISONS D'Y ALLER

LES POINTS DE VUE SPECTACULAIRES

Depuis les reliefs du département, vous aurez accès à des panoramas à couper le souffle.

LES PAYSAGES ET ESCAPADES

S'échapper dans le Tarn, c'est se donner la possibilité de vivre mille et une aventures !

LE MAINTIEN DE LA FLORE ET LA FAUNE

Grâce à un brillant travail de sauvegarde, le Tarn a conservé ses richesses naturelles.

© SMARINA - ISTOCKPHOTO.COM

LA CUISINE GÉNÉREUSE ET SAVOUREUSE

Elle est représentée par des produits locaux d'exception et des recettes ancestrales.

© MUSÉE TOULOUSE-LAUTREC

LA COLLECTION DE MUSÉES LUDIQUES

De Goya à Toulouse-Lautrec, en passant par la mine et le chocolat, tout est abordé !

© S. PECH - SHUTTERSTOCK.COM

LA DÉFENSE DU PATRIMOINE ANCESTRAL

Se balader dans le Tarn, c'est découvrir ses châteaux, églises et bien d'autres trésors.

© JOAQUIN OSSORIO-CASTILLO - ISTOCKPHOTO.COM

LE CHARME DES VILLAGES PITTORESQUES

Cités d'influence et d'histoire, elles se démarquent grâce à leur atmosphère remarquable.

LES BONNES RAISONS D'Y ALLER

LA MAJESTÉ DES CITÉS HISTORIQUES

Inscrites à l'Unesco et dans nos mémoires, elles participent au rayonnement du département

LA MOSAÏQUE DE SPORTS ET LOISIRS

Les cours d'eau et vallées ont transformé le département en paradis des activités outdoor.

LA RICHESSE DE L'AGENDA CULTUREL

Le Tarn accueille de nombreuses festivités ! Nul doute que vous trouverez votre bonheur !

LES 12 MOTS-CLÉS

#ARCHITECTURE

Marquée par l'histoire mouvementée du département, l'architecture tarnaise est influencée par différents courants. Ils se dévoilent au fil de ses ruelles pittoresques, dans les traits de ses constructions en argile, de ses églises forteresses et de ses monuments gothiques, dont l'édifice le plus représentatif est la cathédrale Sainte-Cécile d'Albi.

#ARTISANAT

Les hommes et les femmes du Tarn ont usé de leur talent et de leur terre pour assurer une santé économique et une réputation au département. Si celui-ci a historiquement été marqué par le travail du textile et du cuir, il sert aujourd'hui d'atelier à de nombreux potiers, souffleurs de verre, ferronniers d'art, créateurs de textiles et de bijoux…

#CANOË-KAYAK

Le canoë-kayak fait partie des activités *outdoor* simples à pratiquer. En plus d'être sympathique, le loisir permet de s'aventurer dans de grands espaces naturels sans déranger leurs habitants. Au bout de quelques minutes de pagaie, vous apercevrez surement certains d'entre eux. Prenez le temps de faire une pause baignade pour vous rafraichir !

#CANYONING

Aux portes du parc national du Haut Languedoc, notamment au niveau des gorges du Banquet, plusieurs organismes proposent des sorties canyoning aux amateurs de sensations fortes. Ludique, ce parcours est constitué de nages, sauts, glissades sur des toboggans naturels, descentes en rappel, escalades de parois... Il y en a pour tous les niveaux !

#ESCALADE

Prenez de la hauteur ! Grâce à ses nombreux reliefs, le Tarn est un formidable terrain pour les amateurs d'escalade. Ils peuvent découvrir et progresser au cœur de paysages sensationnels tels que les gorges du Banquet, le Parc Naturel Régional du Haut-Languedoc et la Montagne Noire. Au programme : escalade, via ferrata, parcours en falaise...

#GASTRONOMIE

Au pays du bien manger, les assiettes se parent de produits locaux très parfumés à l'image de l'ail rose de Lautrec, du safran ou de la charcuterie de Lacaune. C'est aussi une contrée où les amateurs de biscuits et desserts ont l'embarras du choix : croquants de Cordes, gimblettes, curbelets... Ne repartez pas du département les mains vides !

#MONTAGNE

Le Tarn est caractérisé par de nombreux reliefs, ce qui explique l'attirance des sportifs pour le département. Avec la Montagne Noire, à proximité de Mazamet, et les reliefs du parc national du Haut Languedoc, aux portes de l'Hérault, la destination est idéale pour pratiquer l'escalade, la randonnée, le canyoning et bien d'autres activités.

#MUSÉE

Epargné par les âges, le département est un musée à ciel ouvert. Il raconte au travers de son patrimoine les épopées qui ont construit son histoire. Pour approfondir ces sujets ou découvrir les artistes qui se sont inspirés du territoire, plusieurs espaces sont accessibles : Muséemine, Musée du Catharisme, Musée Goya, Musée Toulouse-Lautrec...

LES 12
MOTS-CLÉS

#PÊCHE

Le Tarn est constellé de lacs et cours d'eaux qui font la joie des pêcheurs de tous les niveaux. Nombreux, les spots peuvent être aménagé ou sauvage. Ils abritent une variété incroyable de poissons : truites, silures, brochets, sandres… Parmi les meilleurs spots, on peut citer l'Agoût, le Tarn, le Cérou, le Thoré et le lac des Saint-Peyres.

© URBAZON - ISTOCKPHOTO.COM

#RANDONNÉE

Le département est sillonné par de nombreux chemins de randonnée adaptés aux marcheurs, cyclistes et cavaliers. Variés, ils conduisent au cœur de la montagne, dans les plaines, près des rivières, autour des lacs et dans les villages pittoresques. Présents aux quatre coins du Tarn, chacun de ces sentiers dévoilera une nouvelle facette du territoire.

#TRADITION

Dans le Tarn, la tradition se fête et se dévore ! Jetez un œil sur l'agenda du département, il laisse une place de choix aux fêtes de villages, défilés et célébrations traditionnelles. Côté activité, vous aurez peut-être la plaisir de contempler une partie de jeu de quille de 9 ou de tambornet (ou tambourin), des jeux emblématiques de la région.

#VIGNE

« Je boirai du vin quand les vaches brouteront du raisin » disait avec humour le peintre tarnais Henri de Toulouse-Lautrec. Une remarque qui symbolise à merveille l'importance de la vigne pour les locaux ! Célébrée depuis plus d'un millénaire, elle participe toujours à la renommée du département, particulièrement du côté des vignobles gaillacois.

© LE POINT DU JOUR - SHUTTERSTOCK.COM

VOUS ÊTES D'ICI, SI…

- Les mots « espanter », « fousiquer », « gansouiller », « poutouner » et « escargoter » ne vous sont pas inconnus.
- Vous avez déjà donné de la voix pour encourager votre équipe de rugby préférée.
- Vous pouvez briller en société avec quelques anecdotes sur Goya, Toulouse-Lautrec et Jean Jaurès.
- Les sports outdoor, tels que la randonnée, le canyoning et l'escalade, n'ont plus aucun secret pour vous.
- Vous vous êtes déjà aventuré dans les anciennes mines du département.
- Vous avez déjà entendu le brâme du cerf et admiré un vol de vautour.
- Vous avez eu l'occasion d'admirer les lanternes colorées de Gaillac et les masques vénitiens de Castres.
- Vous défendez à pleins poumons la supériorité de la charcuterie de Lacaune et de l'ail rose de Lautrec.
- Le casse-museau, le mesturet et les croquants de Cordes comptent parmi vos spécialités préférées.
- Vous connaissez les meilleurs vins de Gaillac et les petits surnoms de leurs producteurs.

Carnaval vénitien de Castres.

TOP 5

SE RESTAURER

Canaille ou traditionnelle, terroir ou colorée par des influences du monde, la cuisine du Tarn brille par sa diversité. Ses nombreux parfums puisent leur origine chez les producteurs de talent et sont ensuite proposés par les créateurs qui officient derrière les fourneaux du département. Qu'elles soient à la bonne franquette, bistronomiques ou dignes d'un étoilé, leurs réalisations servent un objectif commun : la satisfaction des gourmand.

© LARA HATA - ISTOCKPHOTO.COM

63 AMBROISIE

Albi

Régionale et délicieuse, la cuisine bistronomique de l'Ambroisie vous invite sur les routes d'une belle aventure culinaire.

109 LES METS D'ADELAIDE

Castres

Dans l'ancienne école du village, le chef Cyril Cubilié donne une jolie leçon de gastronomie. Un 20/20 de l'entrée au dessert.

120 HÔTEL-RESTAURANT METS ET PLAISIRS

Mazamet

L'objectif que s'est fixé le chef Jean-Pierre Blancard est simple : ici, les mets ne doivent être que plaisir... Mission réussie !

LA PART DES ANGES 1

Castres

Dans cette adresse emblém tique de l'élégance bistrono mique et du terroir, on fait du bon avec du frais, du local et le sourire.

BISTROT SAVEURS 111

Castres

Dans sa cuisine, Simon Scott jongle avec les saveurs, les textures et compose des assiettes dignes des plus grands établissements.

TOP 5

SE LOGER

Au cœur des villages du Tarn, de ses vallées et de ses vignes, une pléiade d'hébergements vous ouvre ses portes. Hôtels classiques, établissements de luxe, gîtes, chambres d'hôtes, campings : tout le monde y trouve son compte ! Selon vos envies et vos budgets, vous aurez l'occasion de choisir parmi de nombreuses offres aux rapports qualité-prix très honnêtes. Pour chacune d'entre elles, le plaisir et le calme seront les maîtres-mots.

EUROPE HÔTEL***

Castres
Au détour du vieux Castres, l'Europe Hôtel se dévoile, déployant son charme intimiste et feutré inspiré de la Rome antique.

LE DOMAINE DE CIMÉLIA

Fauch
Les gîtes en pierre du Domaine de Cimélia allient authenticité et confort. Un accueil particulier est réservé aux cavaliers.

CHÂTEAU DE MAURIAC

Senouillac
Cette forteresse du XIVe siècle attire l'œil. A l'intérieur, cinq chambres d'hôtes au cadre somptueux attendent les voyageurs.

CHÂTEAU LARROZE

Cahuzac-sur-Vère
Des chambres spacieuses et claires vous attendent dans ce château du XIXe siècle entouré de vignobles et d'arbres centenaires.

LA VILLA DE MAZAMET

Mazamet
Cette sublime maison de maître de 1934 s'élève au cœur d'un jardin clos aménagé. Elle offre un panorama sur la Montagne Noire.

TOP 5

ACTIVITES

La diversité des paysages du Tarn est une invitation à l'aventure. Ici, on s'élance dans les airs, les arbres et sur l'eau, dès le plus jeune âge. En groupe ou en solo, les activités ne manquent pas de piquant et provoqueront pour certaines quelques montées d'adrénaline. Pour d'autres, l'idée sera davantage de se détendre et de ralentir le rythme. Parfait quand on est là pour recharger ses batteries. On vous présente 5 loisirs qui nous ont séduits.

ATMOSPH'AIR MONTGOLFIÈRES OCCITANES

Albi

Elevez-vous dans le ciel du Tarn ! Le vol, poussé par les vents, offrira à vos yeux un panorama à 360° sur le département.

© ATMOSPH'AIR MONTGOLFIÈRES OCCITANES

71

117

© GUY STONER

121

LAC'CRO PARC

Mazamet

Les amateurs d'adrénaline apprécient ce parc accrobranche. Il abrite 15 parcours, 25 tyroliennes dont une « méga » de 200 m !

LA PASSERELLE DE MAZAMET

Mazamet

Installée à 70 m de haut, au-dessus des gorges de l'Arnette, la passerelle de 140 m permet d'admirer une vue impressionnante !

© DAVIDD31 - SHUTTERSTOCK.COM

© JACKY JEANNET - STOCK.ADOBE.COM

58

PROMENADE EN GABARRE - ALBI CROISIÈRES

Albi

Ces gabarres vous conduisent à la découverte d'Albi et sa région au fil du Tarn. Une bien belle façon de découvrir ses paysages.

ESPACE DES SOURCES CHAUDES

Lacaune

Une journée dans l'Espace des Sources Chaudes, c'est la garantie de vivre un moment où bien-être et bonne humeur dominent.

© ESPACE DES SOURCES CHAUDES

91

IDÉES DE SÉJOUR

Département de caractère, le Tarn est un musée à ciel ouvert. Sa mosaïque de paysages naturels et petits villages pittoresques ne vous laissera pas indifférent ! Dispersés sur tout le territoire, ils pourront faire l'objet de nombreuses aventures, sportives ou non. Vous êtes à la recherche d'une thématique pour guider vos pas ? Ça tombe bien, on a préparé deux itinéraires passionnants pour vous permettre de vivre la meilleure expérience lors de vos vacances dans le Tarn ! Le premier vous mènera sur le tracé d'une ancienne voie ferrée traversant l'Est du département et une partie de l'Hérault. Accessible à pied, à vélo ou encore à cheval, cette voie verte, baptisée «Passa Pais», vous conduira le long du Thoré, à la découverte de jolis villages et d'un patrimoine naturel sensationnel. Le second, plus tourné vers l'Histoire, vous permettra de découvrir les mystérieux villages perchés du Tarn. Il ne vous reste plus qu'à vous lancer !

VOIE VERTE PASSA PAIS : DE MAZAMET À LABASTIDE-ROUAIROUX

La voie verte Passa Pais sillonne le Tarn et l'Hérault sur plus de 75 km. Dénuée de toutes difficultés, c'est une échappée qui promet de jolies découvertes. Dans sa partie tarnaise, le sentier relie Mazamet et Labastide-Rouairoux, reprenant le tracé de l'ancienne voie ferrée rejoignant Bédarieux. Pour faire une balade de quelques heures, du sport ou juste prendre l'air, le parcours de 25 km est idéal. En plus d'être particulièrement agréable, il est interdit aux véhicules et adapté aux piétons, aux cyclistes et aux cavaliers. Profitez de cette étonnante « traverse paysagère » pour découvrir le patrimoine naturel et architectural du département ! Tout au long de votre excursion, vous suivrez la rivière du Thoré, un rafraichissant cours d'eau qui vous conduira des escarpements de la Montagne Noire aux forêts denses, en passant par quelques ouvrages d'art et villages. Envie de tenter cette aventure ?

› Jour 1 : Mazamet et le village médiéval d'Hautpoul

Point de départ de la voie verte, Mazamet possède de nombreux atouts : accès facile, patrimoine riche, musées pédagogiques… La ville permet de mieux comprendre l'histoire de la région avant de démarrer les explorations. Faîtes un crochet par la passerelle de Mazamet, un incroyable chemin aérien de 140 m de long qui permet de rejoindre la cité cathare d'Hautpoul. Perchée sur un éperon rocheux, elle surplombe les gorges de l'Arnette et Mazamet. Interdite aux véhicules, elle dévoilera ses vestiges et des panoramas sensationnels sur la région.

› Jour 2 : Saint Amans-Soult

Installé sur les deux rives du Thoré, ce village a été marqué par l'industrie verrière. Cette histoire se lit dans plusieurs éléments de patrimoine qui se dévoileront à vous au cours de votre balade. Ouvrez grand les yeux, vous apercevrez des fours verriers du XVIIe siècle, des lavoirs, des cascades et un joli clocher octogonal.

Pont suspendu de Mazamet.

› Jour 3 : Lacabarède

Etabli au cœur d'un océan de verdure, ce village possède un patrimoine surprenant. Prenez le temps de visiter son église, elle abrite les incroyables fresques de Nicolaï Greschny. A l'entrée du village, c'est le Menhir des deux sœurs qui attirera votre attention. Mentionnée pour la première fois en 1317, son existence est attachée à une légende. D'après elle, les rocs qui constituent le menhir s'éloignent avec une infinie lenteur pour faire le tour de la planète et leur retour marquera la fin du monde.

› Jour 5 : Labastide-Rouairoux

Située aux portes du Parc naturel du Haut Languedoc, cette commune marque la fin du tronçon tarnais. Fondée vers 1166, l'ancienne bastide doit sa renommée à son industrie textile. Lors de votre visite, explorez le musée de la ville, il célèbre le secteur et rend hommage aux hommes et femmes qui ont bâti son histoire.

› Jour 6 : La grotte de la Devèze (en bonus)

Si l'itinéraire tarnais s'arrête à Labastide-Rouairoux, on vous suggère de poursuivre votre route sur 6 km afin de rejoindre la grotte de la Devèze à Corniou (Hérault). Découverte en 1886, elle est surnommée le « Palais de la fileuse de verre » pour la finesse remarquable de ses formations. Nul doute que ce spectacle extraordinaire mérite un léger prolongement !

A LA DÉCOUVERTE DES VILLAGES PERCHÉS

Elevés telles des forteresses, la tête dans les nuages, les villages perchés du Tarn font partie des plus beaux trésors du département. Levez votre regard et contemplez leurs étonnantes silhouettes, héritages d'un passé tumultueux. Si l'histoire de la région vous intéresse ou que vous souhaitez profiter du charme pittoresque des lieux, pensez à inscrire leurs visites à votre agenda. Au cours de vos déambulations, ils dévoileront leur patrimoine. Bien préservé, il rassemble des ruines de forteresses, des monuments religieux de grande beauté et des constructions à l'architecture médiévale. Cette échappée dans les hauteurs tarnaises vous permettra également d'accéder à d'impressionnants panoramas sur la vigne, les vallées et les pics qui constellent le territoire. Pour cette visite des villages perchés, comptez environ une semaine. Prêt pour un circuit fait de vues spectaculaires, de vieilles pierres et de légendes ? Suivez le guide !

› Jour 1 : Cordes-sur-Ciel

Tout le monde vous le dira : Cordes-sur-Ciel est l'un des plus beaux villages de France ! Situé à une vingtaine de kilomètres d'Albi, cet incontournable a même remporté le titre de « village préféré des Français » en 2014. Epargnée par les âges, la ville du XIIIe siècle abrite encore des porches et des maisons gothiques. De nos jours, son cœur piétonnier accueille plusieurs ateliers d'artistes ouverts à la visite. Avant de partir, dégustez les croquants de Cordes et explorez le Musée des arts du sucre et du chocolat.

› Jour 2 : Penne

La deuxième étape de votre itinéraire se déroulera à une trentaine de minutes de route de Cordes. Surnommée « la Citadelle du Vertige » et « le Nid d'aigle », Penne est nichée sur un éperon rocheux vertigineux qui offre des panoramas saisissants sur les gorges de l'Aveyron et la forêt de Grésigne. Après avoir visité les ruines de la forteresse, promenez-vous dans la cité et découvrez l'église Sainte-Catherine.

Le village de Penne.

La Région Occitanie Pyrénées - Méditerranée
Le meilleur de la région est sur
TOUS OCCITARIENS.fr
JE DIS OUI AUX PRODUITS D'OCCITANIE !
InterBIOccitanie
FÉDÉRATION des fruits et légumes d'Occitanie
aGRICULTURES & TERRITOIRES CHAMBRE D'AGRICULTURE OCCITANIE
La Région Occitanie
IRQUALIM
Sud de France
LE MEILLEUR DE L'OCCITANIE
L'ABUS D'ALCOOL EST DANGEREUX POUR LA SANTÉ - À CONSOMMER AVEC MODÉRATION

› Jour 3 : Puycelsi

Poursuivez votre chemin jusqu'au village perché de Puycelsi. Surnommée « la forteresse des bois », la cité médiévale du Xe siècle a conservé ses fortifications, soit 800 mètres de remparts et une tour de défense imprenables. Le village vous charmera par son côté fleuri, ponctué de superbes façades. A voir également : l'église Saint-Corneille, renommée pour la décoration de sa voute, et le Conservatoire d'Espèces Fruitières et Vignes Anciennes.

› Jour 4 : Castelnau-de-Montmiral et Giroussens

Le premier village, situé à 15 min de Puycelsi, domine les vignobles de Gaillac. Erigée au XIIIe siècle, la bastide de Castelnau-de-Montmiral abrite un patrimoine impressionnant composé d'arcades, de maisons à l'architecture très diversifiée (briques, pierres, bois) et de places pleines de charme. Plus étonnant, la cité médiévale protège un trésor : la croix reliquaire des Comtes d'Armagnac, une œuvre sertie de 310 pierres précieuses ! Le second, Giroussens, surplombe la vallée de l'Agoût. Elevée à la fin du XIIIe siècle, l'ancienne bastide est une terre de potiers qui a été marquée par le travail de l'argile et de la terre. Une histoire qui se dévoile sur ses façades de briques rose et ocre. Aujourd'hui, le village accueille le Centre de la céramique, un lieu passionnant et pédagogique.

› Jour 5 : Lautrec

Capitale de l'ail rose, cette cité médiévale figure aussi sur la liste des plus beaux villages de France. S'il ne reste que quelques vestiges de ses remparts, elle conserve un patrimoine architectural et historique impressionnant. Une fois que vous aurez passé la Porte de la Caussade, élément de ses anciennes fortifications, vous accèderez à ses ruelles pittoresques. Au cours de votre balade, vous pourrez admirer un moulin à vent, un musée archéologique, la collégiale Saint-Rémi, des silos souterrains et les halles du XVe siècle.

› Jour 6 : Puylaurens

L'étape suivante de notre itinéraire vous mènera aux portes de la Montagne Noire, à Puylaurens. Etablie sur la plaine du Lauragais, cette ancienne cité fortifiée était un fleuron du Pays de Cocagne au Moyen-Âge. A l'époque, elle devait sa réputation au pastel qu'elle cultivait et qui offrait des teintures bleues dans toute l'Europe. Son histoire fut également marquée par les Guerres de religions. Ancien bastion du protestantisme, la commune de Puylaurens fut le théâtre d'importants conflits. De nos jours, la cité est un important site touristique du Languedoc. Plusieurs parcours historiques permettent de découvrir son passé.

› Jour 7 : Hautpoul

On vous propose de conclure votre itinéraire avec le surprenant village médiéval d'Hautpoul. Entièrement piétonne, la cité cathare exigera de vous quelques minutes de marche. Accrochée à un piton rocheux de plus de 300 m de haut, face à Mazamet, dont elle est le berceau historique, la ville garde l'entrée de la Montagne Noire. Son cadre exceptionnel donne accès à de superbes panoramas sur les gorges de l'Arnette, particulièrement si vous empruntez la passerelle de Mazamet, un chemin aérien inauguré en 2018. Cette balade vertigineuse et gratuite sera le clou de votre visite !

Le village de Lautrec.

DÉCOUVRIR

Le Tarn est symbolisé par une nature vraie, un patrimoine resplendissant et une gastronomie épatante. Dans une lumière qui rappelle parfois celle de la Toscane, le Tarn déploie un relief séduisant, fait de vallées sauvages arrosées de cours d'eaux et de monts escarpés. Au milieu de cette nature, des cités médiévales s'élèvent, tels des phares au cœur d'un océan de verdure. La plus célèbre est la belle Albi. Classée au patrimoine mondial de l'UNESCO, la cité épiscopale semble avoir survécu avec majesté aux ouvrages du temps. Elle dévoile ses typiques briques rouges et son impressionnante cathédrale aux regards des curieux. Au Sud du département, c'est la ville de Castres, réputée pour son équipe de rugby, ses maisons perchées sur l'Agout et le musée Goya, qui joue de son charme. Tout autour de ces communes, des villages pittoresques tels que Cordes-sur-Ciel, Rabastens, Mazamet ou encore Gaillac tirent leur épingle du jeu.

LE VIGNOBLE DE GAILLAC

Riche et varié, le terroir tarnais est marqué par la présence de la vigne. Avant même l'existence de la commune de Gaillac, créée en 972, la terre était utilisée pour la fabrication du vin. Cette histoire vieille de plus de 2000 ans ne tient pas du hasard, les situations géographiques et climatiques du sud de la France étant particulièrement favorables au développement de cette agriculture. La vie du vignoble gaillacois, l'un des plus anciens vignobles du pays, fut rythmée par de nombreuses périodes de prospérité et de crise. Membres du club très fermé des grands vins de France, les vins de Gaillac ont obtenu l'appellation d'origine contrôlée en 1938 pour les blancs et en 1970 pour les rouges et les rosés. Aujourd'hui, l'ensemble représente près de 4 000 ha, répartis sur 73 communes. Ils donnent naissance à des « vins du coq » de qualité qui participent à la valorisation du vignoble et au rayonnement du terroir tarnais.

Un vignoble ancestral

La découverte de vestiges de poterie vinaire datant du IIe siècle avant notre ère, sur la rive gauche du Tarn, confirme les origines lointaines de la consommation du vin dans la région. A l'époque, il s'agissait probablement de vin originaire d'Asie, de Grèce ou d'Italie. Ce sont les Romains qui importeront la culture de la vigne dans le gaillacois à la suite de la conquête de la Gaule (IIe siècle avant notre ère), faisant de lui le plus ancien vignoble du Sud-Ouest. Après l'effondrement de l'Empire Romain au Ve siècle, le territoire est largement détruit et pillé, vigne comprise.

Quasiment abandonné, le vignoble connaitra une renaissance grâce à l'action des moines bénédictins au Xe siècle. A cette époque, des transmissions de terres et de villes entre la noblesse et le clergé amènent la construction de l'Abbaye Saint-Michel. Achevée en 972, elle deviendra le lieu d'implantation des moines et le point central du vignoble de Gaillac. Sous leur influence, il connait une grande structuration : interdiction de fumer les vignes et d'utiliser des vins de coupage, réglementation de la taille, instauration du ban des vendanges… Ces mesures donnent aux vins de Gaillac une image de marque, le vignoble devient alors une force économique pour la région. Dès le XVIe siècle, de grandes familles marchandes émergent. Elles s'installent en ville et font construire des hôtels particuliers avec leurs propres sites de vinification. Les villes de Gaillac, Lisle-sur-Tarn et Rabastens - les trois « villes-ports » du vignoble - sont particulièrement marquées par l'essor de cette économie.

Malheureusement, les XVIIIe et XIXe siècles sont rythmés par des crises qui mettent un stop à ce dynamisme. En plus de la succession d'hivers rigoureux, cette période est celle du phylloxéra, un insecte responsable de la destruction de la quasi-totalité du vignoble de Gaillac entre 1879 et 1884. Il faudra attendre trente ans et une technique de greffage sur des souches résistantes pour que le vignoble se réveille. On profitera de cette renaissance pour moderniser l'économie viticole et mutualiser les moyens de production et de commercialisation. A cet effet, en 1903, l'Abbaye Saint Michel de Gaillac devient la cave coopérative de Gaillac, aussi appelée cave coopérative du Grand Vin du Coq. Elle est l'une des premières de France !

Cette mutualisation des efforts au début du XXe siècle redonne aux vins de Gaillac une image qualitative que l'INAO (Institut national de l'origine et de la qualité), créé en 1935, ne tarde pas à reconnaître : les vins blancs de Gaillac obtiennent l'Appellation d'Origine Contrôlée dès 1938 et les vins rouges et rosés en 1970.

Les cépages

Choisis en fonction du terroir, du climat et de la tradition, les cépages du vignoble gaillacois sont caractéristiques de ses évolutions. Concrètement le territoire est occupé par des cépages typiques et des variétés plus connues telles que la Muscadelle, la Syrah, le Cabernet Sauvignon ou encore le Merlot. Les cépages blancs représentent 45 % des surfaces plantées et les rouges 55%.

Deux cépages blancs sont particuliers au vignoble de Gaillac : le mauzac et le Loin de l'œil. Le premier est la variété traditionnelle dominant sur l'appellation. Ses arômes rappellent ceux de la pomme et la poire, il donne ainsi naissance à des vins tendres à l'acidité équilibrée. Le second, le Loin de l'œil, dont le nom provient du très long pédoncule de la grappe, ce qui éloigne le raisin du bourgeon (ou « œil », en termes viticoles), est un cépage très ancien, planté exclusivement à Gaillac. Il apporte au vin des arômes

© LE POINT DU JOUR - SHUTTERSTOCK.COM

Le vignoble de Gaillac.

fins et floraux, de la souplesse et de la fraîcheur, et se marie particulièrement bien au mauzac.

Du côté des rouges, deux cépages spécifiques au terroir s'illustrent : le duras et le braucol. La première variété est l'un des plus anciens cépages du Gaillac. Réhabilité depuis 20 ans, il apporte au vin couleur (grenat profond), charpente et finesse. Ses arômes rappellent le poivre ou les épices. La seconde, surnommée « fer servadou », est également typique du Gaillac. Ce cépage donne un vin coloré, charnu et typé avec des arômes se rapprochant du cassis, de la framboise et du poivron.

Les terroirs

Le paysage viticole gaillacois s'étend sur les deux rives du Tarn, d'Albi à Saint Sulpice et de Cordes-sur-Ciel à Graulhet. Il bénéficie de conditions optimales : ensoleillement méditerranéen, humidité de l'Atlantique, vent d'Autan... Ces atouts ont permis le développement de la vigne et la naissance d'une palette aromatique étonnante.

Le vignoble de Gaillac est caractérisé par une grande diversité de terroirs. On en compte 3 d'importance :

- Terrasses de la Rive Gauche : il se situe le long des rives du Tarn, qui a façonné depuis des millénaires ce relief de terrasses au sol composé de galets, graviers, sables et boulbènes. C'est le terroir de prédilection des cépages rouges. Toutefois, le cépage Loin de l'œil y donne aussi des blancs secs d'une grande finesse et, depuis quelques années, des vins blancs doux.
- Coteaux de la Rive Droite : il domine toute la vallée du Tarn. Il est limité par la Vère au nord et s'étend sur la partie centrale du vignoble, de ce fait il bénéficie de sols principalement argilo-calcaires et d'une exposition plein sud.
- Plateau Cordais : il occupe la partie septentrionale du vignoble et domine la vallée encaissée de la Vère. Le plateau se caractérise par des sols blancs calcaires et caillouteux, et une prédominance de la production de vins blancs.

Trois autres terroirs de plus petite taille sont présents sur le territoire : le Noyau de Cunac, terroir de prédilection pour la production du Gaillac Primeur, et les Zones de Cabanès et Lavaur, spécialisées dans la production des vins blancs, rosés et rouges en IGP Côtes du Tarn.

Les AOC

De nos jours, les vins de Gaillac sont classés parmi les grands vins de France. L'appellation d'origine contrôlée, définie en 1938 pour les blancs et en 1970 pour les rouges et les rosés, représente désormais près de 4 000 ha.

C'est aujourd'hui une large gamme de vins généreux et caractéristiques qui font le renouveau du vignoble. Le retour aux cépages d'origine et aux méthodes ancestrales prend de plus en plus d'ampleur, notamment en ce qui concerne les blancs doux ou effervescents. Les rouges comptent quant à eux parmi les plus primés de France !

Les principaux AOC :

- AOC Gaillac Rouge : Le Gaillac rouge est une valeur maîtresse du vignoble. Avec une robe profonde, un nez puissant, il possède un équilibre subtil aux dominantes spécifiques de fruits rouges et d'épices. Les cuvées haut de gamme structurées et concentrées sont tout à fait aptes au vieillissement et séduisent toujours par l'expression de leur typicité.

DÉCOUVRIR

© LE POINT DU JOUR - SHUTTERSTOCK.COM

- AOC Gaillac Rosé : C'est un vin nerveux aux arômes fruités et à la couleur éclatante.
- AOC Gaillac Blanc Sec : Né d'un heureux mariage de cépages locaux, il se montre tout à son avantage, tant au niveau de la couleur que du goût, lorsqu'il est bu bien frais.
- AOC Gaillac Fraicheur Perlée : Sa spécificité, une vinification particulière qui lui permet de conserver une très légère perle renforçant la sensation de vivacité et de fraicheur, tout en exacerbant les arômes naturels des Mauzac ou Loin de l'œil.
- AOC Gaillac Doux : C'est ici que s'exprime tout le potentiel des Mauzac, Muscadelle et Loin de l'œil. De très grand Gaillac doux ont fait le renom de l'appellation et de véritables trésors sont à déguster.
- AOC Gaillac Effervescent : Elaboré en méthode Gaillacoise ou traditionnelle, le Gaillac effervescent est très apprécié pour l'élégance de ses arômes et la vivacité de ses fines bulles.
- AOC Gaillac Primeur Blanc et Rouge : Fruité, gouleyant, aux arômes si caractéristiques, le Gaillac Primeur est le premier AOC de l'année, il ne peut être consommé qu'à partir du 3ème jeudi de novembre.

Les événements autour du vin

Le vignoble de Gaillac est emblématique du département. Il a façonné une partie de l'Histoire du Tarn et fortifié son économie au fil des siècles. Héritage de nombreuses traditions, il est célébré au sein des domaines et dans deux grandes manifestations chaque année.
Le premier événement est la Fête des Vins, au mois d'août. Organisé au sein du magnifique Parc de Foucaud, il met en lumière la diversité des vins gaillacois en conviant les curieux à de passionnantes dégustations. Tout au long de la journée, ils sont invités à échanger avec les vignerons et à découvrir leurs univers. Très conviviale, la manifestation rassemble les intéressés autour d'apéritifs, de déjeuners au soleil et de concerts.
Le second est la sortie du Gaillac primeur, le 3e jeudi de novembre. A cette occasion, les passionnés affluent des quatre coins de France pour célébrer le premier vin de l'année. Pour accueillir ce « vin nouveau », les producteurs se préparent de longues semaines. De nombreuses animations ponctuent cet événement convivial. Il s'agit du seul vin primeur du Sud-Ouest !

L'œnotourisme

Destination oenotouristique incontournable, le vignoble du Gaillac dévoile son Histoire, ses traditions et ses atouts à tous les curieux, garantissant d'intéressants séjours. Entre le patrimoine conservé, les lieux culturels thématiques et les nombreuses caves, vous serez vite plongés dans l'univers de la vigne et du vin. Promenez-vous dans cet environnement respectueux des identités et des savoir-faire, vous découvrirez rapidement ce qui fait la richesse de cette terre millénaire.
Les grands passionnés seront ravis d'apprendre que le vignoble du Gaillac est localisé sur l'itinéraire culturel européen, « Iter vitis, les chemins de la vigne ». Certifié par le Conseil de l'Europe, ce circuit a pour mission de valoriser le paysage culturel viticole. Constitué d'éléments naturels, matériels et immatériels d'une infinie richesse, il est valorisé et porté à la connaissance de tous grâce à un impressionnant travail de documentation consacré à l'histoire européenne de la vigne et du vin, véritable symbole identitaire de l'Europe.

GÉOGRAPHIE

La nature tarnaise est une mosaïque riche, composée de décors aussi variés que surprenants. Longeant au nord-ouest du département les falaises des gorges de l'Aveyron et les reliefs vallonnés marqués par la forêt de Grésigne, on découvre des champs de colza, de céréales et le vignoble gaillacois à perte de vue. Un peu plus loin, en se baladant le long des rives du Tarn, on découvre dans la vallée le fameux pays de Cocagne où l'on cultivait autrefois le pastel si cher aux peintres, puis le pays du Ségala-Viaur, offrant des paysages contrastés entre vallées encaissées, sauvages et boisées, et sommets de plateaux où domine encore une agriculture axée sur l'élevage bovin. Enfin, se dressent fièrement les monts de Lacaune. Le charme de ses campagnes provient du contraste naturel entre forêts, montagnes, plaines et vallées, influencés par trois climats. Des paysages à couper le souffle à parcourir et à découvrir sans modération.

Un carrefour d'influences

Le Tarn subit trois influences majeures : Océanique, Montagnarde et Méditerranéenne. La première est présente sur le nord du département, cela conduit à des températures douces et des pluies régulières en hiver et au printemps. La seconde agit à l'est, causant des pluies abondantes et des températures plus fraîches. Enfin, au sud, l'influence méditerranéenne est particulièrement visible. Elle est responsable des pluies cévenoles très abondantes en hiver, qui provoquent régulièrement les crues du Tarn et de l'Agout, et des étés chauds et secs, parfois même caniculaires et ce, particulièrement à Albi, véritable cuvette.

Résultat : la température moyenne du Tarn est d'environ 15,3°C et l'ensoleillement est d'environ 2113 heures par an. Le climat varie en fonction des endroits ; il fait par exemple plus froid sur les monts de Lacaune que dans les plaines, environ 9,5°C de moyenne. En hiver, le record de minimal est fixé à -20,4°C.

Une terre sculptée par les eaux

Le département peut se targuer d'être composite. La rivière Tarn, jadis frontière naturelle entre la Gaule narbonnaise et la Gaule aquitaine, parcourt avec fluidité ce paysage exceptionnel. Son empreinte bleue sillonne les basses collines du vert Lauraguais, le plateau souvent entaillé du Ségala, les sombres couverts de la montagne Noire, les vignobles du Gaillacois, les monts de Lacaune et les causses crayeux de la forêt médiévale de Grésigne avec vivacité.

Symbole du territoire à qui il a donné son nom, le cours d'eau prend sa source sur le mont Lozère, à 1550 m d'altitude, et se jette dans la Garonne près de Castelsarrasin. Long de 375 km, il a pour affluents la Dourbie, l'Agout, l'Aveyron… Son débit de 140 m^3 en moyenne par seconde le fait traverser le département en 5 heures.

La rivière Tarn n'est pas la seule à se faufiler ici. Deux autres cours d'eau, le Dadou et l'Agout, se partagent équitablement le territoire. Leurs vertigineuses gorges se poursuivent en amont du cœur de l'Aveyron, 5 780 km^2 qui se déclinent en d'innombrables monts et collines, vallées et montagnes, longues plaines et abîmes écorchés.

Des reliefs à perte de vue

Les paysages du Tarn ne sont que contrastes. D'un côté, une plaine verdoyante et ensoleillée, de l'autre une montagne boisée et sombre. Les paisibles vallées du Tarn ou du Gijou rivalisent avec le chaos granitique du Sidobre, les gorges du Viaur et les forêts profondes du Grésigne, des monts de Lacaune ou de la montagne Noire.

Voisin de l'Aveyron, le département porte les prémices du Massif central et des plateaux du Causse. Quelques cols permettent également aux cyclistes de visiter le territoire et de profiter des paysages tarnais.

Des fouilles ont permis de mettre en lumière la présence de vestiges des époques gallo-romaine et médiévale, notamment au sein de l'impressionnant massif du Causse de Sorèze qui abrite de nombreuses cavités.

© YVANN K - STOCK.ADOBE.COM

Castres sur l'Agout.

© CLAUDE CALCAGNO - STOCK.ADOBE.COM

Le plateau de Sidobre.

Les pays tarnais

Le territoire tarnais est découpé en plusieurs espaces, chacun d'entre eux possède ses spécificités.

La Vallée du Tarn est sillonnée par la rivière qui porte son nom. Cet espace est ponctué de villages de vignerons, de spots de pêche et de rochers escarpés. C'est une terre luxuriante propice aux activités outdoor telles que la randonnée, le VTT, le canoë, l'équitation, ou simplement le farniente.

Il en est de même pour la Plaine du Tarn, de Marssac à Saint-Sulpice-la-Pointe. Ce pays est ponctué de bastides, d'hôtels particuliers et de châteaux édifiés au cours des siècles le long de la rivière. Ils se dressent au cœur de superbes vignobles millénaires et des champs de céréales.

Le Pays des bastides abrite quant à lui une collection de villages-belvédères, à l'image de Cordes-sur-Ciel, Puycelsi et Vaour. On les imagine encore au temps où l'on affrontait l'ennemi avec vaillance. Aujourd'hui, les bastides albigeoises ont retrouvé leur quiétude pour nous offrir le témoignage d'une période glorieuse de l'histoire de France, qui se dévoile sous les pieds du passant.

Situé dans le nord du Tarn, le Segala-Viaur possède l'adage « De seigle et de mine », un dicton qui souligne la vocation agricole et industrielle de ce bassin. Longtemps reconnue comme un grenier à seigle grâce à son sol acide, la véritable activité qui marqua le site et les hommes pendant des siècles fut l'exploitation des mines dès le XVIIe siècle. Si une difficile mutation est en train de s'effectuer, l'avenir touristique de ce pays peut se dessiner avec plusieurs réalisations, dont Cap'Découverte.

Haut lieu de la culture du pastel, le Pays de Cocagne est empreint de douceur de vivre. Bien qu'il ait été ravagé par les guerres de religion, il dévoile aujourd'hui un patrimoine important que l'on ne peut ignorer, au gré des champs multicolores et des riches vallons où se dressent châteaux et moulins à vent. Au hasard de la campagne environnante : Lavaur, Lautrec, Graulhet ou Puylaurens... Autant de destinations vers lesquelles diriger ses pas avec dynamisme !

Terre de refuge et de croyances, les Monts de Lacaune possèdent un caractère propre et une identité montagnarde plus que jamais affirmée. On en retrouve ses caractéristiques à travers le travail de l'ardoise, l'élevage, la tradition laitière et la salaison. Ce territoire est marqué par la présence de nombreux monuments mégalithiques tels que les statues-menhirs.

La première impression qui se dégage de la découverte du Sidobre est presque fantasmagorique. Ce plateau granitique de 100 km2, qui se déroule à 650 m d'altitude au-dessus de Castres, offre un paysage saisissant avec ses chaos nombreux, ses rivières de rochers, ses gigantesques boules de granite émergeant de terrains sablonneux et couverts d'une végétation variée, ses pierres tremblantes, parfois d'un poids énorme et de formes étonnantes. Le plateau du Sidobre est aujourd'hui l'un des plus grands centres de transformation de granite du monde.

Dernier bastion du Massif central, la montagne Noire atterrit en douceur dans les plaines du Tarn, de l'Hérault et de l'Aude. Entre forêts et pierres façonnées, les vallées et les plateaux se succèdent, parfois tapis dans l'ombre des forêts. Au plus haut se dresse fièrement le pic de Nore (1214 m), et au plus profond coule l'eau que détourna Pierre-Paul Riquet au XVIIe siècle pour alimenter le canal du Midi.

NATURE

La biodiversité du Tarn est particulièrement riche, cette abondance est liée à la politique de conservation de la faune et de la flore. Des reliefs de la Montagne noire aux remous de la rivière Tarn, les espèces animales et végétales se développent avec dynamisme. De nos jours, plus de 300 familles faunistiques ont été identifiées sur le territoire. Lors de vos balades, vous croiserez sûrement un de ces mammifères, reptiles, poissons, écrevisses ou oiseaux. La richesse se poursuit du côté de la flore grâce au concours des influences océaniques et méditerranéennes. Les spécimens se déploient selon les milieux auxquels ils sont adaptés. Certains espaces protégés, tels que le Parc naturel régional du Haut-Languedoc, rassemblent le plus grand nombre d'espèces faunistiques et floristiques. Prenez le temps de vous aventurer sur les sentiers découverte, ils vous conduiront à la rencontre de ces merveilles.

La faune sauvage

La biodiversité tarnaise est remarquable : le territoire accueille plus d'une cinquantaine de mammifères ! Ce groupe comprend des variétés communes telles que le renard, le cerf, le sanglier, le chevreuil, le castor, la genette, la loutre et une douzaine d'espèces de chauve-souris.

Les zones humides abritent une vingtaine d'espèces de reptiles et d'amphibiens, à l'image du lézard ocellé et du pélodyte ponctué, un amphibien dont le chant ressemble au son des boules de pétanque qui s'entrechoquent.

Le Tarn est aussi le paradis des pêcheurs ! Les eaux douces du département comptent plusieurs dizaines d'espèces de poissons et d'écrevisses, notamment la truite de rivière et la perche commune, des spécimens emblématiques du territoire. Le reste de la faune aquatique est composé de barbeau, chevesne, goujon, gardon et vairon pour les espèces communes. Plusieurs poissons protégés, parfois méconnus, sont également présents : la bouvière, la sofie (ou toxostome), l'anguille, les vandoises, la lamproie de Planer…

Le ciel du Tarn est parcouru par plus de 200 espèces d'oiseaux. On trouve des espèces communes comme les mésanges ou les hirondelles. D'autres se cachent près des milieux aquatiques tels que le martin-pêcheur et le héron cendré. Certaines d'entre elles sont particulièrement rares telles que le rollier d'Europe, le bruand fou ou le faucon Emerillon. Enfin, certains oiseaux plus emblématiques survolent parfois le département comme le vautour fauve, l'aigle botté ou la cigogne blanche.

La flore tarnaise

Les trois environnements qui recouvrent l'essentiel du territoire tarnais sont les milieux boisés, principalement composés de chênes, châtaigniers ou résineux, les milieux ouverts, qui regroupent les pelouses, les landes, les zones rocheuses et les espaces cultivés, et les milieux humides, qui présentent un grand intérêt écologique.

Lézard ocellé.

© COULANGES - STOCK.ADOBE.COM

La pastel.

La flore locale est le fruit de la diversité des reliefs, des formations géologiques et des influences bioclimatiques du département. Du côté d'Ambialet, à 190 m d'altitude, trois types de végétations se côtoient : une végétation montagnarde (doradille du Forez, œillet des bois, érine des Alpes), une végétation atlantique (campanule à feuilles de pêcher, saxifrage de l'écluse, potentille des rochers) et une végétation méditerranéenne (polypode austral, digitale jaune, ciste à feuilles de sauge, giroflée, bruyère arborescente). Et la filaire, originaire de Palestine ! La légende raconte qu'un croisé en aurait ramené un plant depuis la Terre Sainte.

Du côté de Lacaune, le sommet du Montalet est un véritable îlot de végétation montagnarde, abritant une centaine d'espèces : perce-neige, scille, muguet, sceau de Salomon, jonquille, polypode du chêne, ail des ours, ail des cerfs, cardamine à larges feuilles, lis Martagon, aconit tue-loup, laitue de plumier, doronic d'Autriche, laurier de saint Antoine, alisier blanc, sorbier des oiseleurs, viorne boule de neige, sureau à grappes, bourdaine, érythrone dent-de-chien, pensée des Vosges, crocus à fleurs nues, carline à feuilles d'acanthe, alchémille des Alpes, sedum d'Angleterre, géranium des Pyrénées, drosera à feuilles rondes (une petite plante carnivore), violette des marais...

Du côté de Labruguière, pas moins de 500 espèces ont été recensées sur le causse de Caucalières : de nombreuses orchidées, mais aussi des plantes comme la cardoncelle, la leuzée porte-cônes, l'ornithogale à petites feuilles et l'inule des montagnes, de petits arbres (chêne-vert, érable de Montpellier, micocoulier), des arbustes (buis, chêne Kermès, pistachier térébinthe, filaire, genêt scorpion) et des herbacées (asperge sauvage, asphodèle, aphyllante de Montpellier, lavande, immortelle), du thym, du romarin, et une fougère rare appelée « le capillaire de Montpellier ». Ce sont pour la plupart des espèces rares et très fragiles. Chacun se doit de les respecter. Une belle photo sera sans aucun doute le meilleur souvenir que vous pourrez conserver de la flore tarnaise.

Le pastel, l'or du territoire

Le pastel, l'Isatis tinctoria de son nom latin, fut baptisé à de nombreuses reprises : guesde, herbe du Lauragais ou de Saint Philippe, ververs, bleu de Perse...

Les Égyptiens l'utilisaient comme baume cicatrisant, les Grecs s'en servaient pour soigner la jaunisse et les verrues. Au Moyen Âge, elle servit de colorant pour les vêtements des simples (blouses de paysan) comme pour ceux des grands (manteau azur du souverain). La plante aux cent vertus exigeait un travail long et pénible avant de devenir pastel. Il fallait sécher les feuilles, les réduire en bouillie, recouvrir la pulpe d'ail pilé et fabriquer des cocagnes. Ces petites pelotes gluantes étaient alors mises à sécher, leurs coques étant par la suite brisées puis remouillées à l'eau et à l'urine. Ce liquide devait ensuite macérer pendant quatre mois tout en étant remué régulièrement. Finalement, après séchage et concassage, l'agranat était emballé dans des sacs de toile et expédié, à Toulouse et ailleurs.

La plante a fait la fortune d'une région tout entière en teintant d'un bleu unique les étoffes jusqu'au XVIe siècle, terrible date où l'indigo débarqua de l'Orient pour lui faire de l'ombre. Tombé dans l'oubli jusqu'au XIXe, le pastel fait un retour fulgurant grâce, entre autres, à l'École de chimie de Toulouse. On songe d'ores et déjà à utiliser à nouveau cette plante magique en pharmacie comme en cosmétologie. L'or bleu refleurira-t-il en pays de Cocagne ? L'avenir le dira...

Le Parc naturel régional du Haut-Languedoc

Surplombant les immenses cultures céréalières du Lauragais ainsi que les plaines viticoles du Languedoc, le Parc naturel régional du Haut-Languedoc est un territoire de 260 000 ha (47 communes dans le Tarn) qui s'adosse sur les derniers contreforts méridionaux du Massif central. Zone de moyenne montagne, c'est aussi le lieu de rencontre entre les climats océanique et méditerranéen. Cette particularité se traduit par une diversité biologique et paysagère incroyable, ainsi qu'une faune (chevreuils, sangliers, mouflons, renards, fouines, genettes, moules d'eau douce, écrevisses à pattes blanches, loutres et 247 espèces d'oiseaux) et une flore particulièrement riches. Le Parc naturel est aussi un lieu de vie et le meilleur prétexte à l'exploration et la découverte.

TOP 10

FAUNE

Avec ses reliefs escarpés, ses cours d'eau variés et ses parcs naturels protégés, le Tarn est une formidable terre d'accueil pour les espèces animales. Prêtez l'oreille, sortez vos jumelles et soyez discret, vous aurez peut-être la chance de croiser un des ambassadeurs de la biodiversité tarnaise.

VAUTOUR

L'habitant des gorges du Tarn descend parfois la rivière pour offrir aux Tarnais le spectacle de son vol.

© DAVID HAVEL - SHUTTERSTOCK.COM

CERF

Pendant la saison des amours, tendez l'oreille, le brame du cerf s'élève de la forêt de Grésigne.

© MARC CHESNEAU - ISTOCKPHOTO.COM

CASTOR

Si la population de castors reste assez faible, les rois de la construction reviennent en nombre !

© MUSAT - ISTOCKPHOTO.COM

HÉRON CENDRÉ

Nul besoin de décrire ce grand oiseau majestueux qui fréquente régulièrement les rives du Tarn.

© DAVID HAVEL - SHUTTERSTOCK.COM

MOUFLON

Le parc naturel du Haut-Languedoc fait partie des principaux territoires du mouflon méditerranéen.

© DR

LOUTRE

Très dur à observer, l'animal a trouvé refuge dans la vallée du Tarn, notamment du côté de Trébas.

© JORRISG - SHUTTERSTOCK.COM

TRUITE FARIO

Typique des rivières, ce spécimen de bonne taille fait le bonheur des pêcheurs de la vallée du Tarn.

© GOODLUZ - SHUTTERSTOCK.COM

CHAMOIS

Rapide et discret, le chamois se réfugie dans les reliefs escarpés. Les jumelles seront nécessaires !

© MARTIN PELANEK - SHUTTERSTOCK.COM

CHAUVE-SOURIS

Si elles sont présentes partout, c'est la grotte de Senchet qui est le principal refuge de l'animal.

© RUDMER ZWERVER - SHUTTERSTOCK.COM

ECREVISSE

Pendant vos vacances tarnaises, profitez des fortes chaleurs pour partir à la pêche aux écrevisses !

© KNAPE - ISTOCKPHOTO.COM

HISTOIRE

Les premières traces d'occupation humaine dans le département ont été découvertes sur les rives de l'Agout et du Tarn. D'après les spécialistes, elles remonteraient à plus de 500 000 ans ! Peuplé depuis des millénaires, le territoire fut marqué par de nombreux conflits, des affrontements causés par sa position avantageuse, ses ressources convoitées et ses influences religieuses. Depuis toujours tourné vers l'agriculture et la production, le Tarn connut un bel essor avec le commerce du pastel et l'artisanat. Devenu une véritable plaque tournante des échanges, il continua son développement au cours de la révolution industrielle grâce à l'implantation de mines de charbon et la mise en valeur de ses savoir-faire (cuir, délainage...). De nos jours, le département séduit les touristes en raison de sa nature préservée mais également grâce à son patrimoine riche et divers, témoignage de la grandeur et de l'histoire mouvementée des lieux.

PRÉHISTOIRE. - 500 000

Plusieurs campagnes de fouilles ont permis de déterminer que l'occupation humaine du territoire a débuté il y a 500 000 ans, au confluent des rivières de l'Agout et du Tarn. C'est ici, entre les stigmates rocheux d'un passé géologique mouvementé et les forêts denses, que les premiers chasseurs néandertaliens s'installèrent. Les grottes, de part et d'autre du territoire, devinrent abris puis, avec les aléas de l'Histoire, de véritables caches. Menhirs, dolmens et statues furent érigés au fil du Néolithique dans les luxuriantes futaies de Grésigne, comme au cœur des monts de Lacaune. Certains de ces trésors sont encore visibles de nos jours au sein des paysages tarnais.

ANTIQUITÉ. - 800

Toute la région se pare d'oppidums, ces sites hauts perchés qui, aujourd'hui encore, siègent entre ciel et terre. Cette période fut marquée par de nombreuses tensions. Tout près de Castres, au sud du département, la nécropole de Gourjade, avec ses 400 tombes, demeure un puissant témoignage de ces temps conflictuels. D'une rive à l'autre de l'Agout, les Volques et les Rutènes se haïrent. Le père de Néron, Cnéius Domitius Ahénobarbus, trouva une solution simple à ces différends qui nuisaient à la pax romana : il les débouta tous et établit sur le site un castrum romain marquant la limite septentrionale de la province de Narbo Martius (nom antique de la ville de Narbonne).

Ve SIÈCLE

Au cours de cette période, les Wisigoths s'installent autour de Toulouse, marquant les noms de lieux de terminaisons caractéristiques en «-ingus », puis en « -ens». Ainsi, dans le Tarn, on trouve Rabastens, Mézens, Giroussens, Brens, et bien d'autres encore. Les Alains, originaires du Caucase, ou encore les Suèves de Germanie occupent brièvement ces régions. Des hordes de Sarrasins traversent aussi le territoire en direction de l'ouest. Les Normands, sous la botte de Pépin Ier, lancés contre Charles le Chauve, mettent le pays à feu et à sang avant de s'éloigner sur la rivière du Tarn. Mais ceux qui marquèrent d'une manière indélébile la région venaient de l'Est. Parents des Bogomiles, une secte d'origine bulgare qui professe que le monde matériel a été créé par le diable et rejette l'autorité de l'Église, ils venaient prêcher le catharisme.

XIIE SIÈCLE

Le siècle est marqué par le catharisme. La doctrine se propagea dans les régions prospères où le clergé, les seigneurs locaux et les marchands se disputaient les richesses, c'est-à-dire principalement en Italie du Nord et dans le Sud de la France. Elle fut alors le vecteur des tensions locales. Les hérétiques racontaient que le Saint-Esprit et Satan se partageaient l'être humain et qu'il fallait respecter les règles de leur sévère religion ou accepter de mourir pour que l'âme trouve enfin le chemin de la perfection. Beaucoup moins gourmands et envahissants que le haut clergé ultramontain, on les tolérait, car ils étaient pauvres, et contestaient les papistes à la vie dissolue. Les comtes de Toulouse, accueillant les réfugiés d'Italie, furent moins séduits par l'idéologie que par la dimension politique du mouvement, fiers de posséder une religion propre à l'Occitanie.

XIIIE SIÈCLE

Mouvementée, cette période fut rythmée par les croisades meurtrières, les procès de l'Inquisition et les châteaux pris en butin. Le chef incontesté de la croisade contre les Albigeois, Simon de Montfort, trouva là l'occasion de se bâtir un fief à la mesure de ses ambitions. Le Tarn fut ainsi saccagé, violé, violenté ; les campagnes souffrirent autant que les villes, le feu prit partout, jusqu'au bûcher de Lavaur, le plus ravageur de toute la croisade des Albigeois. Quatre cents hérétiques y périrent ! Pillages et destructions se poursuivirent ainsi jusqu'en 1217. Simon de Montfort décida alors d'assiéger Toulouse qui avait eu l'audace de se révolter. Il mourut au cours de cette attaque, tué par des jets de pierre. Outre les croisades, le XIIIe siècle est également le temps des bastides. Une quarantaine de villes neuves apparait alors : Cordes en 1222, puis Lisle-sur-Tarn, Réalmont et Pampelonne.

Mort de Simon de Montfort lors du siège de Toulouse.

DÉCOUVRIR

XIVe SIÈCLE

Cette époque représente l'une des heures les plus sombres du territoire. Au cours du XIVe siècle, les armures s'entrechoquent à nouveau lors de rivalités de territoires et de biens. Ces conflits se déroulent alors que la misère touche l'ensemble des terres et que des machinations s'opèrent dans le plus grand secret. Les promesses sont trahies, la monnaie subit de graves dévaluations, et le siècle essuie une vague inquiétante de tumultes. De 1302 à 1347, les famines se succèdent à un rythme tragique et, comme par acharnement, la peste noire s'abat en 1348 sur ceux qui étaient restés miraculeusement en vie : le futur département du Tarn y perd plus de la moitié de sa population.

XVIe ET XVIIe SIÈCLES

A cette époque, on assiste un peu partout à la renaissance des arts et des lettres, et c'est l'une des raisons pour laquelle les dogmes religieux sont alors remis en question, dans une région toujours hostile au centralisme politique de Paris comme au centralisme spirituel de Rome. C'est le début des guerres de religion. Ce conflit, qui reprend certains aspects de la croisade des Albigeois, permet aux grandes familles de s'affronter une nouvelle fois sous des prétextes religieux, toujours dans le but de promouvoir leurs intérêts politico-économiques et d'augmenter leur puissance. Le Tarn sera alors scindé en deux : l'Albigeois catholique contre le Castrais protestant. Aux quatre coins du département, les cruautés se multiplient. Collines, plaines et villages ne sont bientôt plus que ruines, des pans d'histoire complètement anéantis par la barbarie. Finalement, Albi reste catholique tandis que Castres et le sud du département rallient la Réforme. A la fin du XVIIe siècle, il faut songer à tout reconstruire.

XVIIIe SIÈCLE

En 1752, sous la direction du chevalier de Solages, on commence à exploiter le charbon de Carmaux, puis la construction du réseau routier débute : de Castres à Saint-Pons et à Toulouse, de Toulouse à Rodez par Albi... Le temps s'écoule et peu à peu les plaies se referment. Et, sur les vestiges encore fumants de ce vaste champ de bataille, on rebâtit un pays. De nouveau, il faut songer à l'avenir, se promettre d'oublier les différences. Mais la fin des troubles signe les débuts d'une rivalité nouvelle entre Albi et Castres. Le département, créé en 1790, affiche rapidement ses disparités politiques : le Nord, plus ouvrier avec ses mines de charbon et son industrie, est sensible aux idées socialistes, tandis que le Sud, plus agricole, est plus conservateur. Dans le secteur industriel, le Carmausin et l'Albigeois développent respectivement le charbon et la sidérurgie, et les régions de Castres et de Mazamet s'orientent vers le textile et le délainage.

XIXe ET XXe SIÈCLES

Durant cette période, le Tarn fut marqué par les luttes sociales et par un de ses enfants, Jean Jaurès. Fervent militant, on doit notamment à ce Tarnais une loi sur les accidents du travail et les premières retraites pour les paysans. Le XXe siècle est synonyme de conflits mondiaux. Pendant la Première Guerre mondiale, le département n'est pas épargné ; on compte plus de 10 000 morts. Quant aux années 1939-1945, ce sont des années de résistance active. Dès le 16 août 1944, la Résistance prend Carmaux. A Castres, un petit groupe d'environ 200 résistants, armés de simples mitraillettes, réussit même à capturer 42 00 soldats allemands !

Jean Jaurès.

ARCHITECTURE

La riche histoire du Tarn lui permet de conserver un patrimoine bâti important. Le territoire abrite notamment un grand nombre de dolmens et statues-menhirs, des éléments datés pour certains du Chalcolithique (ou « Âge du cuivre »). Encore visibles aux quatre coins du Tarn, ils ont su traverser les siècles en maintenant leur aura de mystère. Cependant, ce qui attire davantage les voyageurs dans le département, ce sont les impressionnantes constructions qui s'élèvent de plusieurs de ses communes. Parmi les incontournables, deux sites sont inscrits au patrimoine mondial de l'UNESCO : la cité épiscopale d'Albi et l'église Notre-Dame-du-Bourg de Rabastens. Mais le Tarn protège bien d'autres merveilles architecturales, parfois caractéristiques du style gothique méridional (églises, maisons seigneuriales...), toujours emblématiques de son histoire agitée (Croisade des Albigeois, guerres de religion...).

Les dolmens et statues-menhirs

Le Tarn compte une centaine de dolmens et une trentaine de statues-menhirs. A l'origine, le dolmen était une chambre sépulcrale faite de grosses pierres recouvertes de dalles horizontales, bâtie sur un tumulus et destinée à recevoir plusieurs inhumations. Le terme « menhir » désigne quant à lui une grande pierre plantée verticalement.

Au Chalcolithique, de nombreuses pierres furent érigées et parfois sculptées. Si les yeux et le nez sont nettement visibles, la bouche n'était jamais représentée. De nos jours, il est difficile d'interpréter clairement la signification symbolique ou rituelle de ces témoins de pierre. Ces œuvres d'un autre âge ont conservé leur secret et provoquent une étrange fascination chez tous ceux qui s'en approchent.

Dans le Tarn, le menhir le plus important est le Peyrelevade de Sainte-Carissime, tandis que les dolmens les plus remarquables sont celui de La Peyra Levada (à 2 km de Verdier), celui de Saint-Paul (un hameau à Sainte-Cécile-du-Cayrou) et celui de Peyrolebado (à 3 km de Vaour).

L'architecture méridionale

L'architecture des édifices tarnais est caractéristique de l'art gothique occitan, dit « méridional ». Apparu au XIIIe siècle, ce courant résulte de la fusion du style gothique français du nord du pays avec l'art « Mudéjar ». Ce dernier, véritable symbole de l'histoire de l'Espagne, correspond à l'esthétique artistique et architecturale des musulmans d'Espagne. L'Alhambra et l'Alcazar sont ses plus grands représentants.

Au Moyen Âge, les troubadours et marchands, souvent en affaire entre Saragosse et Toulouse, rapportent la beauté de ces constructions aux seigneurs occitans. Peu à peu, ils intègrent les deux styles dans leurs propriétés, créant l'art méridional. Celui-ci se caractérise entre autres par des arcs entrelacés, des tours de base carrée surmontées par une forme octogonale, ou des clochers-murs, un clocher vertical et plat situé à l'avant des églises. L'édifice le plus représentatif de cette architecture est sans conteste la cathédrale Sainte-Cécile d'Albi.

Les bastides et châteaux

Hauts lieux de l'époque médiévale, juchées sur leurs collines, conservant des vestiges de leurs remparts, les bastides furent pour la plupart édifiées au XIIIe siècle par les comtes de Toulouse pour résister aux désirs d'expansion des seigneurs d'Île-de-France. Vaine tentative, mais qui a le mérite de nous avoir donné Cordes-sur-Ciel, la céleste, fleuron des bastides ; Puycelsi et ses élégantes demeures seigneuriales ; Vaour, où les Templiers établirent une de leurs plus importantes commanderies ; ou encore Castelnau-de-Montmiral et sa remarquable place centrale à arcades. Chaque pierre de ces bastides et de ces villages-belvédères est comme une page d'un fabuleux livre d'histoire, que l'on feuillette en s'aventurant sur ces terres...

Le village médiéval de Puycelsi.

© PICTURES NEWS - STOCK.ADOBE.COM

La place centrale de Castelnau-de-Montmirail.

En parcourant cette terre millénaire, vous découvrirez également les vestiges de châteaux tarnais. Si la réputation de ceux de Penne et de Castelnau-de-Montmiral a voyagé hors des frontières du département, ils sont loin d'être des cas uniques. Contrée de seigneurs, d'évêché et de comtat, ce territoire a vu de nombreuses influences s'exercer et possède encore une multitude de vestiges qui témoignent de ces différents passages et installations. Prenez le temps de vous éloigner des villes, suivez les clapotis de l'Agout et du Tarn, perdez-vous dans la forêt de Grésigne et dans le Parc naturel du Haut-Languedoc, ces bâtisses exceptionnelles n'attendent plus que vous.

L'architecture religieuse

Des ruelles tortueuses de l'Albigeois aux reliefs escarpés de Cordes-sur-Ciel, le patrimoine du département témoigne de son intense histoire religieuse. Entre Albi la catholique, Castres la protestante et de nombreux lieux marqués par le catharisme, les identités diffèrent. On constatera aussi la présence d'églises forteresses larges et solides qui servaient de refuge en cas d'agression. Une architecture encouragée par la Croisade des Albigeois, les raids des Anglais et les guerres de religion.

Pour découvrir les multiples facettes du passé religieux du pays, le mieux est de visiter ses monuments emblématiques. Parmi les quelques incontournables tarnais, vous trouverez la cathédrale Sainte-Cécile d'Albi, l'église paroissiale de Rabastens et l'abbaye-école de Sorèze.

Le petit patrimoine

Le territoire est constellé d'éléments de patrimoine vernaculaire, ou « petit patrimoine », qui racontent, au travers de leur architecture, le quotidien et les pratiques du passé. Les communes du Tarn ont notamment effectué un important travail de restauration et de protection au niveau des lavoirs et des pigeonniers.

Surnommé « le parlement des femmes », le lavoir mettait tout le monde sur un pied d'égalité, à l'époque où la cendre faisait office de savon, car il donnait un accès gratuit à l'eau. C'est l'apparition des premières machines à laver, après la Seconde Guerre mondiale, qui a mis fin à son utilisation. De jolis lavoirs sont encore visibles du côté de Damiatte, Lacabarède, Hautpoul, Lautrec, Les Cammazes et bien d'autres petits villages.

En levant la tête, votre regard sera tout naturellement attiré par les pigeonniers du département. On en compte environ 2 000, de différentes formes et construits en divers matériaux. On distingue le type gaillacois, constitué d'une tour carrée avec un toit à deux angles de pente, le style toulousain, composé de deux toits successifs décalés, le pigeonnier à arcades, souvent en briques, et le pigeonnier castrais, édifié en grès avec une toiture d'ardoise et un clocheton qui ressemble à une flèche. Leurs dimensions devaient être proportionnées à la taille des propriétés sur lesquelles ils étaient construits. Du Moyen Âge jusqu'au XIXe siècle, la fiente de pigeon, appelée « colombine », servait d'engrais pour les terres cultivées. Objet de toutes les convoitises, ils font alors partie intégrante des dots des grandes familles de l'Occitanie ; on évaluait la richesse des familles au nombre de cavités de chaque pigeonnier, correspondant normalement à l'importance des nids. Des petits malins multiplièrent alors le nombre de ces niches pour paraître plus riches, afin de pouvoir « roucouler » avec leur promise... De là vient le terme « pigeonner » dont le sens est bien connu de nos jours !

BEAUX-ARTS

Théâtre d'une histoire souvent agitée, le Tarn a su conserver l'aspect sauvage de ses paysages. Ses couleurs et sa lumière ont motivé les artistes à poser ici leur chevalet ou leur caméra. Inspirés par ce territoire millénaire, ils ont composé avec ses lignes et ses reliefs pour créer des œuvres éternelles. Même Steven Spielberg a été séduit ! Si le Tarn a provoqué un bel enthousiasme de la part des créateurs d'ailleurs, ce sont surtout les talents locaux qui ont valorisé ses contours et immortalisé ses atouts. Maîtres de la terre, de la peinture, du tissu et du crayon, ils ont laissé leur empreinte sur le territoire et sur leurs courants artistiques. Certains d'entre eux ont donné leurs noms à des musées passionnants, à l'image de Henri de Toulouse-Lautrec à Albi et Raymond Lafage à Lisle-sur-Tarn. Les autres talents ont rejoint des confrères dans des lieux d'exception tels que le musée des Beaux-Arts de Gaillac.

Terre de cinéma

Grâce à ses reliefs aiguisés, sa végétation luxuriante et ses villages pittoresques, le Tarn attire des photographes et réalisateurs du monde entier. Apprécié pour son naturel et son aspect sauvage, le département est l'un des cadres préférés du réalisateur Alain Guiraudie. En effet, trois de ses films - *Le Roi de l'évasion*, *Pas de repos pour les braves* et *Ce vieux rêve qui bouge* - furent réalisés sur place. Le dernier d'entre eux fut présenté au Festival de Cannes. Il fut également qualifié de « Meilleur film de 2001 » par Jean-Luc Godard. Le long-métrage de Philippe Guillard, *Le Fils à Jo*, s'est servi de la ville de Gaillac comme cadre de tournage. Pour la petite histoire : un des acteurs, Vincent Moscato, avait commencé sa carrière sportive dans le Tarn avant d'embrasser une carrière de rugbyman international.

Plus récemment, le Tarn a été utilisé pour le tournage du film *Rémi sans famille*, du réalisateur Antoine Blossier, et pour *Les Recettes du bonheur*, un long-métrage américain produit par Steven Spielberg et Oprah Winfrey avec Charlotte Le Bon et Helen Mirren au casting.

Henri de Toulouse-Lautrec : symbole tarnais

L'illustre petit comte qu'était le peintre Henri de Toulouse-Lautrec est né à l'Hôtel du Bosc, à Albi, le 24 novembre 1864. Atteint depuis son plus jeune âge par la pycnodysostose, due à la consanguinité de ses parents, sa vie fut rythmée par de nombreux soucis de santé, notamment des fractures aux jambes, en partie responsables de sa petite taille (à peine 1,52 m). Il commence à peindre dès l'enfance, inspiré par les chevaux des prés environnants et l'art japonais. Après avoir convaincu sa mère qu'il pourrait vivre de son art, il s'installe à Paris du côté de Montmartre, et commence à peindre des nus inspirés par Edgar Degas et la vie des cabarets et théâtres parisiens, et tout particulièrement l'univers du Moulin-Rouge. On en vient à le surnommer « l'âme de Montmartre », et nombre de ses contemporains l'ont décrit comme un personnage observateur, capable de peindre avec beaucoup d'humanité. Ses peintures décrivent la vie et la réalité des prostituées comme celles des médecins, des écrivains ou des sportifs. Ses œuvres les plus célèbres sont très probablement *Salon, rue des Moulins*, *Femme à sa toilette* et *Bal au Moulin-Rouge*. Il meurt à Malromé dans l'une des propriétés de sa mère, le 9 septembre 1901, de la syphilis et des suites de son alcoolisme. A sa mort, un de ses amis, Maurice Joyant, demanda la création du musée Toulouse-Lautrec à Albi. Dans ce but, les parents du peintre firent une généreuse donation de plus de 1 000 œuvres. Aujourd'hui, elles sont abritées dans la ville natale de l'artiste, au sein du splendide palais de la Berbie, l'unique musée au monde consacré à Toulouse-Lautrec.

Le musée des Beaux-Arts de Gaillac

On ne peut pas mentionner les beaux-arts du Tarn sans parler du splendide musée de Gaillac. Installé dans le Château de Foucaud (XVIIe siècle) depuis 1934, le château-musée a été réaménagé en 1994 afin de mieux valoriser son jardin à l'italienne et à la française, ses beaux bâtiments de briques et ses expositions permanentes comme régulières.

Entre ses murs, le musée conserve un impressionnant fonds composé de sculptures, de dessins d'artistes des XIXe et XXe siècles, principalement régionaux, et de peintures. La collection majeure du musée provient des œuvres léguées en 1895 par le peintre gaillacois Firmin Salabert (1811-1895). Elève de l'artiste néo-classique Jean-Auguste-Dominique Ingres - qui servit d'inspiration à Edgar Degas, Auguste Renoir et Pablo Picasso - il a obtenu l'essentiel de sa reconnaissance à l'aide de ses portraits. Il a légué à sa ville natale de nombreux pastels et dessins des artistes romantiques des années 1830 qu'il accompagnait dans leurs déplacements à Paris et Londres. La collection du Musée des Beaux-Arts de Gaillac comprend aussi de beaux paysages des Alpes.

Marcelle Lender dansant le pas du Boléro, dans Chilpéric, par Toulouse-Lautrec, 1895.

Les autres musées d'art

Déjà, l'Abbaye-école de Sorèze, sublime monument historique situé dans la Montagne Noire, abrite depuis 2015 le Musée Dom Robert et de la tapisserie du XXe siècle. Ce jeune conservatoire est dédié à l'œuvre originale et prolifique du peintre-cartonnier Dom Robert, de son vrai nom Guy de Chaunac-Lanzac (1907-1997). Le fonds du musée rassemble deux collections : les œuvres de Dom Robert (60 tapisseries, 2 156 dessins, 23 aquarelles et 1 peinture, 129 cartons de tapisserie et 16 maquettes) et une compilation de 35 tapisseries de 12 autres artistes (Lurçat, Prassinos, Tourlière…) qui ont participé au renouveau de la tapisserie d'Aubusson.

Au nord du département, vers Gaillac, le musée de Lisle-sur-Tarn se prêtera également à une jolie visite. Il porte le nom et rend hommage au plus illustre de ses enfants, le dessinateur et graveur Raymond Lafage (1656-1684). Fondé à la fin du XIXe siècle, sous l'impulsion d'érudits locaux comme Achille Gaillac et Jules Rigaud, il héberge un fonds prodigieux composé des œuvres de l'artiste. Il permet de découvrir les différentes techniques de gravure en creuse ou taille douce et de mieux comprendre le savoir-faire et le talent qui se cachent derrière chacun de ces traits. En parallèle, le musée accorde une belle place à des œuvres d'artistes de la région, notamment le sculpteur castrais Jean-Jules Cambos (1828-1917), le portraitiste haut-garonnais Jean-Pierre-Victor Maziès (1836-1895), le peintre fourquevalois Jean-Paul Laurens (1838-1921) et le peintre audois Eugène Pech (1923-1991).

Ne quittez pas le département avant d'avoir visité le musée Goya, à Castres. Musée d'art hispanique unique en France, il est installé dans un ancien palais épiscopal du XVIIe siècle dont les plans ont été réalisés par Jules-Hardouin Mansart, l'un des architectes de Versailles. Cet écrin prestigieux abrite le legs de Pierre Briguiboul, fils d'un peintre et collectionneur castrais, de 1894. La Ville de Castres déterminera sa vocation hispanique en faisant entrer au musée trois toiles de Goya, direction qui fut affirmée par des dépôts prestigieux du musée du Louvre en 1949. Depuis, la politique d'acquisition permet d'enrichir régulièrement cette remarquable collection : séries de gravure de Goya, achat de la série Gaudí de Joan Miró, etc. Aujourd'hui, le musée couvre une période allant de l'Antiquité au XXe siècle.

MUSIQUES ET SCÈNES

« Si on veut connaître un peuple, il faut écouter sa musique », disait Platon. Au cours de vos déambulations, soyez attentif aux notes qui s'échappent des rues et scènes tarnaises, elles témoignent de la richesse et de la diversité de la musique du département. Chanson traditionnelle, rock, celtique, folk, reggae, les Tarnais écoutent vraiment de tout ! Si bien que les groupes locaux transmettent des rythmes d'ici et d'ailleurs, qui se marient avec harmonie aux sonorités occitanes. Il leur arrive même d'inclure des instruments traditionnels et médiévaux comme la vieille roue, le fifre ou la cabra ! Ces influences conduisent à un voyage musical dans les méandres de la vieille Occitanie, dont le Conservatoire de musique de Castres est l'un des principaux moteurs. Il organise en effet de nombreuses manifestations qui regroupent des artistes nationaux et internationaux, dont le fameux festival Pause-guitare d'Albi.

Les instruments du bal occitan

Lors de votre séjour, vos pas vous conduiront peut-être à la découverte de la musique occitane et de ses instruments traditionnels. Principalement d'origine médiévale, ils ont été transmis de génération en génération, protégés par les passionnés qui se battent pour la survie de cet héritage. Utilisés par des groupes de musique locaux, dans des événements dédiés à la culture occitane et présentés dans des musées, ils appartiennent au patrimoine de la région. Parmi les artistes qui participent à leur rayonnement, on peut citer Brick à Drac, un groupe qui ose l'association du moderne et de l'ancien, la Talvera, une bande qui jongle avec les sonorités occitanes, et Mosaïca, un groupe atypique qui marie musiques locales et chants nord-africains.

Du côté des instruments, on peut mentionner le graile, un hautbois languedocien joué dans les monts de Lacaune et la plaine languedocienne. Constitué de trois parties emboîtables tournées dans du buis, cet instrument possède des renforts de corne. La tradition veut que le graile languedocien ait une tonalité plus grave que son homologue des monts de Lacaune.

On citera également le fifre (« pifre » en occitan), une petite flûte traversière de six ou sept trous, souvent taillée dans du roseau ou du sureau. Autrefois utilisée à des fins militaires, elle fut rapidement transmise à l'ensemble de la société. De nos jours, on peut entendre son timbre perçant dans des orchestres, au cours de célébrations religieuses et pendant des fêtes locales. Généralement, le son de ce petit instrument est associé à celui des tambours.

Le dernier instrument à vent qu'on se doit de citer est la craba (« la chèvre » en occitan). Ce drôle d'appareil de la famille des cornemuses est typique de la Montagne Noire et d'une partie du Lauragais. Son nom vient du fait qu'il est constitué d'une large poche fabriquée dans une peau entière de chèvre, associée à un buffet servant à insuffler l'air, un graile (hautbois) et un long bourdon qui émet la mélodie.

La liste des instruments traditionnels ne serait pas complète sans la mention de la « vielle à roue », un instrument à cordes né il y a plus de 1 000 ans ! Apparu au Moyen Âge, dès le Xe siècle cet engin assez rudimentaire était utilisé par les troubadours et les trouvères pour accompagner le chant et la danse. Composé de cordes et d'une roue en bois, il demandait l'utilisation des deux mains : la main droite devait tourner la roue avec une manivelle pendant que la gauche jouait la mélodie sur un clavier. Il faudra attendre le règne de Louis XIV pour que les luthiers de Versailles installent ses mécanismes sur des corps de guitare et de luth.

Cela donnera l'aspect actuel de l'instrument. De nos jours, l'instrument est composé de « chanterelles », deux cordes mécaniques qui passent par le clavier et produisent les notes, de « bourdons », des cordes situées hors du circuit qui permettent de créer un accord continu, et d'une « cigale », une corde particulière qui se met à vibrer comme une cigale lorsque l'on donne des coups sur la manivelle. Depuis les années 1970, on constate un regain de l'intérêt pour cet instrument d'un autre âge, une renaissance qui a encouragé son apprentissage chez les plus jeunes.

Du théâtre à la vigne

Pour découvrir la richesse de la palette sonore tarnaise, le mieux est d'assister à des représentations. Dans le Tarn, la musique s'élève de partout : jardins, salles de spectacle, cafés… Il suffit d'être attentif à l'actualité locale, de jeter un œil aux affiches et aux réseaux sociaux, et vous trouverez forcément chaussure à votre pied !

Le département abrite des lieux prestigieux qui accueillent régulièrement des représentations de qualité et des artistes réputés, on pense notamment au Théâtre de Castres, au Théâtre de la Verdure à Lautrec, à la Scène nationale d'Albi… Si ces monuments de la culture sont principalement tournés vers les arts scéniques, ils se font une joie de recevoir des musiciens et chanteurs de talent tout au long de l'année. Le Tarn est également constellé de petites salles de spectacle agréables et de cafés-concerts qui permettent de mettre un peu d'animation dans les communes qui ne disposent pas de telles institutions. Parmi elles, on peut mentionner le Café Plum à Lautrec, l'Espace Appolo à Mazamet et le Rep'R à Puygouzon.

Cependant, lorsque le soleil pointe son nez et que les rafales de vent disparaissent, ce ne sont plus ces salles qui reçoivent les artistes mais bien les jardins, parcs et vignobles du département. Ici, faire la fête au cœur des vignes est une tradition ! Tous les ans, pendant la saison estivale, les producteurs de vins du Gaillacois programment des apéros-concerts festifs au sein de leurs domaines. Conviviaux, ces rendez-vous permettent d'associer le vin et la musique, deux plaisirs qui se marient avec harmonie. Durant ces soirées, vous pourrez découvrir les sons des groupes de musique d'ici et d'ailleurs, tout en savourant les vins du producteur dans un cadre verdoyant. Un seul mot d'ordre : le partage !

Une collection de festivals

Les oreilles des Tarnais sont en joie tout au long de l'année ! En plus des apéros-concerts et des artistes de rue, le département accueille une multitude de festivals dédiés à la musique. Jetez un coup d'œil à l'agenda du Tarn lors de votre séjour, vous aurez peut-être l'occasion de profiter de l'un d'entre eux.

De nos jours, certains de ces événements possèdent une réputation hors des frontières du territoire. Les plus célèbres sont : Pause-guitare à Albi, une référence culturelle majeure dans le grand sud de la France, Musique sur ciel à Cordes-sur-Ciel, un événement étonnant consacré à la musique de chambre, Musiques des lumières à Sorèze, une manifestation qui couvre des univers allant de la musique symphonique au jazz, et Les Musicales de Montmiral à Castelnau-de-Montmiral, un festival consacré aux musiques du monde.

Bien évidemment, les autres festivités dédiées à la danse, au théâtre ou encore à la gastronomie, telles que L'Eté de Vaour, Les Estivales de Lavaur ou Les Extravadanses à Castres, n'hésitent pas à donner de la voix et de l'instrument. Les organisateurs de ces manifestations culturelles se font toujours un plaisir d'inviter des artistes de tous les horizons pour réveiller l'ambiance.

LITTÉRATURE

Les auteurs qui ont fait parler cette terre ont su s'illustrer dans des univers différents, à des époques distinctes et via des langages variés. En occitan ou en français, leurs plumes ont pris leur envol, participant à la renommée du département et de ses habitants. Héritiers des troubadours et des conteurs, artistes de l'amour courtois, ils se sont éloignés de cet art en créant à leur tour des romans et des poésies pleins de jolis mots. A toutes les époques, ils ont poursuivi leur travail acharné, distillant dans toute la plaine tarnaise l'admiration qu'ils portent à leur territoire de cœur. Si certains ont connu une belle notoriété, c'est surtout la critique et leurs confrères qui ont salué leurs ouvrages, conscients de leur qualité. De nos jours, les pierres qu'ils ont apportées au patrimoine culturel tarnais sont à découvrir dans les médiathèques et les salons littéraires du département.

La langue d'Oc

Également appelée « occitan », cette langue que l'on parlait jadis dans la région est encore pratiquée par certains, notamment les anciens, qui la considèrent comme un patrimoine culturel à préserver absolument. Historiquement, l'occitan est considéré comme la langue du Midi, c'est-à-dire du sud de la France. Depuis la croisade albigeoise et l'annexion du Midi au royaume de France en 1271, l'occitan fut progressivement supplanté par le français (ou langue d'oïl), notamment par l'entremise des hussards noirs de la IIIe République. Langue romane à part entière, elle dérive du latin. Bien que possédant plusieurs dialectes, elle couvre, encore aujourd'hui, une aire géographique impressionnante. Les médias locaux, aidés par de nouvelles lois européennes, la remettent à l'honneur, et ses sonorités portées par le vent agitent de nouveau le drapeau rouge frappé du Baussant. L'Institut d'études occitanes se consacre aujourd'hui à sa promotion par le biais de cours et d'animations, il a codifié la grammaire et unifié le vocabulaire issu d'un parler aux accents multiples. Du temps des troubadours à celui d'Internet, l'occitan garde trace des émotions de l'amour courtois comme des révoltes contre le nivellement culturel, des contes et légendes transmis oralement.

La littérature occitane

Depuis le XIIe siècle, la langue occitane s'est invitée dans les pages de nombreux auteurs célébrés localement et en dehors des frontières du département. Les plus connus sont le troubadour Raimon de Miraval (1165-1229), l'amiral albigeois Henri-Pascal de Rochegude (1741-1834) et la poétesse réalmontaise Louisa Paulin (1888-1944).

La littérature occitane a également été marquée par des philosophes, traducteurs et chanteurs tels qu'Auger Galhard, poète rabastinois du XVIe siècle, Mathieu Blouin (1554-1615), rapporteur des guerres de religion en Languedoc, Jordi Blanc (né en 1944), écrivain et traducteur français-occitan, et Daniel Loddo (né en 1954), membre du groupe de musique occitane la Talvera.

Un des grands défenseurs de la langue occitane était Jean Jaurès (1859-1914). Né à Castres, le politicien était bilingue. En 1892 par exemple, pendant un discours devant les mineurs de Carmaux, il prit la parole en occitan. A l'époque, il s'agissait encore de la langue majoritairement utilisée par les ouvriers et les paysans. En 1911, Jean Jaurès va être le premier homme politique à prendre position pour l'enseignement à l'école républicaine des langues dites régionales.

Les plumes françaises

Le département a aussi vu naître des plumes agiles en français. Leur envol a été encouragé par la création de l'académie de Castres au XVIIe siècle, une ancienne académie culturelle, littéraire et scientifique dissoute en 1670, et le salon littéraire de l'écrivaine albigeoise Antoinette de Salvan de Saliès au XVIIIe siècle. Chez elle, les auteurs contemporains étaient lus et commentés, un bouillonnement qui a stimulé les plus hardis à présenter leurs textes. Surnommée « la petite muse d'Albi », elle fut elle-même à l'origine d'ouvrages tels que *Les Princesses de Bavière : Isabelle et Marguerite* et *La Comtesse d'Isembourg, princesse de Hohenzollern*.

Au XIXe siècle, le poète et écrivain Maurice de Guérin (1810-1839), né à Andillac au château du Cayla, rédigea quelques œuvres méconnues pourtant louées par George Sand : *Le Centaure*, *La Bacchante*, *Glaucus*...

Parmi les écrivains du XXe siècle, on peut citer l'auteur carmausin Lucien Fabre, récompensé par le prix Goncourt en 1923 pour *Rabevel ou le Mal des ardents*. On mentionnera également la carrière de Jean Noël Dominique Escande (1933-2016), un écrivain et historien qui a participé à la rédaction de nombreux ouvrages collectifs consacrés au Tarn : *La Chartreuse de Saix*, *Jean Valette*, la *Cuisine tarnaise*, les *Cahiers du Tarn*, la *Revue du Tarn*, etc.

Outre ces auteurs, le Tarn possède un pôle littéraire attractif avec plusieurs petites maisons d'édition, de nombreuses médiathèques et une pléiade de manifestations culturelles dédiées aux beaux et bons mots telles que les salons du livre de Gaillac et Mazamet, ou encore le Salon du livre et de la gourmandise de Pampelonne.

QUE RAPPORTER ?

Lors de votre séjour dans le Tarn, vous réaliserez assez rapidement votre chance ! Paysages à couper le souffle, gastronomie d'exception, patrimoine saisissant, c'est une terre aux multiples merveilles qu'on a rarement envie de quitter. Pour en ramener un morceau, à dévorer ou à montrer, quelques achats sont possibles. Proposés sur les étals des marchés, dans les boutiques spécialisées et directement auprès des exploitants, les produits alimentaires tarnais provoquent toujours de belles émotions. Charcuteries, épices, biscuits… : la tradition est reine et il y en a pour tous les appétits ! Et si ce n'est pas votre ventre qui dicte vos achats, vous avez aussi la possibilité de miser sur l'artisanat riche du département. Craquez pour la maroquinerie de Graulhet, les tissus teints au pastel de Cocagne et les sabots en bois fabriqués manuellement dans les ateliers de Lautrec. Il y a de quoi remplir les valises de plaisirs !

Les achats gourmands

Quand on pense au Tarn, on pense rugby et… gastronomie ! A jamais présente dans sa terre et dans son histoire, elle est l'atout principal de ce département plein de charme. L'histoire agricole du territoire et les savoir-faire acquis au fil des années par les habitants de la région ont donné naissance à des produits fins, savoureux et parfumés. Mangés comme tels, incorporés dans la cuisine traditionnelle ou dévorés sans accompagnement, ils font la fierté et la richesse du Tarn.

Au cours de votre séjour, vous aurez le grand plaisir de découvrir la beauté de ce terroir à table, dans les délicieux et généreux restaurants du département. Vous voulez partager vos découvertes ? Vous avez peur d'avoir le « mal du pays » une fois partis ? Faites des achats gourmands !

Si les produits locaux sont travaillés par les restaurateurs fiers de leur patrimoine culinaire, ils sont aussi vendus chez les artisans et producteurs tarnais. Pénétrez dans leurs boutiques et exploitations, sélectionnez les plaisirs de votre choix et rapportez-les, c'est un bout de Tarn qui voyagera jusqu'à chez vous. Mais alors, qu'est-ce qu'on achète ? Ici vous avez l'embarras du choix ! Si certains voudront privilégier les nectars du vignoble de Gaillac (AOC Gaillac Blanc Perlé, AOC Gaillac Blanc Sec, AOC Gaillac vendanges tardives…) et le très recherché whisky tarnais de la Distillerie Castan, d'autres miseront sur des spécialités telles que les croquants de Cordes, un biscuit sec aux amandes créé au XVIIe siècle à Cordes-sur-Ciel, les échaudés, des sablés triangulaires aromatisés à l'anis, les gimblettes, un gâteau albigeois à la fleur d'oranger et à l'anis en forme d'anneau, et le mesturet, un dessert typique et original au potimarron. Si vous n'êtes pas un bec sucré, vous trouverez davantage de bonheur à acheter des produits nobles comme l'excellent safran du Quercy, les succulentes truffes noires du causse ou encore l'ail rose de Lautrec. A moins que vous préfériez les fromages du département (vache, chèvre, brebis) ou les charcuteries de Lacaune. Reconnues dans tout le pays comme l'une des grandes valeurs sûres de notre terroir, elles regroupent les classiques et délicieux jambons, saucissons et pâtés, tout en proposant des recettes bien locales. Si vous voulez acquérir un produit spécifique au territoire, misez sur le melsat, une saucisse mi-sèche préparée avec des œufs, du pain et de la viande de porc, les bougnettes, des boules de 10 à 15 centimètres de diamètre composées de hachis de poitrine de porc, d'une panade de pain et d'œufs, enveloppée de crépine, et le jambon Apalhat, une charcuterie réalisée à l'aide de porcs élevés sur la paille. Tous ces délices prouvent une chose : dans le Tarn tout est bon, et pas que dans le cochon !

Les créations tarnaises

Si l'agriculture, et plus particulièrement la culture de la vigne, a offert une jolie réputation au Tarn, ce sont les hommes et les femmes du territoire qui l'ont solidifié grâce à leurs nombreux savoir-faire. Ici tout a été travaillé, du bois au métal en passant par la terre, le cuir, le tissu, le cuivre et le verre. Au cours de vos promenades dans le département, vous pourrez découvrir les musées et centres culturels qui leur rendent hommage (Musée du Saut du Tarn à Saint-Juéry, Musée de la vie paysanne à Nages…). Vous aurez aussi la possibilité de pénétrer dans quelques ateliers tenus par les protecteurs de ces métiers d'art (potier, céramiste, tanneur, souffleur de verre, sculpteur, ferronniers d'art), notamment du côté de Cordes-sur-Ciel, Mazamet, Graulhet et Lautrec. Ils vous livreront leurs secrets, raconteront leurs histoires et vous permettront d'acquérir certaines de leurs pièces originales. Ces pépites se prêteront à merveille à des achats souvenirs. Moins temporaires que la nourriture, elles pourront apporter une touche tarnaise à votre quotidien et à votre intérieur. Si vous voulez acheter des produits d'artisanat « made in Tarn » emblématiques du territoire, le mieux est de craquer pour la maroquinerie de Graulhet, les vêtements teints au pastel du Pays de Cocagne et les sabots traditionnels de Lautrec. Très résistants, les produits de l'entreprise les Toiles de la Montagne Noire pourront aussi faire l'objet d'un achat thématique. Tissés dans le département, à la manière d'autrefois, ces nappes, serviettes et sacs sont de beaux cadeaux à faire ou se faire. Il y a de quoi faire des emplettes originales !

SPORTS ET LOISIRS

Impossible de parler du Tarn sans mentionner le sport ! Si les activités sont nombreuses et variées, c'est le rugby qui s'impose comme l'emblème du département. La tradition est telle que le territoire a gagné le surnom de « pays de l'ovalie » et que les clubs tarnais s'imposent comme les plus importants du pays, notamment le Castres Olympique et le Sporting Club d'Albi. Mais le Tarn ne se limite pas au ballon ovale ! Grâce à ses reliefs, ses cours d'eau et ses sentiers, le territoire est propice à l'aventure et aux sensations fortes. Les amoureux de la nature pourront découvrir le département en arpentant ses randonnées, en faisant du canoë-kayak ou avec leur canne à pêche, tandis que les plus sportifs pourront s'aventurer dans les gorges du Tarn et pratiquer des activités telles que de l'escalade ou la via ferrata. La bonne nouvelle est qu'il y en a pour tout le monde et pour toutes les intensités !

Les jeux et sports traditionnels

Symbole du sport tarnais, le rugby participe au rayonnement du département depuis de nombreuses années. Avant l'arrivée du rugby d'outre-Manche, une variante de ce sport, appelée « la soule », était pratiquée dans le Sud. Il semblerait que ce soit grâce au commerce du vin que Bordeaux, Toulouse puis Mazamet (première ville du Tarn en 1898) adoptèrent ce sport. Castres et Albi suivront ensuite le mouvement en 1900 et 1901. C'est à cette époque que les premiers clubs apparaissent dans le département. Rapidement, le rugby est adopté par les hommes de la région. Sa pratique est exacerbée par les compétitions sportives entre les villages et les patrons encouragent la création des clubs ouvriers afin de mieux souder et « contrôler » les employés. Il en est de même pour les garnisons militaires. De nos jours, le Tarn compte plus de quarante clubs, de vraies pépinières à joueurs et entraîneurs de talent. Attaché dès le départ au respect de certaines valeurs, le rugby est intégré à un art de vivre propre au Sud : gastronomie, virilité mêlée de fair-play, respect des valeurs initiales du sport, avec un rapport à l'argent moins prononcé, mais qui hélas croît de plus en plus avec les ans.
Si le rugby a été intégré aux traditions locales, d'autres activités pratiquées dans le Tarn sont nées sur le territoire. C'est notamment le cas du tambornet, un jeu très ancien qui a su traverser les époques, et du plus confidentiel jeu de quilles de 9. Le premier, aussi appelé « Jeu du Tambourin », tire ses origines du célèbre jeu de paume, que l'on retrouve dès l'Antiquité chez les Grecs, sous le nom de « phaeninda ». Sa dénomination vient du fait qu'à l'origine le jeu se jouait avec les paumes de la main. Il faudra attendre le XVe siècle pour que le tambourin soit introduit comme battoir. On suppose que ce changement a été adopté dans le Languedoc au cours de cette période. Aujourd'hui, les règles du tambornet sont simples : la partie se joue avec deux équipes de cinq joueurs, sur un terrain de 80 mètres de longueur sur 20 mètres de large, séparé par une ligne appelée « la basse ». Les participants sont équipés d'un tambourin, autrefois en peau de chèvre, désormais en matière synthétique, et doivent renvoyer une balle en caoutchouc dans le camp adverse. Le second, le jeu de quilles de 9, est un loisir très ancien. Concrètement, neuf quilles sont disposées à l'intérieur d'un carré de terre battue de 4,5 mètres de côté, à 2,15 mètres l'une de l'autre. L'objectif est d'envoyer une boule sur ces quilles, en effectuant des figures prédéfinies, sans faire sortir cette boule du carré pour le premier lancé. Si celui-ci est réussi, le joueur peut relancer. A la fin, il suffit de cumuler les points.

Les sports terrestres

Avec ses nombreux villages, ses vastes espaces forestiers et son réseau très étendu de chemins, le Tarn offre un formidable terrain de jeu pour les loisirs en pleine nature. On compte à ce jour 5 200 km de sentiers inscrits dans le Plan départemental des itinéraires de promenade et de randonnée depuis 1990, dont 50 itinéraires balisés pour la randonnée.

© EMANELDA - FOTOLIA

Rugby.

DÉCOUVRIR

Quelques rappels sur la signalétique : jaune pour les promenades et randonnées (PR), blanc et rouge pour les grandes randonnées linéaires (GR), jaune et rouge enfin pour les grandes randonnées de pays en boucle (GRP). Vous trouverez des sentiers de découverte dans la forêt de Montagnol, le sentier du Cayla, des promenades du Laouzas au Montalet, le GR36, la forêt de Sivens, le circuit de l'Andouquette et bien d'autres spots de choix.

Si vous préférez vous élancer en vélo, vous serez rapidement conquis par le territoire tarnais ! La Fédération française de cyclotourisme et la Fédération française de cyclisme ont labellisé plusieurs sites de pratique du VTT dans le Tarn. Résultat : vous pouvez sillonner plus de 100 km de sentiers balisés dans le département ! Des parcours, de niveau facile à expert, sont entretenus pour votre plus grand plaisir. Prenez par exemple la route des lacs, la voie verte de Mazamet, partez à la découverte du Sidobre ou encore du sentier des Droits de l'Homme, entre Albi et Castres. Les plus sportifs emprunteront le chemin des Crêtes, au départ d'Albi. Vous remarquerez le passé minier des villes de Carmaux ou Cagnac-les-Mines, et vous admirerez la beauté des vieilles bastides albigeoises, flânant aux détours des ruelles de Cordes et de Monestiés. Une carte des itinéraires est disponible dans tous les offices de tourisme et points d'accueil du département.

Les amoureux d'équitation seront également comblés par les 1 200 km de sentiers balisés adaptés à la randonnée équestre. Au programme : balade en roulotte, séjour à la ferme, excursions… On mentionnera l'atypique et charmante ferme d'En Gout, à Dourgne, qui vous accueillera pour un séjour inoubliable en roulotte sur les sentiers du pays de Cocagne et de la Montagne noire. Parfait pour un séjour inoubliable !

Enfin, si vous voulez vous détendre sur les greens du Tarn entre amis ou en famille, vous trouverez de quoi vous faire plaisir. Aux quatre coins du département, des golfs attendent de vous recevoir en pleine nature, un cadre luxuriant et convivial qui garantira de bons moments. Le territoire en abrite cinq au total, à Castres, Pont-de-Larn, Rivières, Albi et Fiac.

Les loisirs nautiques

Si le Tarn se pare de ses plus beaux tons de vert tout au long de l'année c'est parce que son cœur, ses vallons et ses monts sont peuplés de cours d'eau et de lacs. Terrains de pêche et de sports divers, ils offrent aussi la possibilité d'un petit plongeon et d'une baignade sous bonne surveillance. Les aires et bases de loisirs du département, référencés sur le site du Tarn, possèdent des zones surveillées lors de la belle saison.

C'est dans ces spots, ainsi que sur les rivières du Tarn, de l'Aveyron, du Cérou, de l'Agout et du Viaur, que vous pourrez pratiquer en toute quiétude le canoë et le kayak. Selon votre niveau et votre ambition côté parcours, vous choisirez entre les deux. Pour rappel, le canoë, qui se dirige à l'aide d'une pagaie simple, est adapté pour des promenades tranquilles, tandis que le kayak, qui se manœuvre avec une pagaie double, est parfait pour les descentes en eaux vives. En famille ou entre amis, ces activités s'adaptent à tout le monde, quels que soient le niveau et l'âge de chacun.

Le tourisme fluvial est également une jolie manière de découvrir le département différemment, de contempler la faune (hérons, colverts,

Baignade surveillée à Trébas-les-Bains.

DÉCOUVRIR

© AVID_CREATIVE - ISTOCKPHOTO.COM

La découverte du Tarn en montgolfière est une activité exceptionnelle.

truites…) et d'avoir une activité fun en pleine nature. Sauvage, mystérieux, tortueux, le Tarn est une grande rivière qui s'assagit au détour de certaines belles villes du département, comme Albi, pour laisser libre cours aux canoës, bateaux-promenade, barques et fameuses gabarres. Depuis votre gabarre, vous apprécierez de faire un beau voyage en longeant la cathédrale Sainte-Cécile, le palais de la Berbie, ainsi que les jardins à la française établis en terrasse au-dessus de l'eau. Castres, seconde ville du département, joue dans la même cour avec ses balades bucoliques sur l'Agout. Ce ne sont là que quelques exemples de ce que vous pourrez découvrir sur les reposants cours d'eau tarnais.

Chasse et pêche

En raison de ses forêts, ses cours d'eau et sa richesse faunique, le département du Tarn est propice à la pratique de la chasse. Du petit au gros gibier, les amateurs trouveront de quoi chasser. De nombreux groupes et associations du département seront ravis de vous faire partager leur passion et de vous faire participer à une chasse à courre ou en groupe. Un moment de plaisir qui vous conduira à la découverte des terres reculées et encore sauvages du Tarn.

Pour les mêmes raisons, le département est le paradis des pêcheurs ! Le territoire est sillonné par 2 000 km de cours d'eau en première et deuxième catégorie, et pas moins de 18 barrages. Ils abritent des truites, goujons, sandres, brochets et autres poissons d'eau douce. La culture de la pêche est vraiment importante dans le département, si bien que des concours sont organisés tout au long de l'année. Pour les pêcheurs du dimanche, il existe une carte de pêche pour les vacances qui permet de pêcher 15 jours consécutifs, ou même à la journée. Idem pour les enfants qui veulent jeter l'hameçon : la carte spéciale jeunes est faite pour eux. La Fédération encadre même des camps de pêche pour initier les 12-16 ans. La pêche peut se pratiquer également sur certains lacs, comme celui de la Raviège, et les plans d'eau aménagés, notamment celui de la Vère-Grésigne et de La Roucarié.

Dans les hauteurs

Grimpez, prenez de la hauteur, amusez-vous et admirez la vue… Si les verdoyantes contrées tarnaises ne sont pas du genre à être apprivoisées, elles sont cependant faciles à appréhender, qui plus est si on les domine du regard grâce à l'accrobranche. Entre tyroliennes, ponts de singe et autres activités, les arbres du département sont les hôtes de bon nombre de loisirs. Sinon, les gorges du Tarn offrent d'intéressantes perspectives en termes d'activités sportives. De nombreuses associations et structures vous permettront de grimper la via ferrata. Les parcours proposés sont plus ou moins intenses en fonction de votre niveau. Vous pourrez aussi pratiquer l'escalade au sein du Parc régional du Haut-Languedoc, avec des moniteurs diplômés qui se feront un plaisir de partager leur passion. La beauté du paysage est inoubliable, un bon moyen d'allier plaisir et découverte, et d'affronter vos peurs.

Et si vous voulez vous élever davantage, le Tarn permet de faire des vols en montgolfière. Difficile de trouver meilleure manière pour découvrir le département sous un nouvel angle ! En plus de bénéficier de toute la tranquillité et la douceur qui se prêtent à un tel exercice, un envol tarnais vous offrira des panoramas exceptionnels alternant entre lacs, rivières, vallons et monts. Le silence et le vent vous pousseront vers de superbes paysages pour une aventure qui mérite d'être vécue.

GASTRONOMIE

Surnommé « Le pays du bien-manger », le Tarn possède une longue tradition culinaire. Cette histoire gastronomique a été rendue possible par les bons produits de la région, héritages de son passé rural. Le travail de la terre, influencé par les nombreuses cultures qui ont occupé le territoire, a permis le développement de produits fins, tels que le safran, et l'installation d'élevages de qualité, notamment du côté de Lacaune. Les marchés et les bonnes tables du département vous permettront de découvrir ces trésors du terroir. Vous pourrez aussi repartir avec des spécialités locales ancestrales, à l'image de la bougnette, des croquants ou des gimblettes. Pour arroser tous ces délices, les vins du vignoble de Gaillac, réputés au-delà des frontières du département, feront des merveilles. A moins que vous préfériez miser sur les brasseries artisanales du territoire ou le whisky 100 % tarnais.

La marque « Saveurs du Tarn »

Lancée en 2012 par le centre agroalimentaire Agropoint, sous l'impulsion du Conseil Départemental, la marque « Saveurs du Tarn » a pour objectif de valoriser les produits locaux. Ce label rassemble les nombreux parfums du département, des Bastides et Vignoble de Gaillac au Pays de Cocagne, en passant par le Sidobre et les Monts de Lacaune, les trésors de l'Albigeois et le Parc Naturel Régional du Haut-Languedoc.

On trouve de tout sous cette marque collective, il y a vraiment de quoi devenir « Tarnivore » ! Il faut dire que le département jouit d'une impressionnante diversité au niveau de ses productions : viandes et volailles, fruits et légumes, produits laitiers, confitures, pains, miel, bières, biscuits, eau en bouteille, vins, salaisons, safran, truffes, chocolat, eaux de vies… Depuis plusieurs siècles, les Tarnais se transmettent leur savoir-faire et leur amour de la terre. Cela leur permet de vous proposer une large palette de produits de qualité. Ces marchandises bénéficient parfois d'une reconnaissance au niveau national et européen, une identification qui se traduit par la remise de certifications Label Rouge, AOC, AOP, IGP, AB, etc.

Vous aurez le plaisir de découvrir et acquérir ces produits distingués par la marque « Saveurs du Tarn » aux quatre coins du département et hors de ses frontières. Parfaitement distribués, ils se sont fait une place dans les grandes surfaces, dans les épiceries, en magasins d'usine, sur les marchés, chez des artisans commerçants des métiers de bouche et sur les étagères des boutiques des exploitations.

© MANISH SHRIVASTAVA - SHUTTERSTOCK.COM

Safran.

Un terroir subtil et parfumé

Département de caractère et de douceur, l'ADN du Tarn se retrouve parfaitement au sein de son terroir. Les incroyables produits locaux naissent principalement grâce à l'agriculture, elle a permis à de nombreux maraîchers, fromagers et bouchers de s'y installer et de produire d'excellents mets de tradition régionale. Ces produits sont à découvrir dans les boutiques locales et dans les restaurants bien inspirés qui mettent le terroir au centre de leur table.

Le caractère agricole du département motive la culture de céréales comme le blé, élément de base du bon pain Lo Cantèl, et du « crocus sativus », plus connu sous le nom de « safran ». Prince de Cocagne, ce dernier est vendu sous la marque « La Belle Albigeoise », en pots de 0,3 g à 10 g. Cette curieuse plante stérile qui se reproduit par le bulbe possède des vertus multiples. Outre son utilisation en cuisine, dont elle teinte si agréablement les plats, elle sert ou a servi de plante tinctoriale, donnant un jaune éclatant. De plus, on lui a trouvé des vertus médicinales : c'est un anti-stress et un anti-dépresseur !

Une autre production emblématique du territoire est celle de l'ail rose de Lautrec. On dit de lui qu'il est subtil, que son arôme n'agresse pas les papilles et que c'est pourquoi il peut s'accor-

DÉCOUVRIR

© ART789 - SHUTTERSTOCK.COM

Ail rose de Lautrec.

der harmonieusement avec tous les plats, dont il relève la saveur. La légende raconte que l'ail rose est apparu dans la région de Lautrec au Moyen Âge, lorsqu'un voyageur qui ne pouvait pas payer sa note d'auberge régla son repas avec des gousses d'ail rose que l'hôtelier aurait tout de suite replantées. Légendaire ou non, cette histoire rappelle tout de même que cette culture s'est développée dans la région jusqu'à devenir un véritable marché en France et à l'international, notamment auprès des grands chefs cuisiniers. Cet or rose a obtenu le Label Rouge en 1966, puis l'Indication géographique protégée des instances européennes en 1996.

Plus discrète, la truffe noire se développe également dans la terre du département. La *tuber melanosporum* se trouve un peu partout en France et se développe en plusieurs variétés. Parmi elles, celles de Graulhet jouissent d'une belle réputation. Au début du siècle, la production de truffes tarnaises avoisinait les 10-15 tonnes/an, soit 1/15ᵉ de la production nationale. C'est à Penne qu'est établie une coopérative ayant pour objet la vente des truffes noires, profitant des contreforts lointains du Quercy et des plateaux calcaires. C'est dans ces conditions que le diamant noir développe son arôme unique, délicat, puissant et généreux. Consommées fraîches, les plus grosses peuvent être râpées dans la soupe, agrémenter une omelette, être coupées en lamelles avec un lapin ou glissées entre la chair et la peau des volailles. Un mets luxueux qui s'accorde aux plats les plus simples !

Les carnassiers seront ravis d'apprendre que la richesse agricole du Tarn a aussi permis l'installation de plusieurs élevages de qualité. On peut notamment mentionner la présence du veau d'Aveyron et du Ségala. Ce veau fermier a la spécificité d'être élevé « sous la mère », c'est-à-dire allaité par sa mère, les céréales servant uniquement de complément. Rigoureusement identifié dès sa naissance, le veau d'Aveyron et du Ségala donne une viande tendre et savoureuse de couleur rosée. Une certification Indication Géographique Protégée (IGP), un label Rouge pour les viandes et un label Rouge pour les produits transformés garantissent la qualité de ces produits.

Mais l'élevage qui attire le plus l'attention dans la région est celui des bêtes qui servent à la réalisation de la fameuse charcuterie de Lacaune. C'est une tradition locale que de produire des porcs charcutiers ou d'ouvrir une charcuterie sur les monts de Lacaune. De nos jours, la commune est un lieu central de la production nationale de salaisons et de charcuterie. Reconnue pour sa qualité et ses saveurs, la salaison de Lacaune a obtenu en 2015 l'IGP pour le jambon et le saucisson, gage de traçabilité et de qualité indéniable.

Les recettes traditionnelles

Côté sucré, vous ne serez pas en reste ! Dans le Tarn, plusieurs secteurs sont particulièrement riches en châtaignes, comme le Sidobre ou la Montagne Noire. Cet élément de base, très nourrissant, se retrouve dans de nombreuses recettes tarnaises. Si les gros producteurs ont aujourd'hui disparu, des petites châtaigneraies familiales persistent.

La liste des recettes sucrées qui font la renommée de la gastronomie tarnaise comprend des spécialités emblématiques de certaines communes. La plus célèbre d'entre elles est très probablement celle des croquants de Cordes. Ces petits gâteaux secs aux amandes seraient nés à Cordes-sur-Ciel au XVIIᵉ siècle ! De nos jours, on peut trouver ces délicieux biscuits hors des frontières du département, y compris dans les grandes surfaces.

© CLAUDE CALCAGNO - STOCK.ADOBE.COM

Vignoble du Tarn.

Les échaudés, ou janots, figurent également dans la liste. Spécialités commerciales de la ville de Carmaux, ces biscuits triangulaires à l'anis sont principalement vendus sur les foires et marchés des départements du Tarn et de l'Aveyron. On mentionnera aussi la présence des gimbelettes, traditionnellement consommés le jour des Rameaux, et des curbelets, servis à la table du roi Louis XIV sous le nom « d'oublies ».

La terre à boire

« Je boirai du lait quand les vaches brouteront du raisin » disait le peintre tarnais Henri de Toulouse-Lautrec. Ce dicton, emblématique d'un certain art de vivre, témoigne de l'importance de la vigne dans l'ADN du département. Enracinée dans le terroir gaillacois depuis le VIe siècle avant notre ère, elle a participé à la richesse et au rayonnement du territoire grâce à sa commercialisation. La diversité du vignoble tarnais se traduit par une variété des vins élaborés, qui composent une gamme large de produits différents en blanc, rouge et rosé.

Le département compte aussi son lot de brasseries « Made in Tarn » qui font mousser le territoire. Avec près de 10 brasseries artisanales, on peut dire qu'elle coule à flots. La Brasserie des Vignes, créée en 2005 par Stéphane Dumeynieu, professeur de physique-chimie et grand amateur de bières, propose entre autres un élixir brassicole riche en malt d'orge produit localement. Après une visite de sa brasserie, vous dégusterez quelques breuvages ancestraux tels que la Libertine, la Clandestine, la Délinquante ou même de la gelée de bière. Un petit musée très intéressant retrace l'histoire de la culture brassicole dans la région. Au nord-ouest du Tarn, une autre brasserie vous ouvre ses portes : Oxit, une bière 100 % terroir, brassée directement avec l'orge de la ferme créée par Damien Chavent, agriculteur céréalier, passionné de bière et surtout de son terroir. Vous entendrez sûrement parler également du « brasseur paysan » d'Algans près de Puylaurens, qui a donné en 1996 l'impulsion brassicole avec sa Karland, ou de Frédéric Mas qui met de la coriandre et même de l'ortie dans ses bières Saint-Victor de la Brasserie du Castel, du côté de Nages.

Mais ce n'est pas tout ! Saviez-vous qu'il existait un whisky 100 % tarnais ? Le dernier alambic ambulant du Tarn, quasi centenaire, semblait condamné par la désaffection pour les eaux-de-vie traditionnelles, mais il a été sauvé par le projet un peu fou de faire un whisky « Made in France ». Derrière cette renaissance, il y a Sébastien et Céline Castan, des vignerons et distillateurs de talent. Depuis dix ans, ils produisent le whisky « Vilanova », un cru moderne et innovant, de grande qualité. Aujourd'hui, plusieurs single cask sont brassés, distillés et maturés sur place. De dimension artisanale, la production privilégie la qualité du produit plutôt que la quantité. Les fruits pour les eaux-de-vie sont soigneusement sélectionnés auprès des producteurs locaux, lorsque leur maturation est optimale et leurs arômes bien développés.

Enfin, on mentionnera la présence des eaux minérales du mont de Roucous, elles font partie du paysage des distributeurs d'eau français. Découvertes dans les années 1970, ces eaux de source puisent leur vertu dans les monts de Lacaune. Aujourd'hui, la petite entreprise locale est devenue une affaire internationale ! De la femme enceinte ou allaitante au senior, en passant par les bébés, cette eau peu minéralisée est idéale pour satisfaire tous les besoins. Encore une belle réussite tarnaise !

AGENDA

Le Tarn est un territoire à plusieurs visages. Influencé par les cultures méditerranéennes, la richesse de son terroir et les nombreux passionnés qui peuplent ses rues, il se devait de posséder un agenda qui reflète toute sa diversité. Tout au long de l'année, les grandes villes et discrets villages pittoresques du département organisent et reçoivent des manifestations en tout genre. Qu'elles soient traditionnelles, gastronomiques, sportives, musicales ou plus largement artistiques, elles font le bonheur des locaux et des voyageurs venus visiter le Tarn aux meilleurs moments. Et puisqu'il y en a pour tous les goûts, tout le monde y trouve son compte ! De la musique classique à l'art de rue, en passant par les carnavals et les fêtes consacrées au terroir, tout est fait pour communiquer la joie de vivre si commune au sud de la France. Pour découvrir notre sélection des événements incontournables, suivez le guide !

CARNAVAL D'ALBI

Centre-ville

ALBI

✆ 05 63 45 19 48

www.tourisme-tarn.com

Fin février. Défilés. Tombola. Soirées dansantes.

Le Carnaval d'Albi est l'un des plus grands carnavals de la région Occitanie. Le cœur de la belle tarnaise bat au rythme de nombreux défilés et activités au cours de cette semaine animée. Dans les faits, vous aurez le plaisir d'y observer une vingtaine de chars, des parades géantes, des groupes costumés et bien d'autres animations. Des stands restauration sont également proposés chaque année afin de combler les appétits des curieux en goguette. Si vous avez envie de découvrir la diversité et la richesse culturelle du Tarn, c'est un épisode à ne pas rater.

CARNAVAL VÉNITIEN DE CASTRES

Place Jean-Jaurès

CASTRES

✆ 05 63 71 58 58

Mars.

Chaque année, au mois de mars, la « petite Venise du Tarn » sert de décor à un week-end de festivités aux couleurs de la cité des Doges. Pendant trois jours, élégance et mystère sont au rendez-vous grâce aux défilés des Masqués vénitiens de France et des Masqués de Castres. Autre étape : le marché italien. Celui-ci est installé place Pierre-Fabre et ouvre ses portes au premier jour des festivités. Vous aurez l'occasion d'y déguster des charcuteries et des fromages italiens de qualité.

LA FÊTE DES VINS DE GAILLAC

Avenue Dom Vayssette

GAILLAC

www.vins-gaillac.com/fete-des-vins

Août. Restauration.

Tous les ans, pendant la première ou seconde semaine d'août, cette grande fête des vins se déroule au sein du parc de Foucaud. Au programme : rencontre avec les vignerons, dégustation et vente, apéritif-concert à l'ombre des arbres centenaires, déjeuner paisible, jeux en bois pour les plus jeunes, messe des vignerons et soirée festive et feu d'artifice... Tout le monde s'y amuse ! Un beau week-end pour découvrir le magnifique vin de Gaillac et ses alentours.

FÊTE DE LA CHARCUTERIE

LACAUNE

✆ 05 32 11 09 45

fetedelacharcuterie-lacaune.jimdo.com

Juin ou juillet. Restauration. Défilé. Concours.

Au début de l'été, la fête des Charcutiers-salaisonniers anime Lacaune ! De nombreuses animations rythment la journée, à commencer bien sûr dès le matin par la mise en cuisson des fameux jambons à la broche, avant le découpage traditionnel du cochon (appelé aussi « Masèl ») et le défilé des confréries venues de toute la France. On y célèbre saint Antoine, patron des charcutiers, on visite la Maison de la Charcuterie et les entreprises locales spécialisées, on participe à la foire aux produits du terroir et de la charcuterie... Une découverte très gourmande.

FÊTE DE L'AIL ROSE

20, rue du Mercadial
LAUTREC
✆ 05 63 75 90 31
www.ailrosedelautrec.com
Août.

Organisé par les Jeunes Agriculteurs du Tarn, ce grand rendez-vous met à l'honneur toutes les productions du terroir. Chaque année, les premiers vendredi et samedi du mois d'août, plus de 10 000 gourmands se réunissent pour célébrer la tradition lautrécoise. Au programme : un marché professionnel, dégustations et expositions, mais aussi danse folklorique, concours de la meilleure tarte à l'ail, randonnée de l'ail rose, jeu de piste et diverses animations enfants sans oublier un grand bal. Une fête populaire et joyeuse qui en met plein les yeux et les papilles.

FESTIVAL PAUSE GUITARE

28, rue Rochegude - **ALBI** ✆ 05 63 60 55 90
www.pauseguitare.net
Juillet. Programmation et billetterie en ligne. Tarifs réduits pour les enfants, les étudiants, les demandeurs d'emplois. Gratuit pour les moins de 3 ans. Chèque Vacances.

L'association Arpèges & Trémolos promeut depuis plus de 20 ans ce festival qui n'a eu de cesse de croître en taille et popularité. Près de cinquante artistes nationaux et internationaux sont prévus chaque année pour cet événement désormais majeur du sud de la France. La musique se glisse dans tous les espaces d'Albi : sur le parvis, devant une fontaine, entre les colonnes du cloître du XIe siècle, au Grand Théâtre, à l'Athanor. Il est ainsi possible d'y entendre des artistes renommés aussi bien que des jeunes stars en devenir !

LA NUIT PASTEL

Parcours balisé en centre-ville
ALBI
✆ 05 63 49 11 94
www.albi-tourisme.fr/fr/nuit-pastel-2021
Une nuit en juin, de 19h à 0h. Accès libre.

Ce rendez-vous nocturne, baptisé de la fleur qui a fait la renommée et la richesse du Tarn, est incontournable. Organisé pendant une nuit de juin, l'événement estival se déroule dans les rues de la ville, le long d'un sentier lumineux allant des moulins albigeois au parc Rochegude. De la rive droite à la rive gauche du Tarn, une vingtaine de rendez-vous sont prévus à la tombée de la nuit : concerts, performances son et lumière, danse contemporaine, expositions, arts de la rue, conte musical, chœur d'enfants… La soirée promet d'être festive et colorée !

FESTIVAL MUSIQUE SUR CIEL

CORDES-SUR-CIEL
✆ 05 63 56 00 75
www.festivalmusiquesurciel.com
Juillet. Billetterie et tarifs en ligne.

Si la ville de Cordes-sur-Ciel est déjà par nature un incontournable du patrimoine tarnais, voici un festival qui pourrait renforcer votre envie de découvrir cette cité singulière. Cet événement a la particularité d'être axé autour de la musique de chambre. Chaque année, les compositions choisies traversent toutes les époques, du Moyen Âge à nos jours, et, fait rare, un compositeur est invité à composer en direct. En marge des concerts, des ateliers et des *master class* sont organisés.

L'ÉTÉ DE VAOUR

Maison des associations
VAOUR
www.etedevaour.org
Août. Restauration. Salon de thé. Ateliers. Boutique.

Dans ce petit village, on aime rire de tout et surtout durant le festival L'été de Vaour. Au cours de ces cinq jours, le spectacle vivant est représenté par différentes expressions artistiques telles que le conte, le mime, le clown, la danse... Dans la cour de l'école de Vaour, aménagée pour l'occasion, ou dans l'ancienne Commanderie des Templiers, une salle de spectacle de 192 places, goûtez à l'humour de qualité ! L'Été de Vaour est aujourd'hui une machine bien huilée, grâce au concours d'une centaine de bénévoles motivés et passionnés.

TRÉSORS DE L'ALBIGEOIS

L'Albigeois est l'un des cinq secteurs qui composent le Tarn. Situé dans le cœur du département, il comprend l'agglomération d'Albi et ses alentours. Son cadre naturel époustouflant sert d'écrin à des cités de caractère dotées d'une histoire spirituelle forte. La première d'entre elles est bien évidemment Albi, préfecture du Tarn et plus grande ville du département. La « Ville rouge » abrite de nombreux chefs-d'œuvre : la cathédrale Sainte-Cécile, la cité épiscopale (classée au patrimoine mondial de l'Unesco), le Pont Vieux… En plus de surprendre, son architecture séduit les curieux, étonnés de trouver ici un assemblage de briques rouges qui s'observe rarement. Mais attention, l'Albigeois ne se limite pas à cette grande dame ! Parmi les autres arrêts de charme : Castelnau-de-Lévis, le bourg médiéval de Lescure-d'Albigeois, la bastide pittoresque de Réalmont, les châteaux viticoles de Lisle-sur-Tarn…

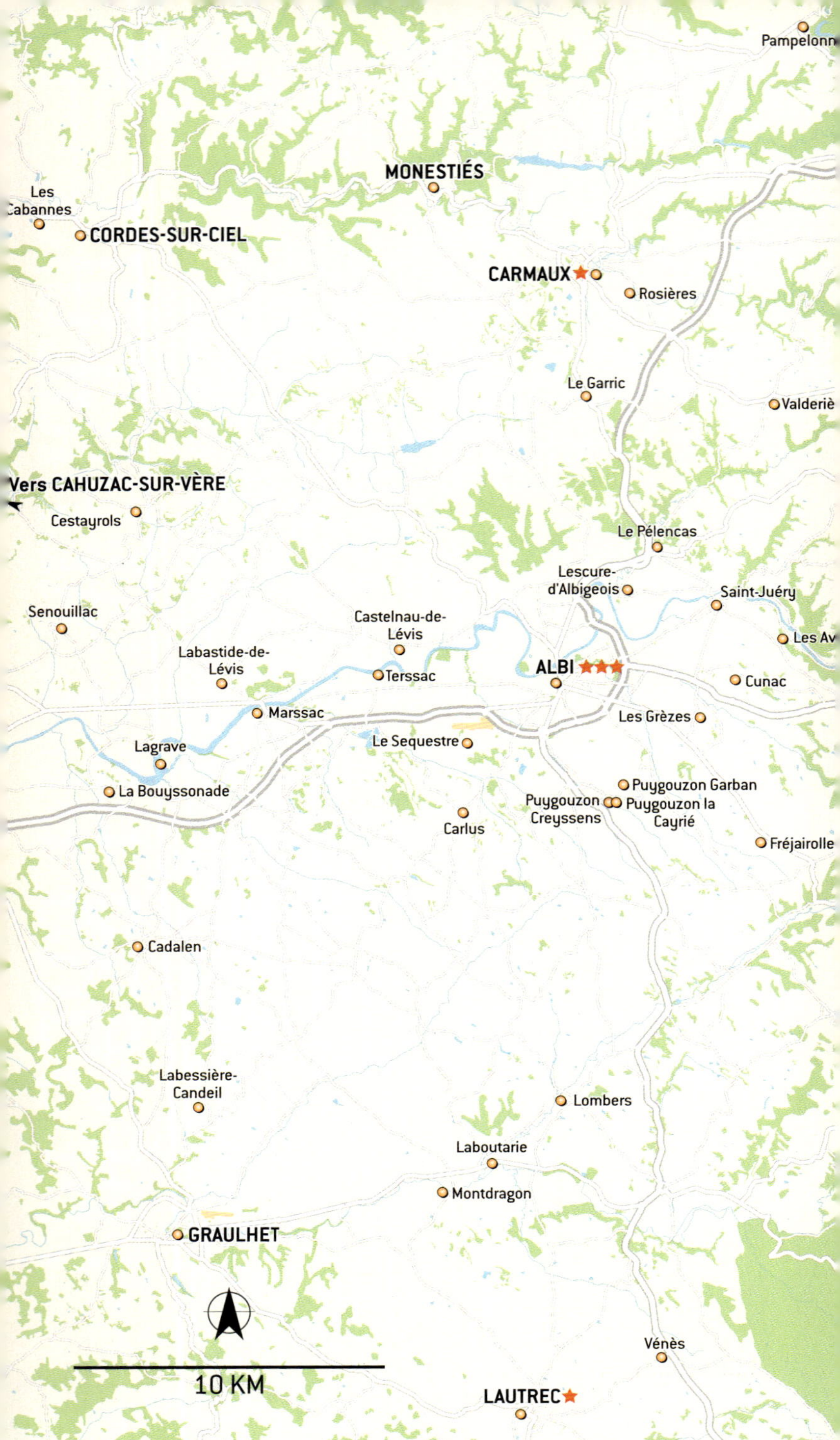
Pampelonn
MONESTIÉS
Les
Cabannes
CORDES-SUR-CIEL
CARMAUX
Rosières
Le Garric
Valderiè
Vers CAHUZAC-SUR-VÈRE
Cestayrols
Le Pélencas
Lescure-
d'Albigeois
Saint-Juéry
Senouillac
Castelnau-de-
Lévis
Labastide-de-
Lévis
Les Av
Terssac
ALBI
Cunac
Marssac
Les Grèzes
Le Sequestre
Lagrave
La Bouyssonade
Puygouzon Garban
Puygouzon
Creyssens
Puygouzon la
Cayrié
Carlus
Fréjairolle
Cadalen
Labessière-
Candeil
Lombers
Laboutarie
Montdragon
GRAULHET
Vénès
10 KM
LAUTREC

Trésors de l'albigeois
Durenque
Lédergues
Réquista
AMBIALET
TRÉBAS
P.N.R. des
Grands Causses
Villefranche-
d'Albigeois
ALBAN
Saint-Sernin-
sur-Rance
TEILLET
SAINT-PIERRE-DE-
TRIVISY
LACAZE
Viane Pierre-
Ségade
MONTREDON-LABESSONNIÉ
P.N.R. du Haut-
Languedoc
Vabre

PAGES

●● TRÉSORS DE L'ALBIGEOIS

53 TRÉSORS DE L'ALBIGEOIS
53 ALBI ★★★
73 ALBAN
74 AMBIALET
76 CARMAUX ★
78 MONESTIÉS
80 TEILLET

© TIBOR BOGNAR

Vieille ville d'Albi depuis le Pont-Vieux.

ALBI ★★★

Albi est un musée à ciel ouvert ! Pittoresque et fascinante, la ville s'élève au cœur d'une nature époustouflante, se détachant de l'horizon grâce au rouge de ses façades. Ancienne cité épiscopale inscrite à l'Unesco, elle brille par de nombreux aspects : une gastronomie exceptionnelle, une douceur de vivre, des activités à la pelle... Mais ce qui fait la richesse d'Albi, c'est surtout son patrimoine ! La Ville Rouge est dominée par la splendide cathédrale Sainte-Cécile, merveilleuse représentante de l'architecture du gothique méridional propre à la région. Elle surveille avec majesté les ruelles piétonnes de la ville, les berges de la rivière Tarn toute proche et les terrasses de ses restaurants généreux. Lors de votre séjour à Albi, partez à la découverte du palais de la Berbie, avec ses jardins et le musée de Toulouse-Lautrec, la collégiale Saint-Salvi et son cloître, le pont vieux... Vous allez en prendre plein les yeux ! Pour reprendre des forces, vous pourrez compter sur les adresses gourmandes de la cité épiscopale, pour la plupart tournées vers le terroir et les spécialités de la région. Saluées par la critique et soutenues par les locaux, elles dévoilent d'étonnants parfums de l'entrée au dessert.

ARCHÉOCRYPTE DE SAINTE-SIGOLÈNE

Rue de Martel - **LAGRAVE**
✆ 05 63 81 44 47
moyenage.tarn.pagesperso-orange.fr
Basse saison : mercredi, samedi et dimanche 14h-18h. Haute saison : du mardi au dimanche 14h-18h. Adulte : 2 €.

Ce musée insolite risque de vous surprendre ! L'Archéocypte présente en effet une riche collection d'objets datant de la préhistoire et du haut Moyen Age. La majorité des pièces exposées ont été découvertes sur le site, entre 1971 et 1998. On y a en effet découvert tout un monastère, au lieu-dit Troclar, fondé au VIIe siècle. Situé dans le centre culturel de Lagrave, le musée retrace les quelque 150 000 ans d'histoire de la commune à l'aide de panneaux didactiques.

BASE DE LOISIRS DE CANTEPAU

Avenue Général-Hoche
✆ 05 63 49 15 13
www.albi-tourisme.fr
Ouvert toute l'année. Accès libre. Jeux.

Située le long du Tarn, tout près du château du Gô, la base de Cantepau est idéale pour se détendre et s'activer. Tout y est : parcours de santé en pleine nature, courts de tennis, parcours de VTT, tir à l'arc, mur d'escalade, terrains de foot et de rugby, aire de jeux, espace pique-nique... A quelques mètres de la base, au niveau de la maison de quartier de Cantepau, vous trouverez également un parking qui vous permettra de stationner l'esprit léger.

BASE DE LOISIRS DE PRATGRAUSSALS

Sur la rive droite du Tarn, après le Pont-Vieux
www.albi-tourisme.fr
Accès libre.

Cette base de loisirs, située à deux pas du Pont Vieux, est le principal poumon vert d'Albi. Avec ses 13 hectares de verdure, son implantation le long du Tarn et ses multiples aménagements touristiques, c'est un rendez-vous que les locaux connaissent bien. Sur place, vous trouverez notamment un lac où l'on peut pêcher, un parcours santé, une aire de pique-nique, des jeux pour les enfants, un terrain de BMX et un tout nouveau skate park, l'un des plus beaux de la région.

LES BERGES DU TARN ★★

Berges du Tarn, en contrebas du Palais de la Berbie
www.albi-tourisme.fr/les-berges-du-tarn-et-la-riviere
Accès libre.

La ville a aménagé les abords de la rivière Tarn pour permettre aux promeneurs, joggers, patineurs et cyclistes de bénéficier de la fraîcheur et de la tranquillité des lieux. C'est aujourd'hui une merveilleuse parenthèse pour échapper à la pression des temps modernes ! Au cours de votre sortie, vous pourrez découvrir de merveilleux points de vue sur la cité en parcourant l'Échappée verte, en contrebas du palais de la Berbie. C'est aussi un spot formidable pour se poser le temps d'un pique-nique bucolique, les yeux rivés vers le Pont Vieux et les gabarres.

CATHÉDRALE SAINTE-CÉCILE ★★★★

5, boulevard Sibille ✆ 05 63 43 23 43
www.albi-tourisme.fr
Ouvert 7j/7 de 9h à 18h30. Visites du chœur et du trésor : du lundi au samedi de 9h30 à 18h, dimanche de 13h30 à 17h30.

Cet imposant vaisseau de briques est un chef-d'œuvre du patrimoine gothique méridional. Édifiée entre 1282 et 1480 pour signifier le retour du pouvoir papal en terre cathare, elle demeure encore aujourd'hui la plus grande cathédrale de briques au monde. Son écrasante silhouette de briques roses et son immense clocher haut de 78 m en tour de guet sur la région, au cœur du vieil Albi, lui vaut d'être souvent comparée à un château-fort. A sa construction, elle faisait partie du système défensif de la ville (intégrant aussi le palais de la Berbie) et pouvait alors accueillir 6 000 Albigeois en cas de danger. Du Moyen Age, elle a pu conserver la fresque du Jugement Dernier (qui couvrait à l'origine plus de 200 m^2), où le Ciel, la Terre et l'Enfer sont mis en scène. Les fresques de la voûte forment l'ensemble le plus vaste et le plus ancien de France (97 m de long sur 28 m de large). Elle reste la seule cathédrale d'Europe dont les murs et les voûtes sont entièrement peints sur une surface couvrant près de 18 500 m^2. Le jubé, de style gothique flamboyant, est orné d'une magnifique statuaire polychrome, témoignage unique de la sculpture française du XVe siècle. La salle du trésor, aménagée dans une ancienne chambre forte du XIIIe siècle, présente une collection d'objets d'art sacré du XIVe au XIXe, et des objets de culte. Enfin, sainte Cécile, patronne de la musique, n'aurait pas de sanctuaire sans un orgue monumental ! Celui-ci date du XVIIIe siècle et peut-être aurez-vous la chance d'entendre un récital lors de votre visite.

CENTRE D'ART LE LAIT ★★

28, rue Rochegude
✆ 09 63 03 98 84
www.centredartlelait.com
Basse saison : du mercredi au dimanche de 13h à 18h. Haute saison : du mercredi au dimanche de 14h à 19h. Entrée libre.

Le L.A.I.T. (Laboratoire Artistique International du Tarn) est un lieu unique d'émergence d'idées et de talents. Unique en France, ce centre d'art contemporain est consacré à la recherche artistique et culturelle, à l'accompagnement des projets artistiques et à la sensibilisation des publics. Il a pour mission d'aider la production d'œuvres inédites, d'organiser des expositions, d'accompagner des projets, de projeter des films documentaires, de créer des résidences d'artistes, de mettre en avant des actions culturelles et des médiations, etc.

LA CITÉ ÉPISCOPALE D'ALBI EN AUDIOGUIDE

42, rue Mariès
✆ 05 63 36 36 00
www.albi-tourisme.fr
Visites audio-guidées. Plusieurs circuits sont disponibles auprès de l'Office de tourisme. Tarif : 4€.

Vous souhaitez découvrir la cité épiscopale d'Albi en autonomie et sans guide conférencier ? Optez pour la visite audioguidée ! Toute l'année, partez à la conquête de cette pièce classée au Patrimoine mondial de l'Unesco, guidé par les commentaires audio. Au programme : la place Sainte-Cécile, le palais de la Berbie, la cathédrale Sainte-Cécile et bien d'autres trésors albigeois. Ce circuit d'environ une heure vous dévoilera de nombreux secrets et anecdotes sur ces lieux envoûtants.

LA COLLÉGIALE ET LE CLOÎTRE SAINT-SALVI ★

Rue Maries ✆ 05 63 43 23 43
www.albi-tourisme.fr/fr/la-collegiale-saint-salvi-et-son-cloitre-albi
Ouvert du lundi au vendredi de 7h45 à 12h, samedi de 14h à 17h30 et dimanche de 8h30 à 12h. Cloître : ouvert de 7h à 20h

Ce splendide vestige est surmonté d'un étonnant clocher-tour de guet et demeure l'un des plus anciens bâtiments d'Albi. Il présente une architecture complexe, témoignage d'une longue suite de campagnes de construction où roman et gothique se mêlent. Du cloître, édifié à partir de 1270 et mutilé lors de la Révolution, seule subsiste aujourd'hui la galerie méridionale. Elle possède aussi des formes romanes (arcs en plein cintre) et des éléments gothiques (chapiteaux, décors des piliers).

ÉGLISE SAINTE-MADELEINE

46, rue de la Madeleine
✆ 05 63 60 62 45
albi.catholique.fr
Ouvert tous les jours en été de 15h à 18h. Ouvert le dimanche de 10h30 à 12h30 hors saison. Gratuit. Concerts.

Erigée entre 1848 et 1851, à l'emplacement de l'ancienne chapelle du couvent des Capucins, l'église de la Madeleine suit les plans de l'architecte toulousain Julien Rivet. Construite dans le style Premier Empire, elle est inspirée de l'église de la Madeleine de Paris et fut embellie au fil des ans : tableaux, sculptures, retables... A voir : les peintures du chœur de 1863 réalisées par Romain Cazes, élève d'Ingres, ainsi que la statue de bois polychrome de saint Jean-Baptiste, le grand orgue de 1887 et le grand crucifix, tous trois classés Monuments historiques.

LE GRAND THÉÂTRE DES CORDELIERS

Place de l'Amitié entre les Peuples
✆ 05 63 38 55 56
www.sn-albi.fr
Programmation et tarifs en ligne. Billetterie ouverte du mardi au samedi de 13h à 18h30. Terrasse panoramique.

C'est au cœur du quartier culturel des Cordeliers que cet incroyable théâtre a été érigé en 2014. Symbole de la modernité de la cité albigeoise, le monument dénote du reste de la ville grâce à son style futuriste et aérien. Recouvert d'une enveloppe métallique, représentation artistique du rideau de scène, le Grand Théâtre joue avec les couleurs, la luminosité et l'espace. Des visites sont organisées afin de vous dévoiler les dessous du lieu et les coulisses des spectacles.

LES JARDINS DU PALAIS DE LA BERBIE

6, rue de la Temporalité
www.albi-tourisme.fr/fr/les-jardins-du-palais-de-la-berbie
Ouvert toute l'année. Basse saison : tous les jours de 8h à 18h. Haute saison : tous les jours de 8h à 20h. Gratuit.

C'est au pied du majestueux Palais de la Berbie que ce jardin à la française repose. Installé dans l'ancienne place d'arme du monument au XVIIe siècle, on doit son existence au premier archevêque d'Albi, Hyacinthe Serroni. Classé Jardin remarquable depuis 2010, ce lieu est l'un des points touristiques les plus visités de la cité. Les visiteurs viennent profiter de sa tranquillité et de son incroyable panorama sur la rive droite du Tarn, le Pont-Vieux et les anciens moulins.

LA MAISON DU VIEIL ALBY ★★

Rue de la Croix-Blanche ✆ 05 63 54 96 38
www.albi-patrimoine.fr
Ouvert tous les jours sauf dimanches et jours fériés de 14h à 18h. Animations.

Cette maison typique de la période médiévale - aujourd'hui siège de l'Association pour la sauvegarde du Vieil Alby - est l'une des plus anciennes demeures d'Albi. Située dans le quartier du Castelnau, elle associe briques et pans de bois et se caractérise par son grenier à ciel ouvert ou *soleilhou* (où l'on faisait sécher, entre autres, le pastel), ses colombages et son encorbellement (étage réservé à l'habitat en dépassement sur la rue pour gagner en surface). Elle propose des expositions et des diaporamas sur l'histoire et la vie tarnaises.

LE MUSÉE LAPÉROUSE ★

41, rue Porta
✆ 05 63 49 15 55
www.mairie-albi.fr
Ouvert du mardi au dimanche de 10h-12h et de 14h-17h (de 9h-18h en haute saison). Été : 7j/7 de 9h-12h30 et de 14h-18h30

Il est si facile d'imaginer qu'enfant, sur les rives du Tarn, Jean-François Galaup de Lapérouse rêvait déjà aux alizés. Honnête homme et brillant marin, cet Albigeois passa sa vie livré aux quatre vents, embarqué sur de superbes navires et soumis aux périples de ses aventures marines. Le musée Lapérouse retrace sa glorieuse existence, replacée dans le contexte d'une époque, celle des grandes expéditions. En plus de conter sa vie familiale et ses voyages, sont exposés de nombreux objets retrouvés sur les lieux de son fatal naufrage de 1788, à Vanikoro.

LE MUSÉE DE LA MODE ★★

17, rue de la Souque
✆ 05 63 43 15 90
www.musee-mode.com
Ouvert du mardi au dimanche de 14h30 à 18h (le matin sur rendez-vous). Gratuit jusqu'à 8 ans. Adulte : 6€.

C'est à proximité de la cathédrale d'Albi que Dominique Miraille vous accueille dans cet espace hors du temps. Au sein de l'ancien couvent des Annonciades, ce passionné a accumulé une incroyable collection privée de pièces de mode allant de la fin du XVIIe siècle aux années 2000. Tout a commencé en 1985 avec l'acquisition d'une robe de soie vert et or datant du XIXe siècle ; aujourd'hui les pièces se comptent par milliers. Costumes pour hommes, robes élégantes, accessoires de toutes formes, le musée est riche d'articles divers et de pièces rares.

LE MUSÉE POUR TOUS DE RAPHAËL CORDOBA ★

38, rue de l'Hôtel-de-Ville ✆ 07 81 07 67 53
www.albi-tourisme.fr/decouvrir/musees/le-musee-pour-tous-de-raphael-cordoba
Visites toute l'année, uniquement sur rendez-vous. Gratuit jusqu'à 5 ans. Adulte : 5€. Enfant (de 6 à 12 ans) : 3,50€.

Ce drôle de musée de la ville d'Albi porte le nom du peintre Raphaël Cordoba. C'est en son honneur que sa fille, Catherine, a décidé d'ouvrir un espace dans lequel les soixante-cinq peintures du maître sont présentées. L'originalité des lieux tient au fait qu'au cours de ses vingt-cinq années d'activité, l'artiste a fait le choix d'honorer et de reproduire des artistes-peintres majeurs comme Bruegel, Botticelli, Arcimboldo, Van Gogh, Velázquez ou encore Dürer et Dalí.

LE MUSÉE DU SAUT-DU-TARN ★

2, impasse des Aciéries - **SAINT-JUÉRY**
✆ 05 63 45 91 01
www.musee-saut-du-tarn.com
De fin mars à début novembre. Adulte 4 €, enfant 2 €.

Ouvert en 1995 par d'anciens ouvriers de l'usine métallurgique, dans le bâtiment de la première centrale hydroélectrique, le musée fait revivre deux siècles d'histoire industrielle et sociale, à travers de nombreuses maquettes animées évoquant l'époque de la Société des Hauts-Fourneaux, forges et aciéries du Saut-du-Tarn. La visite dure une heure et demie environ et se termine par un spectacle audiovisuel agrémenté d'une maquette géante de 23 m, simulant les crues spectaculaires de la rivière Tarn. De nombreuses animations culturelles y sont programmées.

MUSÉE TOULOUSE-LAUTREC ★★★

Place Sainte-Cécile ✆ 05 63 49 48 70
www.musee-toulouse-lautrec.com
Fermé le lundi. 1er octobre - 31 mai : 10h -12h30 / 14h - 18h. 1er Juin - 30 septembre : 10h - 18h. Adulte : 10 €.

Au pied de la cathédrale d'Albi, le Palais de la Berbie domine le Tarn avec majesté. C'est dans l'enceinte de cet édifice du XIIe siècle que le musée Toulouse-Lautrec s'est installé en 1922, réunissant la collection la plus importante au monde de ce peintre albigeois. Il accueille plus de 1 000 œuvres, tableaux, lithographies et dessins, ainsi que les 31 affiches qui ont fait la renommée de l'artiste. Cette collection exceptionnelle retrace toute son œuvre, depuis ses tableaux de jeunesse jusqu'à son ultime toile, en passant par les années montmartroises.

© PHOVOIR

Vue d'Albi, depuis les rives du Tarn.

LE PALAIS DE LA BERBIE ★★

Place Sainte Cécile
✆ 05 63 49 48 70
www.albi-tourisme.fr/le-palais-de-la-berbie-albi
Gratuit. Visite guidée.

Achevée à la fin du XIIIe siècle, cette forteresse est l'un des plus vieux châteaux de France. Au cours de son existence, le palais a connu plusieurs mutations. La principale a eu lieu entre 1254 et 1357 avec l'installation de murs de 7 mètres d'épaisseur à la base, la construction d'un donjon massif et de remparts, etc. Au fil des siècles, les évêques ont transformé ce château en une résidence d'agrément couverte avec de grands salons, des terrasses et des jardins. De nos jours, le monument est la vitrine des œuvres du peintre local Henri de Toulouse-Lautrec.

LE PONT-VIEUX

Le Pont Vieux
Accès libre.

Le Pont Vieux fait partie de l'identité d'Albi. Construit en pierres en 1035, il fut par la suite habillé des briques typiques qui ont donné à la ville ses couleurs. À l'origine, sa mission était d'ouvrir Albi sur l'extérieur. Il est d'ailleurs rapidement devenu le passage incontournable entre le Puy et Toulouse, ainsi que l'Italie et l'Espagne. Sa popularité était telle qu'au XIVe siècle, il est fortifié, renforcé d'un pont-levis et flanqué de maisons bâties sur les piles afin de gérer et défendre le commerce local (vin de Gaillac, pastel, safran, etc.).

LE PARC ROCHEGUDE

Boulevard Carnot
www.albi-tourisme.fr/le-parc-rochegude
Ouvert toute l'année. Basse saison : de 8h à 18h. Haute saison : de 8h à 20h.

Créés à la fin du XVIIIe siècle, ce parc et ses dépendances appartenaient à l'origine à l'amiral Henri Paschal de Rochegude. Féru de botanique, il demanda à ce que l'on ajoute à ce parc de 4 ha abritant un jardin à la française, un autre jardin « à l'anglaise ». Ce dernier fut aménagé avec une grande variétés d'arbres, aujourd'hui le parc regroupe plus de 230 espèces. Dans la zone boisée, des espèces assez rares sont visibles comme le laurier de Californie. Le labyrinthe des lieux, ses pièces d'eau, ses allées... et le jardin d'acclimatation sont un enchantement.

LES RUINES DU CHÂTEAU DE CASTELNAU-DE-LÉVIS

Château de Castelnau-de-Lévis
CASTELNAU-DE-LÉVIS ✆ 05 63 46 15 98
www.mairie-castelnaudelevis.com
Classé au titre des monuments historiques depuis 1909.

Le château de Castelnau-de-Lévis est un lieu empreint de magie et d'histoire. Construit en 1235 par Sicard Alaman, puissant vassal du comte de Toulouse Raymond VII, ce bastion était une possession importante des Toulousains face à la royauté. Édifié sur un piton rocheux nommé « puy de Bonnafous », le château sera longtemps appelé Castelnau-de-Bonnafous, avant de prendre le nom des propriétaires Lévis. Aujourd'hui, quelques ruines subsistent, notamment sa superbe tour de guet.

VOA VERRERIE D'ALBI

Rue François-Arago
✆ 05 63 78 10 10
www.voa.fr

L'office du Tourisme organise régulièrement des visites guidées (voir site). Gratuit jusqu'à 8 ans. Adulte : 5 €.

La Verrerie Ouvrière d'Albi (VOA) a vu le jour en 1896. A l'époque, son four sortait 50 bouteilles à l'heure. De nos jours, ses équipements en produisent près de 360 millions par an ! Et il n'y a pas que la quantité qui a évolué. Désormais, ce fleuron de l'industrie albigeoise travaille les couleurs, les formes, façonne le verre recyclé... L'entreprise a su associer son savoir-faire centenaire et les nouvelles techniques pour s'adapter au marché. Si vous avez envie de voir tout ça de plus près, réservez vos places pour l'une des visites de l'Office de Tourisme.

SCENE NATIONALE D'ALBI

Théatre des Cordeliers
✆ 05 63 38 55 73
www.sn-albi.fr

Tarifs spéciaux abonnés, sans emploi, moins de 18 ans et étudiants, groupes, scolaires...

Avec un programme artistique contemporain riche et varié tout au long de l'année, la Scène Nationale d'Albi propose des spectacles originaux, soutient la création artistique dans le but de sensibiliser à l'art et à la culture tous les publics. Il y en a pour tous les goûts, du théâtre au ballet, de la danse au cinéma d'art et essai créé avec le soutien du Centre national de la cinématographie. Il propose chaque saison près de 200 représentations de spectacles et conduit plus de 50 projets d'action culturelle sur l'ensemble du département du Tarn.

LE PETIT TRAIN TOURISTIQUE ALBIGEOIS

Place Sainte-Cecile ✆ 05 63 36 36 00
www.albi-tourisme.fr/fr/le-petit-train-touristique-albigeois

Du 2/06 au 31/12 : du mercredi au dimanche de 10h à 18h15. Gratuit jusqu'à 5 ans. Adulte : 8 €. Enfant : 5 € (5 à 12 ans).

C'est depuis la place de la Pile, face à la cathédrale Sainte-Cécile, que le Petit Train démarre sa course à travers Albi. Pendant 40 min, la machine sillonne les rues albigeoises et vous emmène à la découverte de son centre historique et de son patrimoine. A la fois paisible, ludique et culturelle, cette visite permet de découvrir rapidement la beauté des lieux. Ce sera aussi l'occasion d'en apprendre plus sur l'Histoire grâce aux commentaires diffusés à bord.

PROMENADE EN GABARRE - ALBI CROISIÈRES

✆ 05 63 43 59 63
www.albi-tourisme.fr/fr/promenade-en-gabarre-albi-croisieres

Ouvert du 4/07/21 au 31/10/21. Gratuit jusqu'à 3 ans. Adulte : 7,50 €. Enfant (de 3 à 12 ans) : 5 €. Visite guidée.

Voilà une bien belle façon de découvrir le paysage albigeois ! Ces gabarres en bois, prénommées *L'Hirondelle* et *Les Copains d'abord*, vous conduisent au fil du Tarn, à la découverte d'Albi et sa région. A travers différentes formules adaptées à vos envies vous pourrez découvrir le patrimoine de la ville, la rivière sauvage, sa faune et sa flore... Enfin, pour une pause-déjeuner détente, la gabarre vous entraîne sur les flots de 12h30 à 14h dans sa balade Pique-nique sur l'eau.

GRAND ALBIGEOIS

✆ 05 63 76 06 06
www.grand-albigeois.fr

Horaires et plans en ligne. Billet unitaire : 1,10€. Carte «Pastel».

Grand Albigeois est le réseau de transport public de l'agglomération d'Albi. En plus d'assurer le transport scolaire à l'aide d'autocars adaptés, il permet aux résidents et aux visiteurs de traverser la ville facilement. Le réseau assure aussi le fonctionnement de lignes temporaires, notamment lors de manifestations culturelles, et de TAD (Transport à la Demande). Les tarifs, très accessibles, peuvent être réduits à l'aide de cartes et abonnements. Conseil Futé : si vous emménagez dans la région, pensez à prendre la carte Pastel !

FABUL'HOUSE GITE URBAIN D'ETAPE €

61, avenue du Maréchal-Foch ✆ 06 52 03 90 89
www.fabulhouse.fr

Gîte ouvert en été. Gîte (privatisé pour 15 personnes : 265 €/nuit. Chambre pour 1 pers. 30 €/nuit, 2 pers. 40 €.

Une solution d'hébergement abordable et originale. Dans un cadre urbain et moderne, ce gîte reste proche du centre-ville, de la basilique et de la cité. Vous profitez d'une ambiance sympathique et d'une formule mi-hôtel et mi-chambre d'hôtes qui satisfait un large public. En été les touristes y croisent les résidents en déplacement professionnel. Pas de petits déjeuners, mais la possibilité de vous servir des appareils ménagers disponibles dans la grande cuisine équipée.

ALBIRONDACK LODGE ET SPA*** €€

31, allée de la Piscine ✆ 05 63 60 37 06
www.albirondack.fr

Ouvert toute l'année. Camping de 17 à 31 €. Cabanes dans les arbres : à partir de 150 € la nuit. Chèque Vacances.

Albirondack est un complexe lodge et spa haut de gamme qui a ouvert ses portes en 2010 à Albi, comprenant plusieurs châlets de standing, mobil-homes, cabanes perchées et caravanes Airstream dans un cadre champêtre sous des arbres centenaires. C'est à la fois un camping agréable d'une soixantaine d'emplacements, un lodge, un restaurant et un spa. D'inspiration américaine, le concept reprend le modèle des parcs nationaux des Etats-Unis et une tête d'élan du Canada orne le restaurant. Une piscine chauffée à l'année et balnéo complètent ces prestations.

L'ALIBI €€

18, rue Berne Lagarde
✆ 09 51 18 69 03

Chambre double 95 €. Petit déjeuner inclus. Lit supplémentaire : 15 €. Chambre mitoyenne : 65 €.

L'Alibi, aucune raison d'en avoir un pour venir et revenir vous reposer dans cette belle maison d'hôtes qui propose une chambre, cossue et chaleureuse dans une maison de caractère où se conjuguent modernité et authenticité. Si vous venez en famille, une seconde chambre mitoyenne est à votre disposition. Vous apprécierez également son jardin cosy avec sa piscine, pour des moments de détente et les petits déjeuners gourmands de Florence. Vous serez ici très bien situés pour visiter la ville et ses nombreux atouts touristiques à pied.

CHAMBRES D'HÔTES L'EMBELLIE €€

14, place Jean-Jaurès
✆ 06 08 32 10 59
albi-chambre-hote.com

Clévacances (4 clés). Chambre simple de 90 à 100 €, double de 95 à 125 €. Piscine extérieure chauffée. Jardin.

Cette jolie maison bourgeoise est ouverte toute l'année pour le plus grand plaisir des voyageurs. Tenue par Élodie et Philippe Maquin, elle présente deux chambres spacieuses : la «Dans la Jungle» et la suite «Manhattan». Au cours de leur séjour, les clients auront la possibilité de sortir de leur chambre et de profiter du salon décoré à l'ancienne et de la piscine chauffée. Une cuisine d'été et une salle de jeux sont également proposées en libre-service.

CAMPANILE ALBI*** €

4, avenue de Lattre-de-Tassigny
✆ 05 63 47 18 80
www.campanile-albi-centre.fr

Chambre double de 55 à 120 €. Petit déjeuner 9,90 €. Restauration (plateaux repas). Tv satellite, Canal+.

© CAMPANILE ALBI

Cet hôtel Campanile concilie la fonctionnalité d'une chaîne d'hôtels et la convivialité. L'accueil de l'équipe fait toute la différence. Le Campanile possède des chambres tout confort, avec accès facilité aux personnes à mobilité réduite et la possibilité d'avoir deux chambres communicantes. Le parking gratuit est également appréciable. Le personnel qui accueille les voyageurs vous fera découvrir des idées originales dans le département. Futé : laissez-vous tenter par un café ou un thé avec des produits locaux dans l'espace petit déjeuner ou dans le coin lecture.

LE DOMAINE DE CIMÉLIA €€

Cournillou - **FAUCH**
✆ 06 88 49 33 72
gite-tarn.fr

Gite la Bergerie dès 300€/semaine. Gite le Chai dès 440€/semaine. Accueil cavalier : 8€/jour (par cheval). Piscine.

C'est à 12 km d'Albi que ce domaine de charme attend ses hôtes. Dans ce cadre bucolique, les propriétaires proposent deux gîtes : « Le Chai » et « La Bergerie ». Ils ont été aménagés dans des dépendances en pierre qui servaient autrefois de grenier à blé, chai et bergerie. Entièrement rénovées, elles offrent aujourd'hui tout le confort moderne. A l'extérieur, une belle piscine et un grand terrain sont également accessibles. Les hôtes prendront soin de tous les invités, y compris ceux munis de sabots. Ils rejoindront Forest et Diabolo, les chevaux du domaine.

HÔTEL LAPEROUSE DES CORDELIERS** €€

21, place Lapérouse ✆ 05 63 54 69 22
www.hotel-laperouse.com
Chambre double de 60 à 85 €. Petit déjeuner buffet 8 €. Soirée-étape dès 85 €. Climatisation. Piscine extérieure.

© HÔTEL LAPEROUSE DES CORDELIERS

Cet hôtel est situé à deux pas du vieil Albi. Les chambres sont réparties dans deux bâtiments. Rénovées avec soins, elles dégagent toutes une atmosphère de simplicité, de tendance et de décontraction : moquette et parquet, draps et couvertures, lampes d'ambiance... Les plus chères ont une terrasse donnant sur la piscine chauffée. La salle de petit déjeuner donne également sur le jardin en contrebas, véritable oasis de sérénité. Plutôt rare pour un hôtel 2 étoiles !

GRAND HÔTEL D'ORLÉANS*** €€

1, place Stalingrad
✆ 05 63 54 16 56
www.hotel-orleans-albi.com
Chambre double dès 59,90 €. Soirée Etape commerciale à partir de 85 € (avec dîner/petit déjeuner). Restaurant. Garage.

Le Grand Hôtel d'Orléans est l'une des grandes adresses d'Albi. On y dort, mange, boit, et toujours avec la même satisfaction. Depuis sa rénovation, l'établissement a adouci ses traits et l'atmosphère est devenue plus apaisante. Une certaine sérénité règne en ces lieux, une vraie parenthèse pour les vacanciers à la recherche de calme. Outre le sublime restaurant gastronomique des lieux – Le Goulu – l'adresse dispose d'une piscine extérieure et d'un salon d'accueil contemporain, décoré d'un très beau piano laqué noir et de confortables fauteuils en cuir.

LE HAMEAU DE TAUR €€

1551, route de Taur - **VILLEFRANCHE-D'ALBIGEOIS**
✆ 07 68 72 55 63
www.hameaudetaur.com
Chambre simple 69 € ; chambre double 78 €. Petit déjeuner inclus. Restauration (table d'hôtes sur réservation).

Dans ce corps de ferme du XVIIIe siècle, Salima vous accueille. Entre colombages et murs chargés d'histoire, entrez dans un véritable jardin des délices, subtilement aménagé, avec des coins d'ombre appréciables aux beaux jours, où il fait bon prendre son petit déjeuner. L'intérieur est chaleureux et accueillant, composé de matières naturelles (bois, pierres et chaux) dans un souci de conserver le charme de l'ancien mêlé joliment au mobilier et aux couleurs plus modernes. De nombreuses distractions sont proposées sur place, comme avec la belle piscine.

HOSTELLERIE DU VIGAN*** €€

16, place du Vigan
✆ 05 63 43 31 31
www.hotelvigan.com
Accueil 24h/24. 37 chambres. Chambre double à partir de 70 €. Petit déjeuner 9,20 €. Garage 9 €. Climatisation.

Profitant de son emplacement idéal sur la place principale d'Albi, à deux pas de la Cathédrale Sainte Cécile, le Vigan satisfait les désirs les plus élémentaires. L'hôtel a été refait à neuf du garage au grenier. Didier aux commandes depuis plus de 26 ans met à disposition des chambres familiales d'un confort très classique. Toutes les chambres ont de la moquette, une avec du parquet. Dix chambres familiales de 3 à 4 personnes : pratique pour un séjour avec les enfants pour découvrir les charmes du Tarn. Profitez-en, le manège est juste devant !

HÔTEL LES PASTELIERS** €€

3, rue Honoré-de-Balzac
✆ 05 63 54 26 51
hotelsalbi.com
Chambre double à partir de 50 €. Garage. Séminaires. Wifi gratuit. Restauration. Tv satellite. Terrasse. Climatisation.

Deux étoiles certes, mais confortable s'il vous plaît ! Au rez-de-chaussée, l'espace petit déjeuner refait et le patio extérieur attirent par leur convivialité. En haut, toutes les chambres disposent d'une baignoire ou d'une douche, de la TV satellite et du double vitrage. Chacune possède sa décoration particulière, intime, baroque, et quelques-unes ont une terrasse privée. Trois chambres sont même équipées de balnéo ! A l'entrée, un mini-cybercafé est gracieusement mis à la disposition de la clientèle. Bref, une jolie halte sur Albi.

LA MAISON €€

40, boulevard Andrieu
✆ 05 63 38 17 35
www.chambre-hote-albi.com
Chambre simple de 85 € à 95 € ; chambre double de 100 € à 110 €. Petit déjeuner inclus. Animaux acceptés.

La Maison, c'est un jardin en ville, un lieu unique, intimiste et plein de charme. Située en plein centre d'Albi, cette demeure construite à la fin du XIXe siècle a été restaurée dans un style contemporain sage, mais original. Trois grandes chambres sont proposées, au deuxième étage sans ascenseur, où se mélangent objets achetés, trouvés sur place, ou chinés, et matières nobles et originales dans des tons de beige, de gris et d'ivoire. Le petit déjeuner est copieux et varié, et on profite des connaissances des bons plans de la maîtresse de maison.

NUMÉRO 55 €€

55, chemin de Puech-Petit ✆ 06 45 33 98 40
www.numero55.fr
Chambre double à partir de 129 €. Petit déjeuner inclus. Parking inclus. Animaux acceptés (sur demande préalable).

Cette superbe demeure moderne surplombant la ville d'Albi et sa cathédrale est composée de deux chambres d'hôtes résolument contemporaines et de styles très différents. L'une aux vives couleurs du drapeau anglais, l'autre toute de noir et blanc vêtue. Du style palladien des colonnes blanches, aux objets design contemporains, certains reprenant les classiques du baroque au goût d'aujourd'hui, le 55 se veut un lieu convivial et raffiné, une adresse intimiste et élégante. Piscine, terrasse et cuisine équipée font partie des avantages offerts lorsque l'on réside ici.

LA PLACETTE ALBIGEOISE €€

1626, route de Taur - **VILLEFRANCHE-D'ALBIGEOIS**
✆ 06 60 55 85 80
www.laplacettealbigeoise.com
Ouvert toute l'année. 3 chambres. Chambre double à partir de 85 €. Petit déjeuner inclus. Table d'hôtes sur réservation.

Véritable coup de cœur pour la chambre « Côté jardin », dont la déco sortie tout droit d'un conte de Grimm vous fera perdre la tête avec son arbre aux fruits défendus. Ou bien préférerez-vous l'esprit cabane au Canada avec la chambre « Côté sous-bois », ses coquelicots joyeux et ses drôles de petits champignons. Enfin la chambre « Côté clairière », prend des tournures champêtres avec ses petites fleurs et sa salle de bains nature. Tout est fait pour que vous vous sentiez bien et les espaces communs, avec cheminée et jeux, ne manquent pas à la règle.

VILLA MANDARINE €€

31, rue des Jardins
✆ 05 63 47 22 24
http://villamandarine.free.fr
Chambres à partir de 65 € (petit déjeuner inclus). Parking. Gîte de 300 à 600 €/semaine. Wifi gratuit. Jardin, piscine.

Au fond d'une l'impasse, avec son portail en fer forgé et ses murs mandarine, impossible de manquer cette imposante bâtisse disposant de deux gîtes (dont un classé quatre clés Clévacances, pour son confort, sa décoration raffinée et sa terrasse en arcades au deuxième étage). Une adresse qui ne manque pas de charme, en plein cœur d'Albi. Pour ceux qui veulent un peu plus d'indépendance, vous prendrez vos quartiers dans le gîte, décoré avec soin dans des tons vitaminés. Les petits déjeuners sont copieux et compris dans le prix de la chambre.

HOTEL RIVE DROITE*** €€

9, rue Cantepau
✆ 05 63 60 75 80
www.hotel-rivedroite.com/
Chambre double dès 54 €. Petit déjeuner 9,90 €. Nuitée d'affaires dès 71,50 €. Salle de sport, sauna, hammam.

© HOTEL RIVE DROITE

A 500 m du musée Toulouse-Lautrec et de la cathédrale Sainte-Cécile, l'hôtel Rive Droite vous propose un service d'excellente qualité. Les chambres sont spacieuses et confortables dans des tons chauds du blanc au crème en passant par le chocolat, les luminaires design diffusent une lumière agréable et la décoration contemporaine rend le tout très chaleureux. C'est pour cela qu'a été installée la climatisation au-dessus des lits pour vous rafraîchir par grande chaleur. Un coin bureau avec wifi et un écran LCD sont aussi présents.

HÔTEL LA RÉSERVE***** €€€

81, route de Cordes
✆ 05 63 60 80 80
www.lareservealbi.com

Ouvert de mai à octobre. Accueil 24h/24. Demi-pension : 69 €. Parking. Restauration. Bain bouillonnant, sauna.

Ce luxueux hôtel est tenu par la famille Rieux, déjà propriétaire de l'hôtel Saint-Antoine en centre-ville. A la tête de cet établissement élégant, on trouve l'efficace Hélène Hijosa-Rieux, depuis plusieurs années elle a su confirmer le statut haut de gamme de l'adresse et le préserver. Ici le luxe est roi, ou plutôt reine, en effet c'est là que la Reine d'Angleterre séjourna lors de son passage dans le Tarn. Comme elle, vous ne pourrez qu'apprécier la douceur de vivre qui règne en ces lieux, profiter de ces 22 grandes chambres et suites ouvertes sur la nature.

LA TOUR SAINTE-CÉCILE €€€

14 bis, rue Sainte-Cécile
✆ 05 81 40 51 52
www.toursaintececile.com

Chambre double de 150 € à 220 €. Petit déjeuner inclus. Parking. Lit bébé sur demande. Poste Internet.

Bertrand a réalisé une exceptionnelle rénovation au deuxième étage de cet appartement dans un hôtel particulier du XIVe siècle. Dans ces chambres d'hôtes, vous dormirez dans une tourelle dominant Albi, avec une vue à 360° sur la ville. Elles possèdent toutes un grand lit double, une salle d'eau, des toilettes indépendantes, un téléviseur et un accès wifi. La cathédrale dévoile ses couleurs et ses ombres depuis les fenêtres. Murs de briques rouges, poutres apparentes, mobiliers et tableaux choisis avec soin, l'ensemble est formidable !

APPART-HÔTEL-ALBI €

65, avenue Gambetta
✆ 06 84 78 48 02
www.appart-hotel-albi.com

Basse saison : à partir de 60 €/nuit et 80 € pour 4 personnes. Haute saison : dès 85 €/nuit et 105 € pour 4 personnes.

Alain vient de rénover deux appartements cosy dans le quartier du parc Rochegude, à 10 minutes de la cathédrale Sainte-Cécile. Lumineux, confortables et bien décorés, ces deux lofts de 40 m² disposent d'un coin cuisine et d'une salle de bains. Celui au premier étage abrite aussi un espace bureau, tandis que le second possède un soleilhou (petite terrasse). Vous pourrez discuter des randonnées aux alentours avec Alain, dont c'est la passion. Climatisation et machine à laver le linge dans les communs. Chaque studio peut accueillir 4 personnes.

AMAPOLA KITCHEN & COFFEE €

100, rue Porta
✆ 05 63 77 63 04

Ouvert du jeudi au lundi le midi et le soir. Carte : 18 € environ. Formule : 14 €.

Amapola est une cantine néo-californienne, hédoniste et créative à deux pas du pont Vieux. Voilà pour l'ambition. Maeva la chef est bavarde et se qualifie comme une « artiste, lunatique et en perpétuelle innovation ». Exemple : l'eau des pois chiches, on s'en sert pour faire des meringues, la mousse au chocolat est faite avec de l'avocat. On revisite aussi des classiques, le bœuf bourguignon est au chocolat avec des légumes façon tempura. Un autre exemple, le couscous est infusé dans le jus de coriandre avec les légumes de saison.

L'AROMATE €

32, avenue de St-Juéry
✆ 05 63 47 18 35
laromaterestaurant.fr

Ouvert du lundi au samedi le midi, les soirs et week-ends sur réservation. Menu unique à 16 €. Terrasse.

Installé près de la rocade d'Albi, ce restaurant apparaît comme une oasis de bon goût. Derrière la façade se dissimule un restaurant équipé d'un étage et d'une cour extérieure où les aromates de la cuisine poussent en toute tranquillité. La salle contemporaine de l'établissement sert de décor à une cuisine qui mise sur la tradition et la simplicité. Aux commandes, Johanna met toute son énergie au service de sa passion et compose des assiettes entièrement faites maison. Le résultat : une cuisine instinctive et un menu unique qui change quotidiennement.

LE TOURNESOL €

11, rue de L'Ort-en-Salvy
✆ 05 63 38 38 14
www.letournesol-restaurant.fr

Ouvert du mardi au samedi le midi ; le vendredi soir. Formule : 12 €. Terrasse.

Le Tournesol se tourne vers le soleil tarnais pour vous souhaiter la bienvenue. C'est l'un des rares restaurants végétariens de la ville. L'adresse a été reprise depuis un an. Entièrement relooké, le Tournesol vous offre une ambiance faite de bois et d'acier. On s'y sent bien. Christelle, la maîtresse des lieux, vous promet des assiettes 100 % végétariennes, mais aussi quelques mets bio comme, sur le moment, ce burger ou encore ce chausson de courgettes et cumin. Les desserts sont extras tout comme l'accueil et le prix de l'assiette.

ALCHIMY €€

10-12, place du Palais
✆ 05 63 76 18 18
www.alchimyalbi.fr
*Ouvert tous les jours le midi et le soir. Menus de 27 à 33 €. Carte : 40 € environ. Terrasse. Hôtel****.*

« La cuisine est un art, un art de vivre » disait le peintre Henri de Toulouse-Lautrec. Et ça l'Alchimy l'a bien compris ! Dans un ancien immeuble Art déco imaginé par Léon Daures dans les années 1920, l'équipe de l'établissement sert aux chanceux de belles assiettes sous une verrière lumineuse. En cuisine, la carte oscille entre modernisme et intemporalité. Les plats sont raffinés et étonnants : nems de canard et sauce aux agrumes confits, raviole de gambas et crème de homard, boudin basque de Christian Parra et ses pommes fruits... On adore !

AMBROISIE €€

4, rue Toulouse-Lautrec
✆ 05 63 76 43 56
Ouvert du jeudi au lundi le midi, le vendredi et le samedi le soir. Menu à partir de 19 €. Patio.

L'Ambroisie est un remède efficace aux faims de loup ! Régionale et délicieuse, sa cuisine vous invite sur les routes d'une belle aventure culinaire. Il faut dire qu'en associant les bons produits, l'harmonie des goûts et la présentation élégante, Guillaume et son épouse ont créé un véritable feu d'artifice gastronomique. Au programme : ravioli de langoustines, sablé parmesan et caviar d'artichaut, magret de canard rôti, cabillaud en croûte de tomates confites, moelleux au citron et compotée de cerises... La seule difficulté : choisir parmi ces délices !

BAMBOO SUSHI €€

40, rue du Docteur-Camboulives ✆ 05 63 54 66 09
www.restaurant-japonais-albi.com
Ouvert toute l'année. Du mardi au samedi le midi et le soir. Menus de 9,50 € à 22,50 €. Terrasse. Vente à emporter.

En bas du cours du Vigan, une fois la petite terrasse franchie, on voit Samphal et son épouse Supansa s'affairer à préparer devant nous tout le meilleur du Japon. Depuis l'étage de l'établissement, une quinzaine de formules s'offrent à nous, déclinées en sushis, makis, sashimis et brochettes yakitori et autres futomakis, accompagnés d'une soupe miso et d'une salade, et dernièrement six menus bento. Ici thon, saumon, espadon, dorade et poulpe sont d'une fraîcheur extrême. Et le gros plus, c'est que les sushis et toutes les spécialités sont préparés à la demande.

LES ARCADES €€

17, place Saint-Salvy
✆ 05 63 54 89 02
Ouvert du mardi au dimanche le midi, du mercredi au samedi le soir (7j/7 en été). Carte : 28 € environ. Terrasse.

Ce restaurant se situe à seulement 100 m de la cathédrale. Vous goûterez sans doute à la spécialité de la maison dès l'apéritif, le kir au safran, soit sur la terrasse, soit dans une salle à l'étage. A l'ardoise, le chef Pierre Lapeyre propose une cuisine du marché très soignée et tournée vers le local. A titre d'exemple : paleron de bœuf maturé, dos de cabillaud poché au bouillon thaï wok de légumes, croquant de Cordes fait maison... Vous craquerez aussi pour la spécialité du cuisinier : la macaronade au foie gras avec ou sans cèpes.

© LES ARCADES

© LES ARCADES

L'ATMOSPHÈRE €€

22, place Fernand Pelloutier
✆ 05 63 54 23 43
restaurant-latmosphere.business.site
Ouvert du jeudi au mardi le midi, du jeudi au samedi le soir. Carte : 34 € environ. Formule du midi 17 €. Terrasse.

La place Fernand Pelloutier abrite quelques trésors gastronomiques. Parmi eux, le restaurant L'Atmosphère joue désormais le rôle d'incontournable. Sandra et Alban, déjà propriétaires d'un traiteur à deux pas de là, ont repris cet établissement en 2017. Ils ont mis leur motivation, leur sourire et leur dynamisme au service de cette adresse qui a su rapidement faire ses preuves sur la scène culinaire tarnaise. En quelques mois, l'efficacité de Sandra et l'inventivité d'Alban ont conquis les cœurs et les estomacs des gastronomes de la région.

© L'ATMOSPHÈRE

© L'ATMOSPHÈRE

LE BISTROQUET €€

22, place Toulouse-Lautrec - **LAGRAVE**
✆ 05 63 41 46 75
www.bistroquet-lagrave.fr
Ouvert du mardi au samedi le midi, jeudi et vendredi soir. Carte : 26 € environ. Formule du midi : 13 €. Terrasse.

Le Bistroquet, c'est l'histoire d'une amitié de près de trente ans, mais c'est aussi et surtout la passion d'un métier, la restauration. C'est un rendez-vous complice avec des clients devenus amis, pour un moment franchement convivial et chaleureux autour d'une pizza ou de plats canailles issus d'une carte de terroir aux notes exotiques. De temps en temps, des soirées à thèmes sont organisées avec des menus gourmands qui font voyager. Idem, des jeudis moules/frites donnent un joli air de vacances d'été à l'adresse malgré une météo parfois capricieuse.

LA BONNE MAISON €€

52, rue Emile-Grand
✆ 05 63 38 74 90
www.la-bonne-maison-albi.fr
Ouvert du mardi au dimanche le midi, du mardi au samedi le soir. Menu unique à 25 €. Formule du midi : 16 €. Terrasse.

Cette brasserie-rôtisserie, située juste en face du marché couvert, est dédiée à la viande, une thématique qui promet un repas copieux et savoureux ! Si on adore sa jolie terrasse ensoleillée, sa salle possède un décor soigné. En regardant bien, on découvre, affichées sur les murs noirs, d'immenses photos de porcs, vaches et autres moutons. A table, l'équipe présente une carte canaille 100 % terroir sur laquelle cochon de lait, agneau, poulet, coustellous de porc noir du Tarn et poulet de Gaillac occupent une place de choix.

CASCARBAR €€

29, rue Saint-Julien
✆ 05 63 54 03 52
www.cascarbar.fr
Ouvert du mardi au samedi de 12h à 14h et de 19h30 à 21h30. Menus de 22 € à 26 €. Carte : 24 € environ. Terrasse.

Lorsque Marco Polo s'arrêta à Cascar, aux portes de la Chine, il fut étonné de découvrir de très beaux jardins, des vignes et des vergers. Ce sont ces similarités avec le pays albigeois qui ont motivé Aurélie, Myriam, Arnaud et Morgan à baptiser ainsi leur restaurant de cuisine fusion. A midi, on découvre ses parfums dans une formule unique avec entrée, plat et dessert. Le soir, c'est à vous de créer votre assiette en associant les petites portions proposées. Parmi elles : crumble de patate douce, chips de banane, riz coco, crevettes au citron vert...

LE CHIEN ROUGE €€

49, lices Georges-Pompidou
www.lechienrouge81.com

Ouvert toute l'année. Tous les jours de 12h à 0h. Carte : 25 € environ. Vin au verre. Terrasse. Animations.

A deux pas de l'institution locale la Brasserie du Pontié, le Chien Rouge d'Antoine a trouvé son rythme de croisière ; à mi chemin entre fast-food, brasserie, pub et café, c'est un vrai lieu de vie, il s'y passe toujours quelque chose. Une grande cage à oiseaux, de la musique, des concerts et des soirées qui égayent la cité. La jeunesse d'Albi s'y presse. Côté restauration des suggestions à l'ardoise : belle sélection de clubs sandwichs, burgers et hotdogs. Les salades ne sont pas en reste : césar, chèvre chaud... A dévorer en terrasse ou dans la jolie salle.

AU HIBOU €€

21, rue Saint-Julien
✆ 05 63 76 38 99

Ouvert tous les jours de 7h30 à 19h30. Réservation recommandée. Carte : 25€ environ. Terrasse. Galerie.

Dans ce petit restaurant du cœur d'Albi, une équipe de talent propose chaque jour deux entrées, deux plats et deux desserts, le tout arrosé d'un bon vin. Derrière ses fourneaux, Stéphane prépare une cuisine simple et authentique d'inspiration nord-européenne et méditerranéenne. L'endroit est vivace, local, mêlant l'ancien au déjanté. On apprécie particulièrement l'accueil sympathique et le service rapide, parfait quand on doit reprendre le travail après le déjeuner. En saison, on profite en terrasse de la belle vue sur la basilique Sainte-Cécile.

LE CLOS SAINTE-CECILE €€

3, rue du Castelviel
✆ 05 63 38 19 74

Ouvert du jeudi au lundi le midi et le soir. Carte : 28 € environ. Vin au verre. Jardin. Terrasse.

Si l'évocation de l'école ne vous coupe pas l'appétit, cette adresse est pour vous. Dans ce lieu gastronomique incontournable, les plats changent fréquemment mais la surprise est toujours bonne... Le chef trouve ses légumes chez les maraîchers du Tarn et sa fleur de sel à Gruissan. Sur le tableau, ce ne sont pas les notes mais les menus et tarifs qui se dévoilent. Le tout est superbement présenté et le service comme l'accueil sont impeccables. C'est l'une des plus belles terrasses du centre-ville. On a rarement eu aussi envie d'aller au tableau !

LE JARDIN DES QUATRE SAISONS €€

5, rue de la Pompe ✆ 05 63 60 77 76
www.le-jardin-des-quatre-saisons.com

Ouvert toute l'année. Tous les jours le midi. Réservation recommandée. Carte : 20 € environ. Vente à emporter.

Muriel et Georges se sont repliés à l'écart des pièges à touristes, sur la rive nord de la ville. Sur place, ils proposent une cuisine du marché franche et régionale. Elle s'articule autour de beaux produits : morilles, mousserons, escargots, ris de veau aux cèpes, quenelles de purée à l'ail, foie gras chaud aux pommes réduction au muscat, queues de gambas papillons poêlées, Tatin de légumes, tripoux et cassoulet (sur demande), miroir chocolat, crème anglaise et sorbet mangue...

LE GOULU €€

1, place Stalingrad
✆ 05 63 54 16 56
www.hotel-orleans-albi.com

Ouvert du lundi au samedi le soir, du mardi au vendredi et le dimanche le midi. Menus de 21,50 € à 35 €. Terrasse.

Restaurant de pointe au sein de la capitale tarnaise, le restaurant le Goulu a trouvé résidence au sein du Grand Hôtel d'Orléans sur la place Stalingrad. En cuisine, le chef David Enjalaran met son talent au service d'une carte élégante et étoilée. Ici, on sert une cuisine élégante et gastronomique, parmi les plaisirs proposés : ris d'agneau de l'Aveyron et poulpes de Galice, filet de veau de la ferme Paulinet, épaule d'agneau de 36 heures (2 personnes), lièvre à la Royale façon Sénateur Couteaux, Pralinoise, macaron très meringué aux agrumes...

L'ÉPICURIEN €€

42, place Jean-Jaurès
✆ 05 63 53 10 70
www.restaurantlepicurien.com

Ouvert du mardi au samedi le midi et le soir. Réservation recommandée. Carte 48 € environ. Terrasse. A emporter.

À L'Épicurien, c'est la fête des vins et de la bonne cuisine sous la houlette de Rikard Hult, dont la notoriété dépasse nos frontières, et de son épouse Patricia Collet. En véritable gourou sensible du terroir, cet épicurien nous invite à découvrir des plats bistronomiques qui évoluent au gré des saisons, dans un esprit cuisine du marché moderne et inventive, mais qui rend hommage à la gastronomie locale. C'est tous les jours la fête des vins et de la bonne cuisine chez cet Épicurien qui ne ment pas sur son nom. Une des meilleures adresses d'Albi.

O VENT D'ANGES €€

9, place Saint Julien
✆ 05 81 02 62 33
Ouvert du mardi au samedi midi et soir, le dimanche midi (fermé lundi et mardi en basse saison). Carte : 28€ environ

Avec un nom qui sent autant le terroir, on ne s'étonne pas de trouver à cette adresse un accueil chaleureux et une carte pleine de saveurs. Dans la salle ou sur la belle terrasse d'Andrea, on dévore des assiettes multiples et copieuses qui suivent avec une certaine précision la saisonnalité. Viandes, poissons, salades, les propositions sont gourmandes et s'accompagnent de nectars du coin. À la nuit tombée, l'adresse revêt ses habits de fête et invite les clients à découvrir une ardoise alléchante composée de tapas et cocktails.

© O VENT D'ANGES

© O VENT D'ANGES

LE LAUTREC €€

13-15, rue Henry-de-Toulouse-Lautrec
✆ 05 63 54 86 55
restaurant-le-lautrec.com
Maître Restaurateur. Ouvert du mardi au samedi 12h-14h30/19h30-22h, dimanche de 12h-14h30. Menus de 36€ à 54€. Terrasse.

Maître restaurateur depuis 2008 et membre des Cuisineries Gourmandes, le Lautrec jongle entre cuisine d'hier et saveurs d'aujourd'hui. En coulisses, Sandrine et Antoine officient avec passion et réalisent des plats faits maison composés de produits frais. Dans ce cadre chaleureux et authentique, se mêlent saveurs régionales et méridionales autour du foie gras, canard, bovin et agneau. Surprenant, le menu carte blanche du chef vous emmènera en balade gourmande sur un accord mets et vins. On vous conseille de réserver, surtout si vous voulez profiter du patio.

LOU SICRET €€

1, rue Timbal
✆ 05 63 38 26 40
Ouvert du mardi au samedi le midi et le soir. Carte : 28 € environ. Formule du midi : 16 €. Terrasse.

A l'ombre de la place du Vigan, dans un patio caché par ses tonnelles, Lou Sicret, est un petit restaurant caché qui se veut tout discret. Midi et soir, même schéma : une ardoise qui met l'eau à la bouche. Les plats charnus, goûtus et réconfortants pour l'hiver comme la spécialité des lieux, la purée du pauvre, les joues de porcs confites ou encore le cassoulet, ou bien les beaux jours revenus, la salade Lou Sicret, plus raisonnable, avec son foie gras maison. Armez votre estomac car les gros mangeurs vont être servis ! L'extérieur est particulièrement agréable.

LE ROBINSON €€

142, rue Edouard-Branly
✆ 05 63 46 15 69
lerobinsonalbi.business.site
Ouvert du mercredi au dimanche de 12h à 20h. Réservation recommandée. Carte : 30 € environ. Terrasse. Salon de thé.

Le Robinson est un petit coin de verdure et de fraîcheur en plein cœur d'Albi. Insolite, l'adresse est abritée dans une vieille bâtisse de style colonial située au bord du Tarn, non loin du Pont Vieux. Depuis sa terrasse arborée, vous aurez le plaisir de découvrir un splendide panorama et une carte de délices végétariens et sucrés. Préparés à l'aide de produits sains et de saisons, ils sont entièrement faits maison et ça se sent ! En plus le buffet déploie des propositions très variées, on adore. De quoi ravir vos papilles !

THAÏ SQUARE RESTAU €€

Impasse Solviel
LESCURE-D'ALBIGEOIS
✆ 05 63 55 40 19

Ouvert du mardi au samedi le midi et le soir. Carte : 24 € environ. Chèque Restaurant. Terrasse.

Le succès de ce petit restaurant asiatique est installé à proximité du centre commercial, non loin d'Albi. Le décor, spartiate et moderne, abrite une ambiance jeune et pleine d'humour. Du côté des plats, pour les curieux, profitez de l'assiette dégustation. Pour les amoureux du bœuf, du poulet ou du poisson, savourez les différentes marmites, avec leur sauce thaï à la noix de coco et au curry. Pour les autres, des nouilles et autres spécialités raviront les papilles, avant pourquoi pas de terminer par un dessert à base de banane ou de coco.

LE VIEUX CABARET €€

49, avenue d'Albi
VILLEFRANCHE-D'ALBIGEOIS
✆ 05 63 47 73 65

Ouvert du mardi au samedi le midi ; le vendredi et le samedi le soir. Carte : 30 € environ. Formule du midi : 14,30 €.

Implantée entre Albi et Millau, cette adresse possède une histoire étonnante. Entre sa construction en 1834 - signalée par la première patente affichée dans l'établissement - et aujourd'hui, le lieu a successivement abrité une gare, un cinéma, une guinguette, un repaire de brigands, un bureau de Jean Jaurès et un cabaret maison de passe. Finalement, après 5 ans de travaux, l'adresse a réouvert ses portes en version rénovée. De nos jours, elle porte les traits d'une auberge, servant à ses clients une cuisine traditionnelle et copieuse.

LE VIN CŒUR €€

20, Lices Georges Pompidou
✆ 05 81 02 30 65
www.levincoeur.eatbu.com

Ouvert du lundi au vendredi le midi, du jeudi au dimanche le soir. Carte : 24 € environ. Tapas dès 5 €. Terrasse.

A deux pas de la place du Vigan et du pont Neuf, ce jeune restaurant propose une cuisine fraîche et savoureuse le midi et des tapas réalisées selon l'inspiration du chef le soir. Copieuses et bien maîtrisées, elles prennent des formes variées : poulet à la libanaise, bœuf à l'orientale, cœurs de canard saucés... On dévore le tout en terrasse ou dans la salle tamisée. Bien sûr, avec un tel nom, la vinothèque assure et l'on vous propose plus d'une dizaine de vins au verre. Les vins du Languedoc-Roussillon sont particulièrement mis à l'honneur.

PIZZERIA DEL DUOMO €€

11, place Sainte-Cécile
✆ 05 63 38 06 60

Ouvert tous les jours le midi et le soir. Carte : 20 € environ. Terrasse. Vente à emporter.

Cette pizzeria possède l'un des plus beaux emplacements de la ville tarnaise, à l'ombre de la cathédrale Sainte-Cécile, au cœur d'Albi. Sa devise : Mangiare di qualita ! A l'intérieur, l'équipe réalise de belles salades et compose d'authentiques pizzas copieuses et bien inspirées. Elles se consomment sur place, dans la jolie salle ou sur la terrasse, ou s'emportent à domicile ou dans un autre coin de paradis. Les après-midis, le plaisir se prolonge autour d'un tiramisu au café Amaretto, d'une glace, d'une bière d'Olt ou d'une limonade délicieuse.

© PIZZERIA DEL DUOMO

© PIZZERIA DEL DUOMO

TRÉSORS DE L'ALBIGEOIS

LA PLANQUE DE L'ÉVÊQUE €€

1, rue de Lamothe ✆ 05 63 56 89 49
www.laplanquedeleveque.com
Ouvert du mercredi au samedi midi et soir, le dimanche midi. Menus de 24 à 31 € (menu végétarien 21 €). Terrasse.

© LA PLANQUE DE L'ÉVÊQUE

Situé dans le quartier de la Madeleine, le restaurant La Planque de l'Évêque possède un rare et exceptionnel point de vue sur la cathédrale d'Albi. On aime s'installer dans son intérieur au style bistrotier et sur sa terrasse suspendue, agencée comme un jardin d'été. Ici l'accueil et le service sont à l'image de Frédéric, le propriétaire, qui est à la fois amical et convivial. La carte, articulée autour d'une cuisine et de produits de marché, est à mi-chemin entre création et terroir. Une bulle de gourmandise, visuelle et gustative !

CHOCOLATERIE THURIES

37, rue Mariès
✆ 05 63 54 47 60
www.yvesthuries.com
Ouvert du lundi au samedi de 10h à 12h et de 14h30 à 19h. Livraison possible. Boutique en ligne.

Yves Thuriès, meilleur Ouvrier de France, est connu dans le monde entier grâce à ses douceurs chocolatées. Chez lui, les croquants sont à croquer, les fondues en petits bocaux sont à fondre, les chocolats en plaques sont à craquer (mention spéciale pour le noir pétales de violette...), les alcools avec ou sans fruits sont à siroter et les ensembles de vaisselle en sont les écrins. Pour sortir de l'ordinaire, emportez la spécialité maison, Le pastel, une étonnante coque de chocolat garnie de ganaches bleues et poudrée de sucre glace. Indispensable !

LE COSY

14, rue de la Porte-Neuve
✆ 09 83 00 76 53
Ouvert du mardi au vendredi de 9h à 1h30 ; le samedi de 14h à 1h30. Terrasse. Animations. Concerts.

Au cœur du quartier ancien Patus Crémat, se niche Le Cosy. Cette formidable adresse porte en elle tous les traits de son propriétaire, Malik : elle est décontractée, festive, familiale, chaleureuse. Dans les deux salles aux murs de briques, ou sur la terrasse immense, adossée à la fontaine, on s'y détend en toute quiétude. Ici la douceur est reine et on l'accompagne de breuvages tantôt soft, tantôt alcoolisés. C'est un lieu hors des sentiers battus, un petit coin de Paradis, alors venez en profiter, s'il reste encore de la place...

HERYTAGE

13, place Sainte-Cécile
✆ 05 63 54 61 83
www.restaurant-albi-herytage.fr
Ouvert tous les jours le midi. Formule à 16,50 €. Chèque Vacances. Chèque Restaurant. Terrasse.

Après avoir bourlingué en Californie, Australie et à Barcelone, Anyvonne et Reinaldo ont repris cette adresse lui insufflant un vent de jeunesse. Face à la cathédrale, on déguste crêpes, glaces et une impressionnante sélection d'une quarantaine de thé Mariages Frères. Mais la réelle vocation du lieu est maintenant la restauration. La salle intérieure ornée d'un mur de briques, de meubles patinés, a du charme, tandis que la salle à l'étage dominant la place de la cathédrale réunit habitués et touristes futés qui ont flairé la bonne adresse.

MAISON BRUYÈRE

ZA La Bouissounade - **LAGRAVE** ✆ 05 63 81 19 66
www.maisonbruyere.fr
Ouvert du lundi au vendredi de 8h30 à 17h30. Boutique en ligne et livraison. Visite de la fabrique sur rendez-vous.

Quel joli métier que de celui d'artisan-biscuitier ! La Maison Bruyère œuvre depuis 1964 à satisfaire les gourmands. Fondants et gâteaux à la broche légèrement parfumés au rhum et à l'amande amère, croquants, biscuits apéritifs salés et biscuits roulés, le choix est difficile car ils sont tous aussi délicieux les uns que les autres. Vous découvrez quelques spécialités bien locales tels le fameux croquant de Cordes, les biscuits soufflés associant la légèreté du blanc d'œuf au caramel finement croustillant, parsemés d'éclats d'amande et au bon goût de nougatine.

MICHEL BELIN - ARTISAN CHOCOLATIER

4, rue Docteur-Camboulives ✆ 05 63 54 18 46
www.michel-belin.com

Ouvert du mardi au samedi de 9h à 12h30 et de 14h30 à 19h15. Livraison possible. Boutique en ligne.

Star respectée du monde du cacao et élu Meilleur Pâtissier-Chocolatier par le guide Pudlowski, Michel Belin concilie qualité et quantité avec un immense choix de délices et des créations incessantes. Difficile de résister au spectacle qu'offre ce magicien confiseur qui expédie ses œuvres inspirées dans le monde entier. Outre de grands classiques, il concocte une multitude d'assemblages originaux : feuillantines, orangettes, ganaches à la réglisse et autres parfums...

AU MOULIN À CAFÉ

1, rue de l'Oulmet
✆ 05 63 43 15 51

Ouvert du mardi au samedi en basse saison et tous les jours en haute saison. Terrasse. Boutique.

Dans un petit salon intérieur raffiné et intimiste - au plafond d'époque fin XIXe et au sol dans le plus pur style italien -, Catherine a posé ses valises et vous invite à déguster différents thés en vrac, cafés en grains, pâtisseries maison et glaces artisanales, le tout servi dans de la porcelaine anglaise s'il vous plaît ! Et que dire de la glace à la violette, l'un des délices de ce temple aux saveurs ? Comme souvenir à emporter dans vos valises, vous trouverez de l'absinthe, alcool préféré de l'enfant du pays : Toulouse-Lautrec.

NATURA CAFÉ

1, rue des Foissants
✆ 05 63 38 98 79
www.naturacafe.fr

Ouvert lundi, mardi, jeudi et vendredi 9h-18h, samedi 8h30-22h, dimanche 9h-15h. Terrasse. Boutique. A emporter.

Ouverte à l'automne 2018, cette jeune adresse est installée face au marché couvert de la ville et est tenue par un couple de passionnés. Lui est brésilien, elle est du coin et a possédé une adresse similaire à Londres pendant plusieurs années. Ensemble ils tiennent cet établissement végétarien avec talent ! Ils privilégient les producteurs de la région et réalisent sur place de délicieuses propositions. En terrasse ou dans la salle cosy de l'établissement, on prend le temps de profiter de sa pause déjeuner, café ou thé en toute quiétude.

ALBY FOIE GRAS

252, avenue Albert-Thomas
✆ 05 63 60 74 82
www.albyfoiegras.com

Ouvert du lundi au samedi de 8h30 à 12h et de 14h30 à 18h. Livraison possible.

La famille Lascroux exerce son savoir-faire depuis déjà un siècle et 3 générations. Elle est la grande spécialiste du foie gras artisanal. Préparé à l'aide de canards et oies d'élevages français, il est décliné sous des formes variées : frais, entier, truffé, en bloc... L'équipe d'experts vend également des cous de canards farcis, des magrets, des rillettes, du cassoulet... Les grands adeptes de la cuisine aveyronnaise auront même le plaisir d'y trouver des alicuits et des tripoux, sans oublier l'original plat de tapas cathares : la gratounade de canard.

L'ARTISAN PASTELLIER

5, rue Puech-Bérenguier
✆ 05 63 42 12 23
www.artisanpastellier.com

Basse saison : du mardi au samedi 14h-18h. Haute saison : le lundi 14h-19h, du mardi au samedi 10h-12h/14h-19h.

Albi, site classé au patrimoine mondial de l'Unesco, est la ville du pastel par excellence. Par sa culture et son savoir-faire, Albi, ville-artiste, se devait d'accueillir la boutique de L'Artisan Pastellier. Une échoppe faite de briques, à la couleur bleue qui se décline en pigments, peintures et encres, où l'on trouve tout ce qu'il faut pour créer des teintes plus chatoyantes les unes que les autres, et qui vous plonge dans l'histoire du pastel, cette plante si mystérieuse qui fit la gloire et la fortune de la région au XIVe siècle.

LA CAVE DE GAILLAC - CHÂTEAU VIGNÉ-LOURAC

103, avenue Foch - **GAILLAC**
✆ 05 63 81 21 11
www.cave-gaillac.fr

Fermé le 25 décembre et le 1er janvier. Ouvert tous les jours et les jours fériés de 9h30 à 12h30 et de 14h30 à 19h.

Du côté de Cahuzac-sur-Vère, le château Vigné-Lourac est une référence. Les vins de pays plairont à tous ceux qui aiment les parfums frais et de caractère : le rouge, élaboré à partir d'assemblages locaux (syrah, duras, braucol), le blanc sec ou doux, ou encore le rosé, qui donne une bouche de fruit. Sur l'avenue Foch, Alain Gayrel a ouvert la Cave de Gaillac en 1997 où vous pourrez déguster ses vins, mais aussi une sélection des meilleurs crus de Gaillac et du Sud-Ouest.

LA CAVE DE GAILLAC

Impasse de la Barrière
LESCURE-D'ALBIGEOIS ✆ 05 63 56 53 49
www.cave-gaillac.fr
Ouvert du lundi au samedi de 9h30 à 12h30 et de 14h30 à 19h.

© LA CAVE DE GAILLAC

Non, vous ne voyez pas double : la Cave de Gaillac c'est deux magasins, l'un à Lescure d'Albigeois, l'autre à Gaillac. Les deux adresses d'Alain Gayrel proposent des bouteilles des domaines et châteaux viticoles de la région à prix producteur. De quoi se faire plaisir à moindre coût ! Grâce aux nombreuses références, conseils de l'équipe et variétés de prix, vous êtes assuré de trouver votre bonheur ! En plus du large choix de Gaillac, la spécialité des deux établissements, vous pourrez découvrir une sélection des meilleurs vins de la région Occitanie.

CAVE LE CELLIER

71 bis, avenue Germain-Téqui
SAINT-JUÉRY
✆ 05 63 45 00 65
www.cavelecellierstjuery.fr
Ouvert du mardi au samedi de 9h30 à 12h30 et de 15h à 19h. Livraison possible.

Une belle boutique de quartier qui a pignon sur rue depuis plus de quarante ans ! Sabrina, la maîtresse des lieux, l'a repris en 2007 en y apportant sa touche personnelle. Elle a complètement transformé le lieu pour en faire un bel espace de convivialité. Sont proposés des vins, une quarantaine de références en whiskies du monde, du café et du thé la journée, un grand choix de bières et des produits d'épicerie fine. Sabrina ne manquera pas de vous conseiller. Pour profiter de l'ambiance chaleureuse, venez assister aux soirées dégustation.

LA CLEF DES VINS

9 ter, place Lapérouse
✆ 05 63 76 83 51
www.clefdesvins.fr
Ouvert du mardi au samedi de 10h à 19h. Livraison possible. Dégustations. Cours.

La Clef des Vins est une échoppe proposant un large choix de vins, spiritueux et produits oléicoles. Ici, vous pourrez déguster sur place quelque 16 vins différents au verre grâce au système Enomatic (une carte à puce créditée du montant de votre choix), et découvrir la sélection du moment. Vous pourrez tester en permanence les classiques comme les nouveautés à tous les prix et si vous avez toujours voulu vous éduquer sur le vin, des cours sont organisés régulièrement, ainsi que des soirées dégustation. Ambiance et saveurs au rendez-vous !

DISTILLERIE ARTISANALE CAZOTTES

Le Carlus
VILLENEUVE-SUR-VÈRE
✆ 05 63 56 85 39
www.distillerie-cazottes.com
Liste des caves et restaurants qui proposent les produits de la distillerie en ligne.

Tous les produits de la distillerie artisanale de Laurent Cazotte, à Villeneuve-sur-Vère (que l'on peut visiter), sont élaborés suivant la méthode dite de passerillage - et sont devenus, à ce titre, une référence. Il s'agit d'une technique à la fois simple et complexe, à l'heure actuelle unique en France. Les fruits destinés à la distillation sont récoltés, puis étalés à l'air libre pendant quatre semaines pour en concentrer les saveurs. Résultat après distillation : un délice !

DISTILLERIE CASTAN

La Souparié
VILLENEUVE-SUR-VÈRE
✆ 05 63 53 04 61
www.distillerie-castan.com
Boutique sur place et en ligne. Visite gratuite.

C'est en sédentarisant l'alambic du grand-père Castan que Céline et Sébastien Castan ont créé leur distillerie. Déjà connus pour leurs alcools blancs de fruits, ils sont aujourd'hui reconnus pour leurs whiskys artisanaux lancés en 2010. Vous pourrez vous procurer votre bouteille numérotée choisie parmi cinq styles du Vilanova : le Berbie, issu d'une maturation en fûts neufs ; le Gost, vieilli en fût de chêne américain à bourbon ; le Terrocita, tourbé, vieilli en fût de chêne ; le Roja vieilli en fût de vins rouges et le Ségala, au malt de seigle.

LE MARCHÉ COUVERT

14, rue Emile-Grand
www.marchecouvert-albi.com
Le marché est ouvert de 8h à 13h du mardi au dimanche.

Le marché d'Albi est un trésor architectural. Sa première version est attribuée à André Jules Michelin, l'inventeur des célèbres pneumatiques, en 1901. A l'époque, sa création demanda la destruction du quartier entier. Résultat : un bâtiment pouvant recevoir jusqu'à 25 boutiques de bouchers et charcutiers, 10 poissonniers et 115 maraîchers, fruitiers et fromagers dans des loges de 4 m² chacune. L'espace a été réaménagé sans toutefois perdre son âme d'antan et revêt désormais la silhouette d'un pavillon d'architecture Baltard.

CIRCUIT D'ALBI

Le Séquestre - **LE SEQUESTRE** ✆ 05 63 43 04 04
www.circuit-albi.fr
Ouvert toute l'année. Grand prix d'Albi à partir de 15 € en prévente. Spécificité trackdays GT/ Tourisme : 250 €.

Depuis sa création, à l'entrée de la capitale tarnaise, sa fréquentation n'a eu de cesse d'augmenter. Près de 80 000 spectateurs par an viennent assister à des courses de motos, d'autos ou de camions. Au Grand Prix d'Albi s'ajoutent des rencontres tout au long de l'année : académie de drift, stage de pilotage (pour les entreprises), rassemblement de véhicules anciens, etc. Vous pouvez même y conduire votre propre voiture homologuée sur route lors de journées de roulage. Lors de ces journées trackdays vous partagez la piste avec d'autres voitures de même catégorie.

ALTISSIMO ALBI

2, chemin Claude Bourgelat
✆ 05 63 38 09 38
albi.altissimo.fr
Ouvert le lundi de 16h à 22h, du mardi au vendredi de 14h à 22h, le week-end de 14h à 19h. Entrée à partir de 10 €.

Si Altissimo a réussi à conquérir les cœurs des grimpeurs de toute la France, c'est à Albi que vous aurez l'occasion de découvrir un lieu réellement exceptionnel de par son immensité ! En effet, cette ancienne cimenterie, transformée en salle d'escalade par Patrick Bonami, dispose de 1 000 m² de surface à grimper, pas loin de 4 000 prises, 150 voies (difficulté jusqu'au 8B) et 15 mètres de hauteur. Cela fait d'elle l'une des plus hautes salles d'Europe ! Des coachs de talent animent la salle avec efficacité et précaution. Le public est ici de tout niveau.

ATMOSPH'AIR MONTGOLFIÈRES OCCITANES

87, chemin de Caynac
✆ 07 86 45 59 95
www.atmosphair-montgolfieres.fr
Ouvert tous les jours. Suivant les conditions météo. Vol solo : 205 €. Vol duo : 195 €/pers.

Fidèle à ses rêves d'enfant, l'Albigeois Laurent Pailhous propose des sorties en montgolfière. Cinq points de décollage dans le département : Albi, Cordes, Gaillac, Lautrec et Lavaur. Un départ est aussi proposé depuis les lacs du Levezou en Aveyron. Choisissez le vol qui vous convient : Découverte, Duo, en groupe, Exclusif, XL, Petit Loup... Comptez en moyenne 3h d'animation, gonflage du ballon compris. Le vol en silence, poussé par les vents, offre à vos yeux un panorama à 360°.

ARIANNE.G VOYANCE

36, rue du 18 Août 1944
✆ 05 67 34 13 43
www.arianne-g-voyance.fr
Disponible 7j/7 de 9h à 23h sur rendez-vous. Consultations au cabinet et à distance par téléphone, tchat ou visio.

© ARIANNE.G VOYANCE

C'est au sein de son cabinet albigeois et à distance (voyance par téléphone, en visioconférence ou par tchat) qu'Arianne partage ses prédictions sur votre avenir. Voyante pure, tarologue et cartomancienne indépendante, elle fait parler les cartes et vous livre ses ressentis sur les prochaines étapes de votre vie. Avec le soutien de son support de prédilection en cartomancie, le tarot divinatoire d'Epinal, elle vous transmettra ses prédictions, conseils et réserves. Grâce à son site en ligne, il est possible de la joindre depuis n'importe quel endroit de France.

TRÉSORS DE L'ALBIGEOIS

L'ÉCHAPPÉE VERTE D'ALBI

Palais de la Berbie – Place Sainte-Cécile
✆ 05 63 49 48 80
www.albi-tourisme.fr
Ouvert toute l'année.

Une rando urbaine à Albi. La nature en ville, c'est possible. La preuve avec ces trois sentiers aménagés le long du Tarn et du Caussels. Vous êtes au cœur de la ville et évoluez dans un cadre champêtre préservé et entretenu sur plus de 4 kilomètres. Le sentier des Berges relie d'abord le parking de la cathédrale à l'embouchure du ruisseau du Caussels, puis laisse place au Sentier sauvage, entre le Pont-Neuf et l'avenue du Loirat. C'est enfin le sentier de la Mouline qui termine la boucle, en s'étirant jusqu'au parking des Planques.

VOIE VERTE ENTRE CARMAUX ET CAP' DÉCOUVERTE

Moulin albigeois
✆ 05 63 77 32 10
www.af3v.org
Accès libre.

Cette voie verte suit le cheminement de l'ancienne voie ferrée qui reliait autrefois Carmaux à la mine de la Découverte. Aujourd'hui, les rails ont laissé place à une plaisante balade ombragée et la mine à une base de loisirs plutôt complète. Disposant de 35 kilomètres de pistes cyclables accessibles gratuitement, elle vous permettra de poursuivre votre effort physique un peu plus longtemps. Seul bémol : le revêtement n'est pas idéal pour les rollers.

ESPACE ATLANTIS

Route de Cordes
✆ 05 63 76 06 09
atlantis.grand-albigeois.fr
Ouvert lundi, mercredi, jeudi 11h-20h, mardi et vendredi 11h-21h, samedi 11h-18h, dimanche 9h30-18h (été 7j/7 10h-20h).

En bordure de la ville, en direction de Cordes, une très belle piscine où tous les plaisirs de l'eau sont réunis vous attend : bassins sportifs ou ludiques, à l'extérieur comme à l'intérieur... Parmi les équipements : pentagliss, toboggan géant, bains bouillonnants, fosse à plongeon, centre de remise en forme avec salle de musculation, sauna, hammam... Rien n'a été oublié, y compris la grande pataugeoire pour les apprentis nageurs, les bains de soleil, des espaces verts et un espace Atlantis Café pour reprendre des forces. Durant tout l'été, il y a des animations.

BOWLING D'ALBI

43, rue des Taillades - **LE SEQUESTRE**
✆ 05 63 43 69 93
www.bowling-albi.fr
Ouvert du mardi au dimanche jusqu'à 2h (7j/7 en été). Restaurant vendredi et samedi soir. Tarifs en ligne.

Entre amis, entre collègues ou en famille, vous allez vous éclater au bowling d'Albi–Le Séquestre. Le bâtiment possède huit pistes au total, une brasserie, un coin café-concert pour accueillir les groupes de musique et les soirées karaoké, ainsi qu'un bar avec une vue imprenable sur les pistes. Particulier, licencié, membre d'une association ou responsable d'entreprise, quelle que soit la nature de votre événement, c'est une idée plutôt agréable et insolite pour vous amuser. Les premier et troisième mercredis de chaque mois des soirées danses sont organisées.

GOLF D'ALBI LASBORDES

Chemin de Las Bordes
✆ 05 63 54 98 07
www.golfalbi.com
Ouvert du lundi au vendredi 9h-18h, week-end 8h30-18h30. Green-free de 44 à 75 €. Cartes et abonnements. Restauration.

Le Golf d'Albi est l'un des spots les plus courus du Tarn. Superbement dessiné par Jean Garaïalde et Jeremy Pern, les 18 trous variés de ce parcours de 6 157 mètres allient parfaitement technique et originalité. Enserré en partie par le Tarn et émaillé de quelques étangs, c'est un joli coin de Paradis qui mérite d'être foulé et pratiqué. Entre deux swings, le golf donne la possibilité de se sustenter au restaurant Ô Pastel, dont la terrasse offre une vue imprenable sur le parcours. La boutique répondra à tous vos besoins de matériel quel que soit votre niveau.

LA RUE DU BAIN

Chemin de Lavazière
✆ 06 64 67 63 44
www.rue-du-bain.com
Ouvert toute l'année. Du mercredi au samedi jusqu´à 5h. Piscine. Animations.

Ouverte en juillet 1985, La Rue du Bain est la plus ancienne discothèque d'Albi. Un record de longévité ! Encore plus remarquable : la direction est la même que depuis l'ouverture. Située à quelques minutes du centre-ville, c'est la boîte de nuit d'Albi, l'endroit incontournable pour se montrer et être vu. Et surtout, pour écouter de la musique en compagnie de clubbers énergiques ! Dominique et Christian, les propriétaires, sont toujours à la recherche de nouveauté. La cerise sur le gâteau : en été, un patio avec piscine où la fête se prolonge façon Ibiza.

ZIG PARK

51, rue Isaac-Newton
✆ 05 63 55 22 90
zigpark.fr
Ouvert 7j/7 de 10h à 12h30 et de 13h30 à 19h. Grille tarifaire en ligne. Chaussettes obligatoires. Restauration.

Zig Park, c'est le nouveau nom de l'espace Zig et Compagnie, soit 1 300 m² de jeux *indoor* pour les enfants de 0 à 13 ans. Cette aire de jeux et loisirs encourage l'enfant à pratiquer une activité physique tout en s'amusant, elle permet aussi de mieux développer la motricité des plus jeunes. Coloré, drôle et varié, vous y trouverez tout un univers de jeux adaptés à chaque tranche d'âge : parcours ludique en mousse, piscine à balles, ballons sauteurs, tricycles, toboggans, labyrinthes, trampolines, ponts de singe, ateliers créatifs, spectacles ludiques...

ALBAN

Cité discrète nichée entre monts et vallées, le petit village d'Alban est une invitation à la découverte et à la quiétude. Lors de votre séjour, pensez à vous balader dans son cœur battant, son église classée, son château du Xe siècle, sa nature... Implantée à une trentaine de kilomètres de la cité épiscopale d'Albi, cette terre est l'une des portes d'entrée principale du département et un passage obligé lorsque l'on souhaite rejoindre les impressionnantes et réputées gorges du Tarn. Poursuivez votre promenade à travers sa campagne luxuriante, dolmens, menhirs et rocs habillent sa plaine et témoignent de la richesse historique des monts d'Alban.

ÉGLISE PAROISSIALE NOTRE-DAME-D'ALBAN

Place de l'Église
✆ 05 63 55 93 90
www.montsalban-villefranchois.fr
Entrée libre. Ouvert tous les jours.

Cette église surprend par son modernisme, impressionne par son charisme. Mais ne vous y trompez pas, elle est chargée d'histoire et recèle quelques vestiges de son passé, bien gardés. Poussez la porte style Louis XV de cette église particulière et découvrez les fresques majestueuses de Nicolas Greschny : des peintures d'icônes interprétant des passages de la Bible, des personnages récitant la prière à la Vierge dans 21 langues et dialectes ornent la belle voûte de l'église.

LE FER À CHEVAL €€

Lieu-dit La Bourrelié - **PAULINET**
✆ 05 63 55 84 57
www.auferacheval.com
Bienvenue à la Ferme. Ouvert toute l'année. Restauration.

Cette belle ferme pédagogique et de séjour vous accueille à 600 m d'altitude. De la classe découverte aux vacances en famille en passant par les formations, les prestations sont variées. Les petits s'occupent des animaux. Les ados partent en rando à vélo, s'initient à l'escalade ou au canoë, en itinérance style trappeur. On apprend à faire du pain et des confitures, à jardiner ou utiliser une boussole. Le grand gîte accueille jusqu'à 60 personnes. S'ajoutent les cabanons en toile du camping nature sans électricité, mais des livraisons avec un âne.

L'OUSTAL DE PASCAL €€

Plagnes - **PAULINET**
✆ 05 63 48 83 01
www.oustaldepascal.fr
Gîtes de France (5 épis). 8 personnes. Salon de jardin, lave-linge, sèche-linge, lave-vaisselle. Sauna. Piscine.

Cette ferme traditionnelle du XVIIIe siècle est sans aucun doute l'un des plus beaux gîtes de la région. Déjà, grâce à sa sublime et bucolique localisation, en surplomb de la vallée de l'Ambias. Tenu de manière chaleureuse et efficace, c'est un havre de paix où il est facile de se détendre. Quant au cadre, difficile de faire mieux ! Après avoir été entièrement rénové, L'Oustal de Pascal est devenu un lieu de première qualité : un grand parc arboré, une piscine, un sauna avec douche pour 4 personnes, les équipements se découvrent et s'apprécient sans réserve.

LOU BASS PLAT €€

9, place des Tilleuls
✆ 05 63 55 24 21
Ouvert du lundi au jeudi de 7h30 à 17h, le vendredi de 7h30 à 2h et le samedi de 17h à 2h. Carte : 24 € environ.

Dans le centre d'Alban, le restaurant Lou Bass Plat est une adresse à retenir. Repris à l'automne 2018 par Nancy et Yohan, il propose des recettes à partir de produits locaux et conviendra parfaitement pour une pause repas sur votre trajet, un repas en famille ou encore une sortie entre amis. Les arguments pour en faire son rendez-vous gourmand sont nombreux : les plats sont bons et copieux, tout est fait maison, les fruits et légumes sont de saison, le service est attentionné, le rapport qualité-prix est dosé... Aucune hésitation au programme.

GAEC LES PAULINÉTOISES

Le village
PAULINET
✆ 05 63 55 81 72
www.paulinetoises.fr
Vente directe à la ferme (téléphoner au préalable) et sur les marchés.

A une dizaine de kilomètres d'Alban, faites un détour pour venir découvrir et goûter ces fromages de brebis aux saveurs douces, fruitées, corsées ou même sucrées dans cette exploitation qui a fêté ses 30 ans en 2019. Du pâturage à l'affinage, le mot d'ordre ici, c'est fromage ! Vous trouverez également des yaourts au lait de brebis, des crèmes dessert, des colis de viande d'agneau, de la confiture de lait, du caillé doux, des pâtisseries au lait de brebis telles les pomelets ou le flaune... A la ferme ou sur les marchés, vous découvrirez une collection de saveurs.

AMBIALET

Le village d'Ambialet possède un paysage de carte postale. Situé entre Albi et les gorges du Tarn, il s'est développé sur un site unique, référencé fréquemment comme l'isthme le plus étroit d'Europe. Ici, la vallée dessine une boucle de 3 km qui sépare la commune en deux et forme une impressionnante presqu'île rocailleuse. Cette situation géographique a séduit de nombreux puissants et stratèges au cours des siècles. Leur influence est d'ailleurs encore visible à travers les vestiges de la cité : forteresse, prieuré, chapelle... Prenez le temps de monter sur les hauteurs du prieuré, un panorama permettra de contempler toute la beauté d'Ambialet.

LE PIEURÉ NOTRE-DAME DE L'ODER D'AMBIALET ★

Presqu'île d'Ambialet
✆ 05 63 55 39 14
www.valleedutarn-tourisme.com
Visites guidées organisées par l'office de tourisme en juillet et août. Accès libre : tous les jours de 9h à 19h.

Cette église en schiste du XIe siècle surplombe la presqu'île d'Ambialet. A l'origine, l'ensemble fut donné à l'abbaye Saint-Victor de Marseille en 1507. Le monastère bénédictin a pris de l'importance lors de la croisade des Albigeois. En 1458, il passe sous l'autorité du chapitre de Montpellier et son importance diminue. A la veille de la Révolution, il est en ruines. En 1865 il échoit aux Franciscains du Tiers Ordre qui le restaurent et lui rendent son aspect roman d'origine.

LA PRESQU'ILE D'AMBIALET

C'est un paysage insolite et une jolie surprise. Entre Albi et les gorges du Tarn, ce village s'est développé sur un site unique, réputé l'isthme le plus étroit d'Europe. Ici, la vallée dessine une boucle de 3 km qui forme une impressionnante presqu'île rocailleuse. Cette situation géographique intéressa puissants et stratèges au cours des siècles. Leur influence reste visible à travers les vestiges d'une forteresse, du prieuré, de la chapelle... Sur les hauteurs du prieuré, splendide panorama qui révèle toute la beauté d'Ambialet.

Le village d'Ambialet.

OFFICE DE TOURISME VALLÉE DU TARN

149, route de Villefranche
✆ 05 63 55 39 14
www.valleedutarn-tourisme.com

Haute saison : du lundi au samedi 9h30-12h30, dimanche 9h30-12h30/14h-17h. Standard téléphonique toute l'année.

C'est dans un cadre plutôt bucolique que l'équipe du bureau touristique d'Ambialet vous accueillera afin de répondre à vos questions et de vous guider parmi les nombreux lieux incontournables de la région. Si celui-ci n'est ouvert que l'été, le standard téléphonique de l'office de tourisme vous donnera des réponses tout au long de l'année. Si vous avez besoin d'aide pour vous y retrouver parmi toutes les offres du secteur, le consulter sera le bon réflexe.

CHAMBRES D'HÔTES AMBELS €

Lieu-dit Ambels ✆ 05 63 79 56 41

Chambre simple 50 € ; chambre double 55 €. Petit déjeuner inclus. Lit supplémentaire : 20 €. Repas : de 15 à 20 €.

C'est au bout d'une longue allée d'arbres centenaires, sur l'axe Albi-Millau, que Nicolas vous accueille. Au sein de l'immense bâtisse du XIXe siècle qui abrite aujourd'hui son exploitation agricole et ses chambres d'hôtes, il promet une belle ambiance familiale ! Les chambres d'hôtes associent confort et vue imprenable, difficile de ne pas être séduit. Vous profiterez ici d'une véritable découverte de la ferme de Nicolas, de ses moutons et de ses vaches, de ses travaux du quotidien, et petits et grands seront séduits par cette proximité avec la nature.

CAMPING CAMP VALLÉE DU TARN €€

Les Bourdariès - **COURRIS** ✆ 06 52 64 64 50
www.campvalleedutarn.com

Ouvert d'avril à fin septembre. Emplacement (avec 6A) à partir de 21,50 €. Tente cloche : de 299 à 489 €/semaine.

Situé sur la presqu'île d'Ambialet, joyau de la vallée du Tarn, ce camping est un endroit idéal pour vos vacances en famille à la campagne : emplacements ombragés sur les berges du Tarn, location de caravanes pour ceux qui n'auraient pas envie de camper, farniente au bord de l'eau ou activités aquatiques, soirées barbecue ou repas animés à la crêperie, parties de pêche en famille ou randonnées entre amis... Tout est prévu pour que vous puissiez passer d'agréables séjours.

CHEZ GENEVIÈVE ET RICHARD €€

La Borde
TRÉBAS
✆ 05 63 55 91 42

A partir de 250 € la semaine. Restauration (15 € par adulte et 10 € pour les enfants de moins de 10 ans). Parc.

Cette petite exploitation domine le charmant village de Trébas-les-Bains, station verte de vacances, au passé gallo-romain de thermalisme et aux deux portes fortifiées de l'époque médiévale. Vous avez chez ce couple engagé le choix des hébergements : petit gîte, grand gîte, roulotte, chambres d'hôtes. La ferme produit des miels, des vinaigres, de la moutarde, élève des chèvres, des vaches Aubrac, des brebis et travaille la terre avec l'aide d'un cheval de trait.

HOSTELLERIE DES LAURIERS** €€

Le Bourg - **CURVALLE** ✆ 05 63 55 84 23
www.hotel-des-lauriers.net

Ouvert du printemps à l'automne. Chambre double de 49 à 85 €. Parking fermé. Restauration. Bain bouillonnant.

L'Hostellerie des Lauriers repose à quelques encablures du méandre d'Ambialet et à 30 kilomètres d'Albi, l'idéal si vous souhaitez découvrir le département tarnais et profiter d'un bon bol d'air pur. A l'intérieur de cette sublime demeure du XVIIIe siècle, on prend le temps de se détendre, de contempler et on se renseigne avec joie sur les activités praticables dans les environs. Sur place déjà, la carte des loisirs est bien fournie : piscine, bain à remous, randonnées au départ de l'hôtel... Mais ce n'est pas tout car l'hôtel fait aussi restaurant !

APIS VINAEGRIA

La Borde
TRÉBAS
✆ 05 63 55 91 42
www.apis-vinaegria.com

Livraison possible. Boutique en ligne. Séjours en chambres d'hôtes, en gîtes, et en roulotte.

Difficile de ne pas se laisser séduire par cette exploitation unique en son genre ! Au sein de cette miellerie-vinaigrerie artisanale, on fabrique principalement du vinaigre de miel et de la moutarde de table au vinaigre de miel, vendus sous la marque Apis Vinaegria. Du vinaigre de miel ? Oui vous avez bien lu ! Avec le temps l'usage est devenu rare mais on peut faire du vinaigre à partir de cette douce matière. Déjà au Moyen Age on tirait de la ruche de nombreux produits de consommation courante tels que la cire, le miel bien sûr, mais aussi le vinaigre.

BASE DE CANOË-KAYAK D'AMBIALET

La Moulinquié - **SAINT-CIRGUE** ✆ 06 38 80 57 05
cdck81.com
Ouvert de juin à septembre le week-end, tous les jours en juillet et août. Tarifs en ligne : à partir de 10 €.

A la base nautique de la Moulinquié, vous pourrez louer bateaux, canoës, kayaks, planches à voile et suivre différents parcours de canoë-kayak. De l'initiation à une randonnée de plusieurs jours, c'est une merveilleuse manière de découvrir la vallée du Tarn. Pour les parcours accompagnés, les tarifs comprennent le matériel, l'assurance journalière, l'initiation et le retour en minibus. Il est indispensable de savoir nager et s'immerger, d'avoir plus de 7 ans, d'être bien équipé.

CITADELLE DE LAGARDE VIAUR

Citadelle de Lagarde Viaur
MONTIRAT
✆ 05 63 43 46 44
Ouvert toute l'année. Tous les jours de 8h à 22h.

Cette ancienne citadelle cathare fut propriété des évêques d'Albi. Ce village fortifié servait à garder Les Gorges du Viaur lors des conflits de l'époque cathare. Le bourg fortifié devint poste frontière au 14e siècle, en subsistent les vestiges des remparts et le clocher-fortifié. On admire l'église Saint-Thomas de Canterbury inscrite aux Monuments historiques avec son retable baroque, ses fresques du 19e et sa croix processionnelle en argent repoussée.

CARMAUX ★

Connue pour son ancienne activité minière, la cité a survécu à la récession charbonnière et raconte aujourd'hui sa formidable et surprenante épopée industrielle dans ses musées et sur ses façades. Terre de Jean Jaurès, qui lors de son mandat de député défendit les ouvriers et mineurs du bassin carmausin, Carmaux passa sur le devant de la scène lors des graves crises sociales de la fin du XIXe siècle. De nos jours, la ville est tournée vers l'avenir et le tourisme. Ne pas manquer d'admirer la statue du socialiste, sur la place éponyme, et le château du Marquis de Solages, aujourd'hui château de la Verrerie abritant le centre d'art du Verre.

ESPACE JEAN JAURÈS - PAMPELONNE

1, avenue de Thuriès
PAMPELONNE
✆ 05 63 76 32 09

C'est dans l'ancienne bastide de Pampelonne que l'Espace Jean Jaurès-Pampelonne a ouvert ses portes en 2014. Souvenirs personnels, officiels, photos, lettres manuscrites, ouvrages, films, sons, l'espace vous propose de découvrir le célèbre tribun tarnais au cœur de sa circonscription, au travers des témoignages d'époques, des souvenirs légués par les descendants des principales personnes qui ont côtoyé, soutenu ou affronté Jaurès. L'occasion de découvrir le grand homme politique.

CAP' DÉCOUVERTE ★★

Le Garric - **LE GARRIC**
✆ 05 63 80 29 00
www.capdecouverte.com
Ouvert de mars à la Toussaint. Basse saison : mercredi, samedi et dimanche de 11h-18h30. Haute saison : 7j/7 de 10h-20h.

Implanté autour de l'ancienne mine de charbon, sur un amphithéâtre impressionnant, ce site de 250 ha propose une vingtaine d'activités sportives et culturelles (paintball, skatepark, luge sur rail, VTT, minikart, parcours aventure, plage, aquagliss, etc.). En toute saison, au gré de ses envies, chacun organise ses journées et crée son propre programme. Cet étonnant parcours chronologique et ludique vous permettra d'en apprendre davantage sur la formation du charbon, le Jardin du début du monde, l'abreuvoir des dinosaures, la forêt de ginkgos...

LO CAMIN DELS CARBONIÈRS

Accès libre.

L'histoire raconte que, dès le XIIIe s., on trouvait de petites veines carbonifères dans le secteur de Carmaux-Monestiés. Les cultivateurs creusaient des trous sur leur petit lopin de terre, des galeries de 60 cm de diamètre et de 12 m de long au maximum. Ces méthodes perdurèrent quatre siècles avant que, poussés par le regroupement des terres, beaucoup d'entre eux s'installèrent à Carmaux définitivement. C'est cette histoire que conte *Lo camin dels carbonièrs* sur 12 km, au départ de l'église de Sainte-Gemme. Comptez 3h30 de parcours, le long d'un balisage jaune.

MUSÉE-MINE DÉPARTEMENTAL ★

20, avenue Saint-Sernin
CAGNAC-LES-MINES
✆ 05 63 53 91 70
musees-departementaux.tarn.fr
Se renseigner au 05 63 53 91 70 pour les jours et horaires d'ouverture. Adulte 7 €, enfant 4 €.

La meilleure façon de comprendre l'histoire, c'est d'en être acteur ! Et le Conseil Général du Tarn l'a bien compris puisqu'il est le gérant de cet étonnant espace de découverte. Située à Cagnac, cette ancienne mine active s'étend sur 350 m de galeries souterraines et reprend vie à l'aide d'effets spéciaux, de simulations de coup de grisou, de cage d'ascenseur de descente, etc. Au cours du circuit de 1h, un guide vous conte le quotidien du mineur, ainsi que l'histoire minière, industrielle et humaine du Carmausin. Port du casque obligatoire.

POINT D'ACCUEIL TOURISTIQUE DE CARMAUX

2, rue du Gaz
✆ 05 63 76 76 67
tourisme-tarn-carmaux.fr
Ouvert du lundi au samedi 9h30-12h/14h-17h30. Haute saison : du lundi au samedi 9h30-12h/14h-18h, dimanche 9h-13h.

Le Point d'accueil touristique de Carmaux appartient à l'office de tourisme du Ségala Tarnais. En plus des informations liées à la commune, l'équipe pourra vous renseigner sur les activités de tout le département. Restaurants, hébergements, loisirs : elle sera d'un grand secours pour vous guider à travers le territoire. A l'intérieur, le bureau contient également une boutique de produits locaux et souvenirs, ainsi qu'un espace billetterie spectacle.

LE RELAIS DES FARGUETTES €

RN 88 - **SAINTE-GEMME** ✆ 05 63 76 66 97
3 chambres. Chambre double à partir de 35 €. Soirée étape 45 €. Wifi. Service de ménage. Restauration.

Cet hôtel-restaurant, également bar-tabac, est tenu avec humeur et efficacité dans la petite commune de Sainte-Gemme. Dans le restaurant de l'arrière-salle, plus intimiste, au style rustique, ou sur la terrasse, on y vient en nombre (180 places) et toute l'équipe vous réserve un accueil chaleureux. Le buffet de hors-d'œuvre et les bons petits plats sont préparés avec les produits locaux : confits, magrets, tripoux... Humour et convivialité sont aussi des mets de choix que le maître des lieux dispense généreusement. Une belle halte !

DOMAINE LES CLOTS*** €€

Les Clots - **MIRANDOL-BOURGNOUNAC**
✆ 05 63 80 72 15
www.domainelesclots.nl
Fermé de septembre à mai. Location HLL/Bungalow semaine, de 490 à 995 €, tente équipée, de 350 à 435 €.

Au cœur d'une nature luxuriante et en bordure du Viaur, ce camping propose des emplacements spacieux et ombragés. S'ajoutent, à la location, des tentes équipées, des caravanes, des bungalows toilés, une cabane en bambou, des chalets, des gîtes. Le domaine abrite une grande piscine, un golf miniature, une aire de jeux et même un terrain de pétanque. Dans une ambiance conviviale et familiale, un ressourcement vous sera garanti. Et pour ceux qui souhaitent l'isolement complet, des emplacements ont été aménagés au milieu du bois.

HÔTEL LA TOUR DE CIRON €€

32, avenue Bouloc-Torcatis ✆ 05 63 80 40 39
www.leboeufmarin.fr/hotel-la-tour-de-ciron
9 chambres. Chambre double de 85 à 95 €. Petit déjeuner : 12 € (en chambre : supplément de 6 €). Restauration.

Cette belle demeure de maître du milieu du XIXe siècle servait à sa création de maison de l'administration des mines. Après une série de travaux, elle accueille aujourd'hui un restaurant de qualité et l'hôtel La Tour de Ciron. La bâtisse s'organise de la manière suivante : deux salles de restaurant, un bar, une salle privatisable et neuf chambres spacieuses. Contemporaines et chaleureuses, elles offrent un cadre idéal pour un séjour reposant. Quant au Bœuf Marin, le restaurant des lieux, il apportera la touche gourmande et savoureuse qui manquait à votre passage.

CHEZ MARTINE €

16, place Jean Jaurès
✆ 05 63 76 51 08
Ouvert du lundi au vendredi le midi. Réservation recommandée. Formule du midi : 17 €. Terrasse. Vente à emporter.

Avec les années, cet ancien restaurant ouvrier a su tenir le cap et évoluer avec son temps. Désormais, l'adresse est un restaurant traditionnel spécialisé dans la cuisine à la fois simple et familiale. On y sert une cuisine de saison, sans prétention, et des assiettes copieuses. À chaque déjeuner, l'équipe propose une formule (entrée + plat + dessert) à composer selon les deux entrées, deux plats et trois desserts du jour. Avec des prix aussi modestes et un service si rapide, on ne s'étonne pas que les lieux soient devenus la cantine gourmande de Carmaux.

BISTROT LA TOURANGELLE €€

1, boulevard du Rajol
✆ 05 63 36 63 47
Fermé 2 semaines à Noël. Ouvert du lundi au vendredi le midi et le soir. Carte : 28 € environ. Formule : 14,90€. Cave.

Face à la place du marché, La Tourangelle illumine les soirées gastronomiques de la commune. L'élégante façade de ce restaurant dissimule une jolie salle voûtée, décorée à la manière d'un bistrot contemporain. Les tons rouges et noirs, associés au bois, fournissent aux lieux une chaleur et un charme certains. L'établissement sert d'écrin à de la cuisine de terroir et à des tapas bien senties. Pendant qu'Emilie et Eric assureront le service, Alexandre se chargera de composer des plats précis et savoureux. Un coin cave permet de repartir avec de belles références.

MONESTIÉS

Monastério, devenu Monestiés, tire l'essentiel de sa renommée de la remarquable Mise au tombeau abritée par sa chapelle. Composée de vingt statues en pierre calcaire polychrome grandeur nature, l'installation est unique au monde. Si cette curiosité peut encourager le passage dans ce joli village médiéval, c'est son enchevêtrement de ruelles et de maisons d'époque autour de l'église Saint-Pierre qui occupera une grande partie de votre journée. Au fil de votre balade, vous pourrez découvrir le charme de ses demeures médiévales, Renaissance ou du XVIIe siècle, de la fontaine au Griffoul, ainsi que de l'église Saint-Pierre et son retable du XVIIe siècle.

LE BŒUF MARIN €€

32, avenue Bouloc-Torcatis
✆ 05 63 80 40 39
www.leboeufmarin.fr
Basse saison : ouvert du lundi au samedi midi et soir, le dimanche midi. Haute saison : tous les jours midi et soir.

Installé dans la demeure de maître de l'ex-Maison d'administration des mines, ce restaurant est plein de magie. Son cadre bourgeois et soigné, entre parquets crissant et carrelages déco, sert de décor à une carte de qualité. Derrière ses fourneaux, le chef des lieux concocte une cuisine du marché soignée, originale et goûteuse. Au cœur du jardin ou dans la salle élégante, vous aurez l'occasion de goûter à des assiettes généreuses et précises. Sachez que les murs de la bâtisse abritent également un hôtel de charme, la Tour de Ciron.

LA CHAPELLE SAINT-JACQUES ★

8, Le Barry
✆ 05 63 76 41 63
Fermé de novembre à mars. Basse saison : 7j/7 10h-12h/14h-17h30. Haute saison : 7j/7 10h-12h30/14h-18h.

Ancien hôpital de la route de Saint-Jacques-de-Compostelle, la chapelle Saint-Jacques abrite depuis 1774 une des merveilles de l'Albigeois : un ensemble de statues monumentales transféré à la suite du démantèlement du château de Combefa, autrefois résidence d'été des évêques d'Albi. Ce chef-d'œuvre composé de 20 statues en pierre calcaire polychrome représente les trois derniers épisodes de la Passion du Christ : la Crucifixion, la Pietà et la Mise au tombeau.

BASE DE LOISIRS DE LA ROUCARIÉ

La Roucarié - **ALMAYRAC** ✆ 05 63 76 76 67
tourisme-tarn-carmaux.fr/base-de-loisirs-de-la-roucarie
Baignade autorisée et surveillée en été. Aires de pique-nique et de jeux. Terrain de sport. Parcours de santé.

A seulement 10 minutes de la ville de Carmaux, le lac de la Roucarié est un spot qui vaut le détour. Avec ses 35 hectares d'eau et ses berges en partie boisées, le plan d'eau offre aux visiteurs un cadre verdoyant et dépaysant. Aménagé en base de loisirs, de nombreuses activités y sont proposées telles qu'un parcours de santé, des jeux pour les enfants, de la voile, de l'aviron… Notez que la baignade est autorisée et surveillée sur la rive d'Almayrac en été.

FERME ANIMALIÈRE DE BELLEVUE

La Boujassié
SALLES
✆ 05 63 76 11 77
www.fermebellevue.fr
Haute saison ouvert tous les jours de 10h à 18h. Adulte : 6 €. Enfant : 5 €.

Christiane et Jean-Jacques ont fait de leur domaine une arche de Noé dédiée à la sauvegarde des espèces menacées. Au total, ils hébergent une centaine de races différentes (faisans dorés, moutons Jacob à quatre cornes, chèvres Highland…). Le domaine possède également un restaurant dans lequel on vous servira la gourmandise de Bellevue : le cochon à la broche ! Vous pourrez aussi pique-niquer, plonger dans la piscine, visiter et rester dormir dans le gîte.

MUSEE BAJEN VEGA ★

14, place de la Mairie
✆ 05 63 76 19 17
www.monesties.fr

Fermé de novembre à mars. Ouvert 7j/7 de 10h-12h et de 14h-17h30 (de 10h-12h30 et de 14h-18h en été).

Aménagé dans une demeure du XVe siècle, ancienne propriété de l'évêque et seigneur des lieux, ce musée présente les toiles de deux artistes espagnols exilés dans le Tarn : Francisco Bajen et son épouse Martine Véga. La maison bourgeoise accueille sur ses murs près de 120 toiles qui permettent d'appréhender 40 ans de travail et d'art. Au fil de ses étages, de sa tour ronde et de ses beaux escaliers, vous découvrirez les univers du « Peintre du silence » et la « Dompteuse de couleurs ». Des styles à la fois colorés et poétiques. Un vrai voyage.

LE POINT D'ACCUEIL TOURISTIQUE DE MONESTIÉS

14, place de la Mairie ✆ 05 63 76 76 67
tourisme-tarn-carmaux.fr

Fermé de novembre à avril. Ouvert 7j/7 de 10h à 12h et de 14h à 17h30. Été : 7j/7 de 10h à 12h30 et de 14h à 18h.

Située à proximité de Carmaux, la commune de Monestiés est classée parmi les Plus Beaux Villages de France. Les visiteurs viennent parcourir ses ruelles pittoresques à la recherche de ses vestiges de l'époque médiévale. Pour ne rien rater de ces trésors, l'office de tourisme propose des plans et des brochures pour vous accompagner. Des visites sont également organisées sur réservation. En plus du patrimoine, vous obtiendrez des informations sur les restaurants, logements, etc.

GÎTE LA SAGETIE €€

La Sagetie
✆ 06 64 21 71 87

Clévacances (3 clés). Fermé d'octobre à mai. De 1 150 à 1 550 €/semaine. Salon de jardin, lave-linge, lave-vaisselle.

De passage dans le Tarn durant les beaux jours ? Ce gîte de Monestiès vous permettra de séjourner dans le département à proximité de nombreux lieux de découverte et de loisirs tout en profitant du calme de la commune. Dans les faits, le gite se compose d'une cuisine, de quatre chambres, d'un salon, de salles d'eau pour l'intérieur, et d'un terrain arboré et d'une piscine pour l'extérieur. À la fois toute équipée et conviviale, cette belle demeure en pierre sera le parfait décor pour des vacances réussies et un séjour carte postale.

LES PLANQUETTES €€

La Planquette - **TRÉVIEN**
✆ 05 63 76 44 32
www.lesplanquettes.com

Chambre double de 70 € à 80 € ; chambre triple à partir de 115 €. Petit déjeuner inclus. Lit supplémentaire : 12 €.

C'est une charmante maison aux volets bleus, accrochée à un terrain de 2,5 ha, entre champs et bois, qui vous attend. Vous serez accueillis par un jeune couple dynamique qui a rénové sa propriété avec goût. À l'intérieur, un style raffiné et campagnard avec poutres apparentes, invite à la farniente, mais les randonnées organisées ne sont pas à manquer, avec chevaux et ânes qui paissent dans les vastes espaces et infrastructures adéquats. N'hésitez pas à profiter des petits plats et mets à emporter proposés pour les pique-niques de vos escapades.

Village de Monestiés, Tarn.

L'AUBERGE OCCITANE €€

Boulevard Lices-de-l'Est
✆ 05 63 80 73 41
Fermé de décembre à mars. Ouvert 7j/7 le midi, vendredi et samedi le soir. Été : 7j/7 9h-2h. Carte : 28 € environ.

C'est d'un lieu au cadre enchanteur dont on vous parle ici. L'Auberge Occitane a tout d'une grande : un service efficace et bienveillant, un cadre agréable propice à la détente, une cuisine qui met en valeur les producteurs locaux et le terroir tarnais, on frise la perfection. A l'ombre de la glycine de ce relais postal du XIVe siècle ou à l'intérieur de l'auberge, l'esprit et le ventre trouvent tous deux le repos. Dans l'ensemble, les mets sont tous de qualité et la carte possède de belles propositions qui sortent souvent de l'ordinaire.

LAC DE LA ROUCARIÉ

Lac de la Roucarié
✆ 05 63 63 14 03
www.cc-segalacarmausin.fr
Accès libre. Baignade autorisée et surveillée en juillet et août de 11h à 19h dans la zone délimitée.

Ce lac de 60 hectares - le plus grand du département - est le terrain de jeux de nombreux résidents et touristes du département. Il est idéal pour pratiquer de multiples activités : baignade (surveillée sur la rive d'Almayrac pendant la haute saison), aviron, planche à voile, bateau à pédales, pêche, équitation... Pour les plus courageux, un circuit pédestre de 7 km est dessiné autour du lac. Quant à ceux qui viennent en famille, ils seront ravis de trouver dans les environs une aire de pique-nique avec barbecue ainsi que des jeux pour enfants.

TEILLET

Niché sur les premiers contreforts du Massif Central, à 500 mètres d'altitude, le village de Teillet (du latin tilhetum signifiant « lieu planté de tilleuls ») s'étire entre la vallée du Lézert et le lac de la Bancalié, des eaux duquel émerge le château de Grandval. Parcourrez ses deux vallées les plus profondes, elles sont sillonnées par le Lézert, qui alimente le barrage de la Bancalié, et le Dadou, qui se jette dans le lac de Razisse en bordure du territoire. Elles présentent de jolies randonnées. La cité de caractère est aussi traversée par la Méridienne Verte, elle permet aux sportifs et curieux de pratiquer bon nombre de balades et activités.

CHÂTEAU DE GRANDVAL ★

Grandval
✆ 05 63 55 39 14
www.tourisme-tarn.com/patrimoine-culturel/chateau-de-grandval
Ne se visite pas.

Face à lui, on se croirait tout droit sorti d'un film, ou d'une splendide carte postale. Le château de Grandval apparaît bien souvent comme une vision pour qui le découvre au détour d'une balade. Il faut dire que depuis la construction du barrage de Razisse, ses ruines sont encerclées d'eau, le transformant malgré lui en îlot majestueux. Il se découvre à distance pour des raisons de sécurité, normal puisque le risque d'écroulement des murs demeure à tout moment. Le belvédère de Mont-Roc offre un sublime point de vue sur le château.

CAMPING LES MONTS D'ALBI**** €€

29, rue Baron-de-Solignac ✆ 05 63 55 74 45
camping-les-monts-d-albi.com
Fermé de mi-novembre à avril. Emplacement de 18 à 28 €. Chalets de 274 à 770 €/semaine. Restauration. Mini-ferme.

M. et Mme Warnet sont les propriétaires de ce mini-complexe de loisirs : un camping avec de grands emplacements, des chalets tout confort (de 35 à 40 m², avec séjour, cuisine, salle d'eau, w.c., deux chambres) pouvant accueillir jusqu'à six personnes, une mini-ferme qui séduira petits et grands, des animations (piscine, volley, pétanque, ping-pong, soirées) et un snack-bar sur place. Egalement de nombreuses randonnées à faire dans le coin, des loisirs nautiques à Razisse et à la Bancalié... Voilà ce que l'on appelle des vacances bien remplies !

PUECH NOLY €€

Lieu-dit Puech Noly
MONT-ROC
✆ 06 40 31 53 16
Gîtes de France (4 épis). De 420€ à 560€/semaine, de 60 à 80€/nuit. Service de ménage. Lave-linge, lave-vaisselle.

C'est dans le cadre quasiment intact de Mont Roc que Pascale et Michel ont installé leur gite tarnais. Au cœur de cette nature sauvage et à proximité du lac de Razisse, le corps de ferme du XVIIIe siècle qui fait aujourd'hui office de maison de vacances caresse de son regard l'horizon. Ce nid allie authenticité et décor contemporain car - si le couple a conservé la charpente en châtaigner et les murs en schiste roux - ils ont aménagé cette ancienne dépendance dans un esprit studio. Espace cuisine, terrasse, salle d'eau : le gite est tout équipé.

SIDOBRE ET MONTS DE LACAUNE

La destination du Sidobre et des monts de Lacaune est une terre de rocs, d'eau et d'histoire qui repose au sein du Parc naturel régional du Haut-Languedoc. Ce secteur, qui est le plus sauvage du département, est sillonné par de nombreux sentiers de randonnée, ponctué de villages pittoresques et marqué par plusieurs créations géologiques qui défient les lois de la gravité telles que la Peyro Clabado. Il faut dire que le Sidobre est le plus grand plateau granitique d'Europe, ce qui fait de lui le paradis des géographes. Cependant ils ne sont pas les seuls à tomber sous le charme de cette contrée. En effet, les randonneurs, cyclistes et pêcheurs trouvent ici de quoi s'exercer et s'amuser. Une fois l'effort réalisé, le réconfort se fera à table, autour d'une des délicieuses charcuteries de Lacaune, l'un des grands emblèmes du terroir tarnais. C'est un territoire de plaisirs qui provoquera de nombreux coups de cœur.

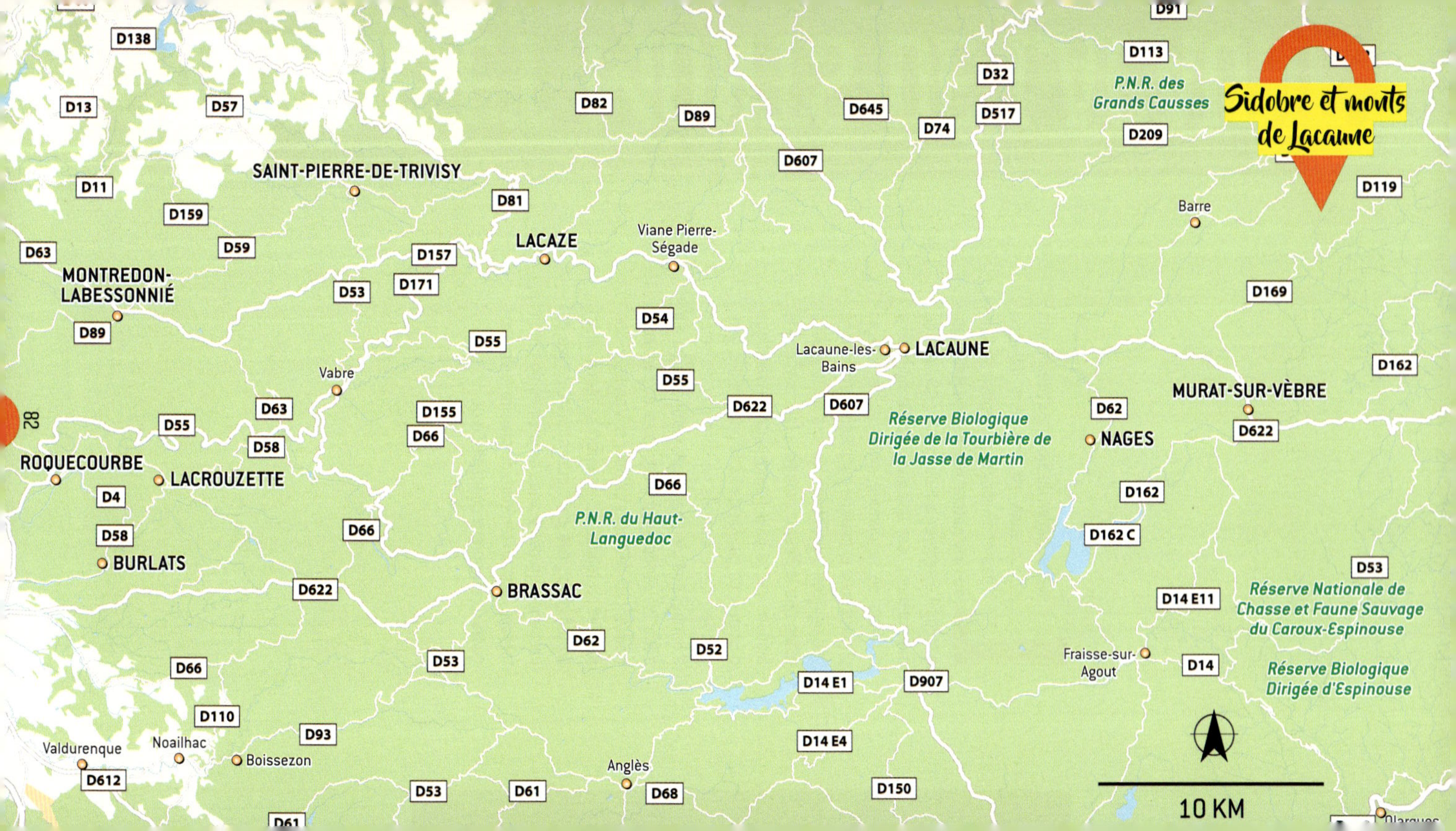
Sidobre et monts de Lacaune
P.N.R. des Grands Causses
SAINT-PIERRE-DE-TRIVISY
LACAZE
Viane Pierre-Ségade
MONTREDON-LABESSONNIÉ
Vabre
Lacaune-les-Bains
LACAUNE
MURAT-SUR-VÈBRE
Barre
NAGES
Réserve Biologique Dirigée de la Tourbière de la Jasse de Martin
ROQUECOURBE
LACROUZETTE
BURLATS
P.N.R. du Haut-Languedoc
BRASSAC
Réserve Nationale de Chasse et Faune Sauvage du Caroux-Espinouse
Réserve Biologique Dirigée d'Espinouse
Fraisse-sur-Agout
Valdurenque
Noailhac
Boissezon
Anglès
10 KM
D138
D13
D57
D82
D89
D645
D74
D32
D517
D113
D91
D209
D119
D607
D11
D159
D81
D63
D59
D157
D53
D171
D54
D169
D89
D55
D162
D55
D622
D607
D62
D622
D63
D155
D55
D66
D58
D4
D66
D162
D58
D66
D162 C
D622
D53
D14 E11
D62
D52
D66
D53
D14 E1
D907
D14
D110
D93
D14 E4
D612
D53
D61
D68
D150
D61

PAGES

●● SIDOBRE ET MONTS DE LACAUNE

84

84 BRASSAC

86 LACAZE

87 LACAUNE

92 MURAT-SUR-VÈBRE

94 NAGES

95 SAINT-PIERRE-DE-TRIVISY

© GOUMI - SHUTTERSTOCK.COM

Plateau granitique de Sidobre.

BRASSAC

Si le temps semble s'être arrêté dans cette commune tarnaise, c'est parce que les murs de ses demeures et les ruelles de son centre conservent encore les silhouettes et cicatrices de son histoire. L'épopée de cette ville des Monts de Lacaune commence au IVe millénaire avant notre ère, et il nous reste de ce premier campement des vestiges néolithiques, ainsi que des statues-menhirs s'érigeant çà et là dans la campagne avoisinante. La légende voudrait qu'un chef gaulois, Baccius, ait donné son nom à la ville. On sait avec plus de certitude encore que les Sarrasins, battus par Charles Martel, trouvèrent ici un refuge. Au Moyen Age, on bâtit un pont entre les deux agglomérations, Brassac-de-Castelnau et Brassac-de-Belfortès. L'une étant catholique et l'autre réformée : elles se livreront une guerre sans merci jusqu'à la victoire des calvinistes, le 21 juin 1569. La paix recouvrée, le bourg puisera par la suite sa fortune dans l'industrie textile et les forges installées sur les gisements de fer de la commune. Aujourd'hui, village de caractère, Brassac offre à tous les regards ses trésors d'architecture, ses vieilles pierres et laisse présager de nombreux secrets que le rire cristallin de la rivière s'emploie à étouffer.

GALERIE DES PANIERS

Place de l'Hôtel-de-Ville
✆ 05 63 74 00 18
brassac.fr

Ouverture le lundi, mardi, mercredi et jeudi de 9h à 17h. Le vendredi de 9h à 12h. Gratuit.

Le musée de la Vannerie vous est proposé dans une salle attenante à la mairie. On y découvre pas moins de 300 objets de vannerie répertoriés et classés : paniers, corbeilles, chaises… Une exposition permanente d'objets qui déclinent ici tout un savoir-faire. Depuis plus d'une décennie, la MJC de Brassac organise la « Rencontre avec la Vannerie » fin avril. Le public peut s'adonner à des initiations de vannerie sur arceau, découvrir la galerie et la spécificité de ces objets qui font partie du patrimoine et de l'histoire du milieu rural.

LES ROCHERS ET LA MAISON DU SIDOBRE

56, route du Lignon
LE BEZ
sidobre-vallees-tourisme.com

Ouvert tous les jours. Fermé les week-ends d'hiver et durant les vacances de Noël.

Au nord de Castres, découvrez le Sidobre ! Ce pays de rocs et d'eau, intégré au parc naturel régional du Haut-Languedoc, est le plus grand plateau granitique d'Europe. Quels mystères cache la Peyro Clabado (la pierre clouée) ? Avec ses 800 tonnes elle défie la pesanteur, en équilibre sur un roc de moins d'un mètre carré ! Escale incontournable : l'Espace muséologique, créé pour mieux comprendre cette roche mère et son travail, de l'extraction à la transformation.

MUSÉE DU PROTESTANTISME DE LA RÉFORME À LA LAÏCITÉ ★

La Ramade - **FONTRIEU**
✆ 05 63 74 05 49
www.mprl.fr

Fermé du 15 décembre au 15 mars (visite sur réservation pour les groupes hors saison).
Adulte : 5€. CB non acceptée.

Installé dans un espace totalement rénové, ce musée retrace l'histoire du début de la Réforme, jusqu'à la laïcité. Cinq siècles d'histoire protestante dans le Tarn, mais aussi l'entrecroisement avec catholicisme, judaïsme et laïcité. « Qu'est-ce que la religion ? Quelles sont les origines du pouvoir et sa légitimité ? », toutes ces questions seront creusées. Moments forts de la visite : les guerres de Religion, l'Édit de Nantes et sa révocation, le temps du désert…

AUBERGE DU TILLEUL €€

Guyor Haut - **LE BEZ** ✆ 05 63 74 01 84
www.auberge-tilleul.com

Pension complète et demi-pension. 7j/7 le midi, vendredi et samedi soir sur réservation (accessible aux hôtes).

Entre les monts de Lacaune et le Sidobre, la famille Cros accueille ses hôtes chaleureusement depuis plus de 5 générations dans leur charmante petite auberge. Le décor campagnard est intact, avec un mobilier en bois agrémenté de bouquets de fleurs séchées. La grande spécialité de la maison, reconnue des habitués, est la poule au pot sur réservation le premier dimanche du mois. Accueil et formules pour les groupes également. Les chambres sont très classiques, mais confortables pour le tarif et possèdent une localisation formidable pour découvrir le pays.

CAMPING MUNICIPAL LA LANDE** €€

Quai de la Lande ✆ 06 06 91 52 94
brassac.fr/lecamping

Ouvert de mars à octobre. 45 emplacements. Emplacement à partir de 16,44 €. Barbecue. Piscine extérieure. Tennis. Pêche.

Ce petit camping à dimension humaine est tenu avec sourire et dynamisme par Grand Richard. Dans un cadre verdoyant et apaisant, il a aménagé 45 emplacements ombragés qu'il met à la disposition des vacanciers à la recherche de confort pour leurs vacances estivales. Sur place, plusieurs équipements les attendent : barbecue, ruisseau à truites et à écrevisses, boulodrome, sentiers de marche, terrain de foot à proximité et la piscine municipale à une dizaine de minutes à pied.

LA GRANGE AUX ÂNES €€

Le Sécun Haut
LE BEZ
✆ 05 81 43 06 88

Ouvert toute l'année. Week-end : 135 €. Semaine : de 310 à 460 €.

Cette adorable petite maison ancienne aux volets bleus est située au cœur du Sidobre, dans le parc naturel régional du Haut-Languedoc. Ce joli gîte est composé d'une cuisine, d'un salon et de deux chambres. Son extérieur dispose d'une terrasse et d'un barbecue, parfait pour les longues journées d'été. Sur place, les propriétaires vendent des produits de leur basse-cour et leur jardin : œufs, confitures maison, plantes aromatiques, légumes... A proximité, de nombreuses activités sont disponibles : randonnée à dos d'ânes, circuits VTT, baignade en rivière...

CHAMBRE D'HÔTES D'OMS €€

Oms - **CAMBOUNES** ✆ 05 63 74 54 89
www.gites-tarn.com/fiche-G2044.html

Gîtes de France (3 épis). Chambre double à partir de 55 €. Connexion Internet. Wifi.

Niché entre la vallée de la Durencuse, les Monts de Lacaune et les rochers du Sidobre, ce gite de choix repose à 600 m d'altitude. Aménagé de la meilleure des façons, c'est-à-dire en conservant l'authenticité et le charme de l'ancien tout en y ajoutant du confort, il procure une véritable bouffée d'air frais à ses invités. Au gite s'ajoute une chambre d'hôte dans la ferme du domaine. Tout équipée, elle accueillera à merveille les couples pour un séjour proche de la nature. Cet ensemble est doté d'un jardin spacieux et d'une belle terrasse.

CHEZ LES ENFANTS DU MEUNIER €€

410, route du barrage
LE BEZ
✆ 05 63 73 02 88

Ouvert toute l'année. Week-end 130 €, semaine à partir de 380 €.

Un gîte de pêche dans un moulin au fond d'une vallée verte et sauvage. Cet ancien moulin seigneurial a été remis en service avec une turbine hydroélectrique pour produire de l'électricité verte. Gabriele et Jean-Pierre proposent des gîtes confortables et éco-responsables. Taquinez la truite en bas du gîte (mars-sept). Visite commentée du Moulin offerte durant votre séjour. Et Jean-Pierre est intarissable sur l'histoire locale, la croisade des Albigeois, les guerres des Religion.

LA GARRIGUE - CHEZ MICHEL €€

La Garrigue - **SAINT-SALVY-DE-LA-BALME**
✆ 05 63 48 83 01
www.gites-tarn.com/fiche-G1389.html

Gîtes de France (2 épis). A partir de 78,50 €/nuit. Jeux pour enfants. Lave-linge, lave-vaisselle. Tv satellite.

Dans ce discret hameau typique du Sidobre, composé de vieilles maisons en pierres et de paysage arboré, le gite de La Garrigue est une halte bien sympathique. L'hébergement est installé au cœur du village et offre une vue assez dégagée sur les environs. Il se compose d'un coin-salon, d'une cuisine, de deux chambres et d'une salle d'eau, pour l'intérieur, et d'un jardin et d'une piscine à partager pour l'extérieur. C'est le gîte idéal pour découvrir l'étonnant site du Sidobre.

LE MOULIN DE RECORD €€

Pont de Ferrières - **LE BEZ**
✆ 05 63 73 02 88
gites-peche-tarn.fr

Gîtes de France (3 épis). Gîte : de 380€ à 550€/semaine. Chambre d'hôtes/studio (septembre à juin) : dès 525€/semaine.

Il était une fois un moulin du XVIIe siècle, perdu au fond d'une vallée sauvage, en plein cœur du Sidobre. Restauré avec goût entre 1996 et 2003, l'établissement a été reconverti en gîte, mais les meules continuent de tourner pour le plus grand plaisir des visiteurs. Les propriétaires, Gabrielle et Jean-Pierre, vous accueilleront dans l'un de leur gîtes (de 2 à 4 personnes) ou dans leur chambre d'hôte « le Pilou ». De nombreuses activités de plein air ainsi que la visite du moulin sont proposées pour découvrir ce lieu magique, chargé d'histoire et d'émotion.

SIDOBRE ET MONTS DE LACAUNE

CAFÉ DE PARIS €€

8, place de l'Hôtel-de-Ville
05 63 74 00 31
Ouvert du mardi au dimanche de 9h à 23h. Menus de 14 € à 32 €. Vin au verre. Accueil des groupes. Terrasse.

Depuis 2014, Arnaud Caré anime cette table campagnarde centenaire au goût bien d'aujourd'hui. En cuisine, le chef mitonne de bons petits plats à l'aide de produits délicieusement locaux, à l'image de la gaufre de chèvre, de la brick de museau grillé ou encore du confit de canard. Très canaille, cette adresse a su séduire les palais montagnols et le nôtre. Bonne nouvelle : depuis 2018, Arnaud propose également huit chambres rénovées. Une halte de qualité pour ceux qui souhaitent séjourner dans un cadre authentique, pensé dans l'esprit d'un relais de poste.

CARRIÈRE DU SIDOBRE

2228, route de Castres
SAINT-SALVY-DE-LA-BALME
05 63 50 54 96
www.plo.fr

Situé à 80 km de Toulouse, le Sidobre est un énorme bloc de pierre aussi long que large et profond (10 kilomètres de chaque côté). Le territoire abrite ainsi une vingtaine de carrières d'extraction du granit, dont la plus grande en France : la carrière Plo. Celle-ci produit ainsi 25 000 m^3 de blocs par an, soit la moitié de la production totale tarnaise ! Son granit gris bleu, baptisé Granit du Tarn Silverstar, présente de nombreux atouts : exempt de tâche noire et de pyrite -qui favorise la rouille- il est d'une grande homogénéité et très résistant à l'usure.

VINS TERROIRS ET FLEURS

5, allée du Château
05 63 50 03 86
Ouvert du mardi au dimanche de 9h à 12h ; du mardi au samedi de 15h à 19h.

De nombreuses promesses se dégagent de ce nom évocateur, notamment celle d'y trouver des nectars et des senteurs qui représentent l'essence même du Tarn. Si cela semble compliqué, Valérie l'a fait ! Animée d'une passion dévorante pour les jolies choses et l'authenticité, elle a repris ce magasin de cadeaux il y a quelques années. Sur les étagères, vins bio, poteries, fleurs coupées, bougies, confitures, thés et autres décorations se mêlent à la manière d'une brocante, dans un joyeux bazar qui illustre parfaitement l'esprit, le cœur et les goûts de la patronne.

LES ÉCURIES DE LA SABATARIE

Hameau de la Sabatarié - **CAMBOUNES**
06 48 70 93 23
www.ecuriesdelasabatarie.fr
Gîtes : à partir de 45€/nuit. Grand gîte (28 places) : 420€/nuit. Yourte : dès 60€/nuit. Séjour équitation dès 365€.

La ferme équestre de Pascal et Magali domine la vallée sauvage de la Durencuse, au cœur du Parc régional du Haut Languedoc. Des randonnées pour adultes de 2 à 8 jours, avec hébergement en gîtes, vous y seront proposées hors vacances scolaires. Pendant les vacances, ce sont des randonnées pour les jeunes (à partir de 10 ans) qui seront disponibles, avec des pur-sang arabes ou issus d'arabes. La Sabatarié propose également la location de gîtes variés, allant de 2 à 28 personnes.

LACAZE

Au cœur des Monts mystérieux de Lacaune, la petite bourgade de Lacaze et ses 300 âmes semble tout droit sortie d'un conte. Ses ruelles millénaires et son château médiéval reconstruit au XVIe siècle dégagent un charme irrésistible qui ne laisse pas indifférents les promeneurs qui s'y aventurent. Si la commune est un terrain de choix pour flâner dès les premières lueurs du soleil, les environs possèdent aussi quelques arguments. On vous conseille notamment d'aller découvrir la petite chapelle rurale gothique de la tour de Saint-Jean-del-Frech du XVIe siècle ou encore la spectaculaire cascade du Saut de la truite, à Saint-Michel-de-Léon.

BUREAU D'INFORMATION TOURISTIQUE DE LACAZE

1, place du château 05 63 50 48 69
sidobre.tourisme-tarn.com
Eté : du mardi au dimanche 15h-18h. Juin/septembre : mercredi au dimanche 15h-18h. Avril/mai/octobre : week-end 15h-18h

Du printemps au début de l'automne, le bureau d'information touristique de Lacaze opère pour faciliter vos séjours. Pour passer des vacances sans stress et ne rien rater de ce que la région a à offrir, un passage sur place est un arrêt indispensable. En plus de vous conseiller sur les meilleures adresses de la commune et de ses environs, l'équipe vous transmettra des brochures sur la pêche, la randonnée et les visites proposées dans le secteur. De quoi s'assurer des vacances réussies !

LACAUNE

Cette jolie cité aux toits d'ardoise culmine à 900 m d'altitude. Située à la croisée des climats méditerranéen, océanique et montagnard, elle possède des paysages colorés allant du vert foncé de ses forêts de résineux au bleu de ses lacs. Si la beauté de ses panoramas séduit, la ville offre aussi une belle introduction à l'histoire tarnaise grâce à ses vestiges, ses musées et les visites organisées par son office de tourisme. Lors de votre passage, vous comprendrez rapidement que l'un des plus grands trésors de Lacaune est culinaire. En effet, la réputation de la commune est intrinsèquement liée au talent de ses bouchers et charcutiers.

CHEMIN D'INTERPRETATION DES MILIEUX NATURELS

Vallée du Gijou

✆ 05 63 74 54 05

La vallée du Gijou s'étire entre Lacaune et Vabre, un site classé Natura 2000. Ce sentier est né de la volonté de faire connaître cette zone définie par la rareté et la fragilité des habitats, espèces animales et végétales associées qui le composent. Long de 30 kilomètres, il passe sur le tracé du sentier du petit train et se prolonge dans la vallée à partir de Sénégats. A plusieurs endroits, des panneaux d'interprétation permettent de comprendre la spécificité et l'intérêt du site.

CAMPING LE JARDIN*** €€

7, rue du Pont Vieux

✆ 07 83 80 20 69

Ouvert du 15/03 au 15/11. Emplacement dès 12,50 €. Bungalows de 170 à 400 €/sem. Tente équipée de 100 à 300 €/sem.

Voilà une adresse bien sympathique au cœur du Tarn ! Dans le camping, vous aurez le choix entre plusieurs hébergements de charme très confortables : tentes équipées, bungalows, chalets locatifs... Vous trouverez forcément une offre à votre goût ! Tous ces repères bénéficient d'un environnement calme. En plus des nombreux équipements intérieurs et extérieurs (piscine, location de vélos, boulodrome, etc.), le camping abrite un coin restauration qui séduit les gourmands du petit déjeuner au dîner et leur permet de déguster des spécialités des Monts de Lacaune.

LA CASE NATURE €€

La Bessède

✆ 05 63 37 50 17

www.lacasenature-tarn.com

Week-end à partir de 140 € en chalet deux personnes, à partir de 220 € en gîte pour six personnes.

Vous avez envie de calme, de sérénité, d'être en contact avec la nature, avec des gens authentiques ? Ne cherchez pas plus loin, vous êtes arrivé. Ce site est perdu au milieu d'une végétation luxuriante, idéal pour les familles, les randonneurs ou les chercheurs de champignons. Deux chalets et un gîte, tout équipés et indépendants, vous attendent. Les cavaliers et cyclotouristes trouveront des équipements adaptés pour faire passer la nuit à leur monture en toute sécurité. N'hésitez pas à profiter de la table d'hôtes et de ses nombreux produits régionaux.

FILATURE RAMOND ★

Rue Rhin-et-Danube

✆ 05 32 11 09 45

www.tourisme-montsdelacaune.com

Réservation en ligne. Gratuit jusqu'à 12 ans. Adulte 4 €. Ticket « Maison de la Charcuterie + Filature Ramond » 5 €.

Inscrite à l'inventaire supplémentaire des Monuments historiques, la filature Ramond consacre ses murs aux techniques de filage à l'ancienne. Cette haute bâtisse, qui servait autrefois d'atelier, permet de se projeter à l'époque de la Révolution Industrielle, notamment grâce à la présence de ses machines de 1841, toujours en état de marche. L'ensemble fonctionne grâce à un système de poulies et de courroies sur deux niveaux. Drousse, réunisseuse, autres cardes et métiers à filer s'activent encore pour que la laine, arrivée brute, devienne peu à peu fil.

LA MAISON DE LA CHARCUTERIE

3, rue de Biarnès ✆ 05 63 37 46 31

www.tourisme-montsetlacsenhautlanguedoc.com

Visite libre du 15 juin au 15 septembre, du lundi au samedi de 14h à 18h. Adulte 3 €. Jeu de piste (à partir de 7 ans).

Capitale de la charcuterie, il manquait à Lacaune un temple dédié à ce savoir-faire et à l'artisanat. Cette maison-musée comble ce manque. On y découvre les techniques d'antan et les modernes, les outils du passé et les actuels, les labels, démarches qualité, innovations... Et au centre de cet espace, le temps est laissé à la découverte de l'élevage des cochons et du *masèl*. La visite de la maison se conclut par une dégustation des spécialités de Lacaune, dont ses fameux jambons.

MUSÉE DU VIEUX LACAUNE ★

Place du Griffoul
✆ 05 63 37 25 38
www.museeduvieuxlacaune.fr
Fermé d´octobre à avril. Été : 7j/7 de 10h-12h et de 14h30-18h (sauf lundi matin). Autres : du mardi au samedi 15h-18h.

Dans cette vieille maison du XVIe siècle, le visiteur est invité à découvrir le quotidien des Lacaunais du Grand siècle jusqu'à l'Occupation, au travers de reconstitutions historiques : salle de classe, cuisine, chambre du XIXe siècle, vieilles rues du village... Parmi les éléments exposés, des coiffes et chaussures racontent la mode de l'époque et des outils agricoles brossent le quotidien des métiers de la terre avant le XIXe siècle. La visite se poursuit avec l'histoire thermale de la cité et les légendes qui peuplent ses glorieuses campagnes.

LE ROC DE MONTALET ★

Hameau des Vidals
Accès libre.

Accessible depuis le hameau des Vidals, le pic de Montalet est le point culminant du département, soit 1 259 m d'altitude. Ne repartez pas sans y être monté : le panorama au sommet est magnifique. Sur ses hauteurs, la statue de la Vierge veille sur Lacaune et sa vallée depuis 1882. On raconte qu'elle aurait épargné à la cité thermale les foudres du Diable lorsque celui-ci, furieux d'avoir été volé par un gredin de Lacaune, décida de se venger. Un sentier balisé vous permet de gravir ce roc tout en découvrant les richesses de sa nature remarquable.

LA PIERRE PLANTÉE

La Pierre plantée
Accès libre.

La Pierre Plantée est considérée comme l'un des plus hauts menhirs d'Europe. Classé monument historique, le poids de ce mégalithe avoisinerait les 9,5 tonnes. Planté et bien planté, donc. En comptant la partie enterrée, la pierre mesure 4,50 mètres de long pour 1,85 mètre de large et l'on peut encore y deviner quelques gravures millénaires. Elle se détache avec fierté au milieu d'un paysage verdoyant que domine le roc du Montalet, observant le monde depuis cinq mille ans. C'est une chose à admirer sans retenue, il faut faire le détour absolument.

OFFICE DE TOURISME DE LACAUNE-LES-BAINS

Place du Général-de-Gaulle
✆ 05 32 11 09 45
www.tourisme-montsetlacsenhautlanguedoc.com
Ouvert du mardi au samedi 10h-12h/14h-17h. Haute saison : du lundi au samedi 9h30-12h30/14h-19h, dimanche 10h-12h30.

Vous êtes à la recherche de renseignements, de conseils ou d'idées pour profiter au mieux de votre séjour ? Vous pouvez faire confiance à l'équipe de l'office de tourisme de Lacaune pour vous aider ! Sur place, elle dispose de nombreuses brochures qui pourront inspirer des excursions de toutes sortes. Vous pourrez également prendre en note leurs recommandations en matière de restaurants et hébergements. En tant que locaux, ils connaissent les moindres recoins du territoire !

Lacaune et ses environs.

LE CHEMIN DU PETIT TRAIN

Place du Général-De-Gaulle
✆ 05 63 37 04 98
www.lacaune.com

Rendez-vous au pont de Carausse ! Aménagée sur une ancienne voie ferrée, cette Voie verte de 7 km évolue au pied du massif des monts de Lacaune, offrant aux sportifs un cadre montagneux des plus plaisants. Mais gare ! Montagne est aussi synonyme de pente : celle qui vous attend évolue en moyenne à 3%. Si elle n'est pas d'une impossible difficulté, elle demandera un peu d'efforts. Vous progressez dans une vallée boisée, franchissant les tunnels et viaducs du site de Gourp Fumant ; bref, pas le temps de vous ennuyer ! Bientôt, vous rejoindrez le Bouissas.

LA POMMERAIE DE COULOUBRAC €

Couloubrac le Haut ✆ 05 63 74 86 39
www.couloubrac.com

Chambre simple de 55 € à 60 € ; chambre double de 65 € à 70 € ; chambre triple de 95 € à 110 €. Petit déjeuner inclus.

Perdue au milieu de la forêt du Haut-Languedoc, cette ancienne ferme restaurée aux volets rouges, rappelant les nombreux pommiers qui l'entourent, dans un cadre champêtre, est une ancienne exploitation cidricole. Que l'on opte pour l'une de ses cinq chambres d'hôtes ou pour le petit chalet en bois préservé, à l'écart au fond des bois, on vient chercher ici le goût de l'authentique, du calme et du repos. Aline est une hôte attentionnée qui prépare chaque matin de nouveaux mets.

CAMPING DES SOURCES CHAUDES**** €€

Domaine de Saint-Michel
✆ 05 63 37 22 39
www.campinglacaune.fr

Emplacement dès 13 €. Bungalow de 225 à 720 €/semaine. Mobil-home de 234 à 630 €/semaine. Piscines. Hammam. Sauna.

Certains disent qu'il est difficile d'associer vacances familiales et repos, les autres séjournent au Camping des Sources Chaudes. Planté sur le Domaine de Saint-Michel, ce havre de paix prend la forme d'un établissement haut de gamme. Ici, tous les hébergements proposés seront aménagés de façon à assurer votre tranquillité et votre confort. Mais ce n'est pas tout ! Le camping est également le décor de nombreuses animations et le terrain de plusieurs activités.

SALAISONS OBERTI

Chemin de Granisse
✆ 05 63 37 00 21
www.oberti.fr

Fermé en hiver. Visite libre : du lundi au samedi 9h30-11h15/14h30-16h45 (17h45 en été). Visite guidée en été.

La célèbre maison de salaisons Oberti a ouvert un musée consacré aux jambons de Lacaune. Sur place, toutes les étapes sont présentées. La balade vous fera traverser un séchoir de 12 000 jambons, où les effluves du séchoir vous chatouilleront les narines. Anciennes machines et objets d'époque seront détaillés au gré de la visite. Une vidéo sur les autres activités de l'entreprise vous sera projetée et une démonstration de tranchage sera réalisée par le maître salaisonnier. Pour finir, une dégustation des principales spécialités de la maison sera organisée.

© SALAISONS OBERTI

© SALAISONS OBERTI

CHÂTEAU DE CALMELS €€

Rue de la Côte-de-Calmels
✆ 05 63 37 29 67
www.chateautarn.fr

Gîte du 1/04 au 31/10. Capacité de 20 à 200 personnes. A partir de 19€/nuit et par personne. Réceptions. Piscine. Parc.

Perché sur les hauteurs de Lacaune-les-Bains, ce château des XVIe et XIXe siècles se situe au cœur d'un grand parc qui abrite un arboretum, un parcours de santé et le départ de sentiers de randonnée. Transformé en gîte de groupes avec trois salles de réception, il est idéal pour l'organisation de séminaires, d'anniversaires et de réceptions. Les dix-sept chambres sur deux étages comprennent de un à quatre lits simples, non superposés. Une cuisine équipée, une salle à manger, un congélateur, une machine à laver, un salon et une salle avec TV sont à disposition.

HÔTEL-RESTAURANT À LA MAISON €€

4, place de la Vierge ✆ 05 63 37 03 28
www.alamaison-calas.fr

Hors saison : du lundi au jeudi midi/soir, le samedi soir et le dimanche midi. Été : du lundi au dimanche midi/soir.

Le Calas tire sa révérence ! Après plus de quarante ans au service des estomacs des Lacaunais, Claude et Annie ont pris leur retraite au printemps 2017. C'est désormais Emmanuelle et Christophe Azam qui font chanter les casseroles et saliver les babines des becs fins du coin. Rebaptisé «À la Maison», l'hôtel-restaurant n'a rien perdu de sa superbe ! Dans l'assiette comme dans le verre, les saveurs incarnent dans toutes leurs richesses l'amour qu'éprouve ce couple pour le terroir.

HÔTEL-RESTAURANT LE RELAIS DE FUSIÈS*** €€

2, rue de la République ✆ 05 63 37 02 03
www.hotelfusies.fr

Chambre simple dès 65€, double dès 79€, triple à partir de 95€, suite à partir de 115€. Restaurant sauf le lundi midi.

Labellisé Logis de France, cet ancien relais de diligence du XVIIIe siècle a traversé le temps pour nous offrir un cadre de caractère et de charme au confort moderne. Rénové avec goût et raffinement, l'hôtel nous ouvre les portes de 30 chambres rénovées, aux salles de bains originales et wifi gratuit. Côté restaurant, vous serez enchanté par la cuisine traditionnelle du chef, Julien Fanjaud, dans la salle aux superbes murs peints d'immenses panneaux à la façon du XVIIIe siècle.

EAU MONT ROUCOUS

Puech del Vert
✆ 05 63 37 02 09
www.mont-roucous.com

C'est au cœur du Parc naturel régional du Haut-Languedoc, à 1 000 mètres d'altitude, que se cache la source de l'eau minérale Mont Roucous. Le « filon » a été découvert en 1973 par Joseph Combes, un Lacaunais convaincu des bienfaits de ce précieux liquide, « labellisé » eau minérale naturelle en 1993. L'eau Mont Roucous, par sa composition faiblement minéralisée, convient à tous les âges de vie, sans exception. Un temps aux mains du groupe Danone, Mont Roucous est aujourd'hui la propriété de Jean-Claude Lacaze, un entrepreneur d'origine tarnaise.

L'ELIXIR DE JOUVENCE €€

13, rue de la Mairie
✆ 06 72 84 52 40

Du mardi au jeudi 10h-14h/18h30-22h, vendredi et samedi 10h-14h30/18h30-0h, dimanche 11h-14h30. Carte : 28€ environ.

Au sein de cette adresse de Lacaune, le bonheur est à portée de coups de fourchette ! On se régale les yeux fermés de plats inspirés de la région et on profite d'un accueil qui contribue à la réputation des gens du Sud. Parfaitement à l'écoute et dynamique, l'équipe assure un service à la fois convivial et efficace, une information comme celle-ci mérite d'être relayée ! Et l'adresse continue de nous épater avec sa cuisine. Entre assiette de charcuterie de Lacaune, magret de canard au miel et desserts gourmands, le ventre n'a pas fini de sourire.

MARCHÉ DE LACAUNE

Place Général-de-Gaulle

Tous les dimanches de 8h à 13h.

Sur ce marché traditionnel, vous trouverez tous les produits emblématiques du terroir des Monts de Lacaune : charcuterie de pays, fromages frais, chips de barre, etc. Issus de productions locales, souvent familiales, ils sont tous très authentiques. Faites comme les milliers de gourmands qui s'y arrêtent chaque année et découvrez ses étals remplis de confitures maison, fruits et légumes, cèpes et autres châtaignes, tout ce qu'il faut pour se faire plaisir et répondre aux grands appétits. N'hésitez plus, prenez votre cabas et allez chercher vos délices.

Col de Picotalen - Randonnée nordique.

COL DE PICOTALEN - RANDONNÉE NORDIQUE

Place du Général De Gaulle ✆ 05 32 11 09 45
www.tourisme-montsetlacsenhautlanguedoc.com

3 circuits balisés. Piste de luge accessible gratuitement.

Quand on a la chance d'habiter ou de séjourner en altitude, il est des activités physiques qui coulent de source ! La randonnée nordique en est un parfait exemple. Au col de Picotalen, trois itinéraires balisés sont praticables en raquettes et en ski de fond. Si vous êtes débutant ou peu entraîné, nous vous conseillons le plus court. Ses 3,6 kilomètres vous donneront déjà un bien bel aperçu des montagnes enneigées. Skis de fond, luges et raquettes sont en location à proximité.

LES FORÊTS DE LACAUNE

Forêt de Lacaune
www.lacaune.com

Accès libre.

Les environs de Lacaune sont composés de plus de 1 000 hectares de feuillus et résineux, de nombreux sentiers de randonnée et d'aires de pique-nique aménagées pour accueillir les visiteurs. Le taux de boisement des monts de Lacaune représente 55 % de sa surface, un taux extraordinaire qui symbolise à merveille le travail de conservation et de protection effectué par le département. La forêt est composée en majorité de feuillus, où domine le hêtre, logés sur les hauteurs et les versants des coteaux. Parfait pour s'aventurer dans la nature le temps d'une balade.

ESPACE DES SOURCES CHAUDES

Rue de la Balmette
✆ 04 67 97 59 09
www.espacedessourceschaudes-lacaune.com

Famille Plus. Ouvert tous les jours de 10h15 à 18h30. Label Tourisme & Handicap.

Lacaune était dans le temps une station thermale très réputée, aux eaux sortant à température idéale : 23 °C à la source, 28 °C en été et 30 °C en hiver. Aujourd'hui, la ville perpétue cette tradition avec l'Espace des Sources Chaudes et son eau naturellement chauffée. Sur place, le complexe aqualudique dispose d'espaces de remise en forme avec balnéo, spa, sauna, piscine, jeux d'eau, pentagliss, toboggan et rivière à contre-courant pour faire le plein d'émotions.

SENTIER « SUR LES TRACES DE L'ENFANT SAUVAGE »

Mairie
✆ 05 32 11 09 45

Ouvert de Pâques à la Toussaint. Accès libre. Juillet-août : visites guidées les mardi et jeudi sur inscription.

Ce sentier ludique a été créé au col de la Bassine, sur la route de Brassac, à 6 kilomètres de Lacaune. A près de 1 000 mètres d'altitude, l'itinéraire de 2,5 à 3 kilomètres dure 1 heure 30 maximum. Son circuit conduit à la découverte d'une nature bien préservée et des traditions et légendes qui ont rythmé son histoire. Pour mieux appréhender les différents éléments de ce sentier d'interprétation, des livrets adulte et enfant sont fournis aux participants.

CASINO DE LACAUNE

31, avenue de Naurois
✆ 05 63 37 00 12
Ouvert du lundi au vendredi de 12h à 1h ; le samedi et les jours fériés de 12h à 3h. Entrée gratuite. Restauration.

La casino de Lacaune offre un bel espace de jeux mais pas que ! Vous trouverez également sur place un bar, un restaurant d'une quarantaine de couverts et un club-dancing ouvert le samedi. Au bar, apéritif tous les soirs avec en-cas. Dès la fin des années 1920, le casino de Lacaune-les-Bains s'attirait à coups de danse, de jazz et de baccarat les faveurs d'une clientèle choisie. Les machines à sous ont remplacé aujourd'hui le baccarat, et le dancing s'est transformé en club. Une petite faim sur place ? Bonne nouvelle : le casino possède un restaurant, l'Ardoise !

BUREAU D'INFORMATION TOURISTIQUE DE MURAT

10, rue de la Salle des fêtes
✆ 05 32 11 09 45
www.tourisme-montsetlacsenhautlanguedoc.com
Hors saison : du lundi au samedi 9h15-12h15. Été : du lundi au vendredi 9h15-12h15/16h-18h, samedi 9h15-12h15.

Tout au long de l'année, le bureau d'information touristique de Murat vous accueille et vous livre toutes les informations nécessaires pour passer un séjour sans défaut au sein de la région des Monts et Lacs en Haut Languedoc. En plus des nombreuses brochures et cartes dont ils disposent, les membres de l'équipe de l'office vous livreront tous leurs bons conseils, ainsi que leurs adresses préférées. De quoi passer des vacances réussies et sans stress !

MURAT-SUR-VÈBRE

Installé sur les Monts de Lacaune, Murat-sur-Vèbre est niché à 900 m d'altitude, sur le chemin de Compostelle. Agriculture, salaison et artisanat font vivre ce joyau serti dans la forêt, qui conserve encore de nombreuses traces de son histoire ancestrale et spirituelle. On retrouve sur ces vallées la plus importante concentration de statues-menhirs d'Europe, accumulation qui suscite de multiples interrogations. De nombreux chemins de randonnée démarrent à Murat, mais vous pourrez aussi visiter le site de Boissezon-de-Masviel, antérieur au Xe siècle, dont il ne reste qu'une tour, ou le château de Canac en ruines, mais en cours de restauration.

CENTRE D'INTERPRETATION DES STATUES-MENHIRS

Office de tourisme de Murat-sur-Vèbre
www.murat-sur-vebre.fr
Visite libre. En été, l'office organise des circuits sur le thème des statues-menhirs et dolmens des monts de Lacaune.

C'est à la suite de dégradation sur ces monolithes que la commune a décidé d'y consacrer un espace à l'office de tourisme. Dans ce musée réaménagé, deux grandes salles d'exposition sont consacrées aux premiers paysans de la fin de la préhistoire, responsables de l'installation et de la gravure des statues-menhirs. Une douzaine de menhirs et divers outils et objets tels que des bijoux, des flèches et autres pierres taillées retrouvées dans les environs sont exposés. Passionnant !

MUSÉE DES BATTAGES ET DES ANCIENS TRACTEURS ★

Félines
✆ 06 81 06 69 00
Du 01/06 au 30/09 : tous les mercredis de 10h à 12h (uniquement après réservation auprès de M. Cros). Visite guidée.

Créée en 1986, l'association des battages à l'ancienne comporte plus de quatre-vingts machines qui fonctionnaient entre 1900 et 1960. La visite guidée du musée et de ses 70 tracteurs vous invite à découvrir une série de Lanz et de SFV, mais aussi des batteuses avec un batteur presse unique en Europe, des machines-vapeur de 1900, une motofaucheuse lieuse qui travaillait dans les champs pentus et un jardin botanique qui comprend plus de 150 végétaux issus de la flore régionale.

CAMPING MUNICIPAL LES ADRETS €

Les Adrets ✆ 05 63 37 41 16
www.campingtarn.com/fr/camping-municipal-les-adrets
Fermé du 1er novembre au 31 avril. 11 emplacements. Emplacement à partir de 8 €. Aire pour camping-cars.

Le camping municipal de Murat-sur-Vèbre possède 11 emplacements mi-ombragés et calmes. Situé sur une halte du chemin de Compostelle et au départ de nombreuses randonnées, il offre une pléiade de possibilités d'activités. De la promenade familiale aux circuits en itinérance, tous les types de trajets sont disponibles. A votre arrivée, pensez à vous rendre à l'office de tourisme de la ville, vous y trouverez toute la documentation nécessaire pour un séjour bien rempli.

GÎTE DE CAMBERT €€

Cambert

✆ 05 63 48 83 01

www.gites-tarn.com/fiche-G832.html

Bienvenue à la Ferme. Gîtes de France (2 épis). 3 chambres. Garage.

Situé dans un petit hameau isolé des monts de Lacaune, l'endroit est idéal pour se mettre au calme et s'évader du bouillonnement de la ville. Son implantation en pleine campagne lui a notamment valu d'être labellisé «Bienvenue à la ferme». Tout autour du gîte Cambert, on trouve de splendides sentiers au cœur de la nature, des chemins parfumés par le tilleul au mois de juillet. Cet environnement offre une belle tranquillité quand vient la nuit. A proximité, on peut également contempler quelques statues-menhirs qui font la réputation de la région.

L'ÉTAPE DES MENHIRS €€

Avenue des Lacs ✆ 05 63 37 51 20

www.gites-tarn.com/fiche-G2298.html

Chambre simple à partir de 45 € ; chambre double à partir de 60 €. Demi-pension : 35 €. Petit déjeuner inclus.

Venus de la Drôme Jean-Luc et Isabelle ont repris cet ancien couvent du XVIIIe siècle converti en chambres d'hôtes. Cheminée, terrasse, ping-pong, pétanque et vélos à disposition, ici tout est mis en œuvre pour que vous puissiez profiter de votre séjour et ne pas hésiter à partir à la découverte des multiples chemins de randonnée qui sillonnent la campagne. L'étape des Menhirs fait partie de ces haltes du chemin de Saint-Jacques où se retrouvent et échangent les pèlerins, qui trouveront ici des dortoirs peu chers et des formules demi-pension avantageuses.

LO CANTAMERLE €€

Lieu-dit Moulin Mage

✆ 05 63 73 19 51

www.restaurant-locantamerle.com

Ouvert du mardi au samedi midi et soir, le dimanche midi. Carte : 25€ environ. Terrasse. Vente à emporter.

Derrière la façade sans prétention du Lo Cantamerle, une petite salle très chaleureuse attire les gourmands de la région. A table, les becs fins découvrent et dévorent avec appétit des plats faits maison réalisés à partir de produits frais issus de producteurs principalement locaux. Afin de respecter au mieux la saisonnalité, l'établissement propose une carte courte, composée uniquement de trois entrées, trois plats et trois desserts. Un gage de qualité cela ne fait aucun doute ! A l'année, venez découvrir leurs pizzas copieuses, c'est un délice !

CHARCUTERIE MILLAS

Moulin-Mage

✆ 05 63 37 14 72

https://charcuterie-millas.fr/

Ouvert du lundi au samedi de 9h à 12h et de 15h à 19h.

Dans le cochon, tout est bon ! Ici, on trouve du boudin, de la saucisse sèche, du saucisson, du museau confit, du fricandeau, du jambon affiné 12 mois, mais également rosette, bougnettes, melsat, pâté de tête et autres spécialités. La Charcuterie de Millas est une référence à Lacaune ! Chantre d'une production raisonnée, après la crise porcine, Marie-Hélène et Akim ont décidé de se fournir à partir de cochons élevés « apalhat » (c'est-à-dire sur paille), à l'air pur, et nourris exclusivement à partir de végétaux garantis sans OGM. Une référence à Lacaune !

VIANDES ET SAVEURS

166, avenue du Languedoc

✆ 05 63 37 14 84

Ouvert du lundi au vendredi de 7h30 à 12h ; du lundi au jeudi de 13h30 à 17h.

© VIANDES ET SAVEURS

C'est dans une ferme située à 6 km de Murat que Christine et Richard ont débuté leur activité. Avec leur fils, ils tiennent cet atelier à l'entrée du village, à proximité de la station essence. En coulisses, ils travaillent avec bonne humeur du veau, du bœuf, du cochon, du lapin et des tripes. Dans les vitrines, on trouve également des spécialités et des plats mijotés tels que du fromage de tête et de la blanquette de veau. Ici la qualité est au cœur de l'adresse, d'ailleurs la viande est locale, sans colorant, ni conservateurs, ni additif et a l'agrément bio.

NAGES

Lors de la guerre de Cent Ans, ce village servit de décor aux chevauchées du Prince Noir. Propriété des comtes de Thézan, il fut investi par les troupes protestantes du duc de Montgomery en 1586. Au cours de ces événements, l'église Saint-Martin fut détruite et celle de Saint-Victor fut agrandie. Malgré la Révolution, le comte de Thézan put conserver son domaine et ses biens et les transmettre, à sa mort, à sa fille, la princesse de Mérode. Cet héritage fut préservé jusqu'à la vente du château après la Première Guerre mondiale. Côté activité, à Nages, vous pourrez visiter le Musée de la vie paysanne et plonger dans le lac du Laouzas.

MUSÉE DE LA VIE PAYSANNE EN HAUT LANGUEDOC ★

Ferme de Rieumontagné ✆ 05 63 37 12 29
museeviepaysanne.jimdofree.com
Mai/juin/septembre : 7j/7 14h-18h. Été : 7j/7 15h-19h (nocturne le jeudi jusqu'à 22h). Hors saison : sur rdv. 4€/pers.

Dans cette ferme du XVIIIe siècle, différents thèmes sont présentés : la géologie, la Préhistoire et ses statues-menhirs, les métiers d'autrefois, mais aussi la flore, la faune et les traditions locales. Une exposition hétéroclite qui témoigne de la richesse du patrimoine montagnard. Le musée possède aussi une belle collection de minéraux. Un jeu de piste pour les enfants a été mis en place, avec des ateliers de découverte et d'apprentissage, comme fabriquer de la farine au moulin.

BASE DE LOISIRS DU LAC DU LAOUZAS ★

Rieumontagné
✆ 06 07 37 11 73
www.tourisme-montsetlacsenhautlanguedoc.com
Ouvert du 15/06 au 15/09 de 9h30 à 18h30. Juin/Septembre : uniquement de 13h30 à 17h30. Baignade surveillée en été.

La base de loisirs du lac du Laouzas, c'est la plage à la montagne ! Ce cadre naturel envoûtant est doté d'un large choix d'équipements de loisirs : baignade, mini-golf, bateau à pédales, planche à voile, court de tennis, terrain de volley, stand de tir à l'arc, trampoline, pétanque, skatepark, bike-park... Il y a de tout ici ! Le lac, classé 2e catégorie, permet également aux mordus de pêche de pouvoir assouvir leur passion et d'attraper des carpes, des sandres et des gardons.

BUREAU D'INFORMATION TOURISTIQUE DU LAOUZAS

Ferme de Rieumontagné
✆ 05 32 11 09 45
www.tourisme-montsetlacsenhautlanguedoc.com
Fermé l'hiver. Du 1/04 au 30/06 et du 1/09 au 1/11 : du mercredi au lundi 10h-12h/14h-18h. Été : 7j/7 10h-13h/14h-19h.

C'est à deux pas de la frontière du département de l'Hérault que le lac artificiel du Laouzas reçoit les amateurs de baignade et de sports d'eau. Autour, des petits villages sympathiques permettent de capter l'ambiance et l'histoire du secteur, si propices à l'évasion. Pour profiter de tous ces atouts et ne pas passer à côté des merveilles du territoire, le mieux est encore de partir à la rencontre de l'équipe du bureau touristique, ouvert du printemps à l'automne.

LA MAISON DE PAYRAC

Rieu-Montagné
✆ 05 63 37 12 29
www.payrac.com
Ouvert de début mai à fin septembre. Ouvert tous les jours de 11h30 à 18h30. Hors été : uniquement le dimanche.

Ancienne ferme du XIXe siècle, la Maison de Payrac est devenue un conservatoire vivant de la mémoire du pays et un musée en plein air idéal à découvrir en famille. Au programme : des ateliers, des balades, des démonstrations autour de la laine, du bois et du foin, des dégustations de pain frais et de grillades réalisées par les agriculteurs locaux... Un sentier de découverte de 2 km dévoile une prairie humide, une lande sèche, une chênaie, une hêtraie, une bergerie à toit en genêt, un abri de berger, un pesquier, un arboretum et même un menhir.

GOUTTE D'Ô €

Payrac
✆ 05 63 37 12 29
Disponible du 1er avril au 31 octobre. 12 € par personne.

Une initiative d'une collectivité territoriale qui mérite d'être dévoilée. Pour une immersion complète dans la nature et très abordable, venez séjourner en moyenne montagne dans un environnement paisible et préservé. Suspendue à trois beaux hêtres, cette bulle insolite que l'on rejoint par une petite passerelle offre un hébergement original. Semi-vitré, celui-ci offre une vue plongeante sur la forêt et un éclairage au clair de lune et un lit double confortable. Une réalisation de la Communauté de Communes des Monts de Lacaune et de la Montagne du Haut-Languedoc.

LE BALCON DU LAC €€

19, rue de la Corniche-Inférieure
✆ 06 51 59 76 84
www.lebalcondulac.com
Fermé du 1er novembre au 30 mars. De 350 € à 610 €/semaine. Lave-linge, lave-vaisselle. Tv satellite. Jardin.

C'est une splendeur qui s'offre à vous ici, celle du panorama sur le lac du Laouzas. Entre vallons et vallées, cours d'eau et nature sauvage, ce gîte tout confort de 90 m² semble régner sur ses alentours. Niché à flanc de colline, dans le Parc régional du Haut Languedoc, c'est un véritable petit coin de Paradis. En plus de proposer des équipements modernes, un cadre sympathique et une vue à couper le souffle, le gîte possède un emplacement de choix. Son environnement est le terrain de nombreuses activités de loisirs telles que la pêche, le vélo, la baignade...

CAMPING DOMAINE LACANAL** €€

Domaine Lacanal ✆ 05 63 37 25 10
www.lacanal.com
Gîtes à l'année, camping ouvert d'avril à novembre. Emplacement dès 17,50€. Chalets dès 60€. Tentes équipées dès 45€.

Ce camping occupe les murs et le terrain d'une jolie ferme restaurée, à deux pas du lac de Nages. Niché à 800 mètres d'altitude, au sein d'une nature luxuriante, c'est le lieu de résidence idéal pour profiter d'un séjour au calme. L'établissement propose différents types d'hébergements (chalets, tentes équipées, gîtes, caravane, emplacement nu), ainsi qu'un espace restauration. Les propriétaires seront également d'excellents conseils concernant les activités à pratiquer dans la région. Pêche, équitation, randonnées, le choix est grand.

CAMPING LES FÉES DU LAC*** €€

Carlebou ✆ 05 67 29 03 07
www.lesfeesdulac.com
Fermé du 30/09 au 25/04. Emplacement dès 10 €. Chalets de 260 € à 590 €/semaine. Restauration. Sauna. Spa. Piscine.

Oasis de charme et de calme, les alentours du Lac du Laouzas offrent tranquillité et cadre bucolique aux vacanciers qui y déposent bagages. Du côté du camping, l'aspect familial et convivial est privilégié pour le plus grand bonheur de ses résidents. Équipés et tout confort, les hébergements prennent la forme de maisonnette avec terrasse ou d'emplacements pour tente. La majorité de ces locations possèdent une vue imprenable sur le lac et ses vallons verdoyants. Sur place : un bar, un snack, une petite épicerie, deux barbecues collectifs et des VTT à louer.

HÔTEL-RESTAURANT LOU CASTEL €€

Avenue du Château ✆ 05 63 37 06 12
www.montagne-haut-languedoc.com
Ouvert du lundi au samedi midi/soir, dimanche midi (7j/7 midi/soir en été). Carte : 28€ environ. Chambre dès 48€.

Une façade de vieilles pierres des poutres apparentes et un grand feu de cheminée, Lou Castel, c'est le château de Nages, une demeure médiévale restaurée avec charme qui sert de cadre aujourd'hui à la restauration française traditionnelle. Une fois n'est pas coutume, ici, un couple aux fourneaux ! Le duo a développé une cuisine élaborée selon de vieilles recettes de grand-mère. A l'étage, cinq chambres bien rénovées permettent de se détendre au calme.

SAINT-PIERRE-DE-TRIVISY

Perchée à 618 m d'altitude, dans les Monts de Lacaune, Saint-Pierre-de-Trivisy est une station verte de vacances située à seulement 30 minutes d'Albi et de Castres. Sa palette riche et variée d'activités de loisirs et touristiques enchante petits et grands. Niché à l'orée de la forêt, dans un écrin de verdure, le village invite aux vacances entre parc d'aventures, base de loisirs, randonnées et activités nature. Mais ce n'est pas tout ! La commune possède aussi une belle collection de vestiges emblématiques de la région. A ne pas manquer dans les environs : Notre-Dame-de-Tournadous, sur les rives du Gijou.

AVENTURE PARC ★

Le Bourg
✆ 05 63 73 09 03
www.aventure-parc.fr
Ouvert tous les jours de 10h à 18h. Basse saison : le week-end de 13h à 18h30. Été : 7j/7 de 10h à 19h. Dès 12 €.

Le créateur de ce concept innovant et ludique est un ancien capitaine de l'armée française. Lorsqu'il a conçu ce parc d'activités, Denis Payan a fait le pari de rendre accessible, physiquement et financièrement, une prestation ludo-sportive demandant de l'audace, de l'adresse et de l'équilibre et ce, en toute sécurité. Sur place, 14 parcours, signalés par des couleurs différentes représentant les niveaux de difficulté, sont mis en place pour le bonheur des aventuriers et grimpeurs. Petits et grands pourront ainsi s'essayer sur plus de 135 jeux.

OFFICE DE TOURISME DE SAINT-PIERRE DE TRIVISY

14, place du 19-Mars-1962
✆ 05 63 50 48 69
sidobre.tourisme-tarn.com
Ouvert lundi et vendredi 13h45-18h45, le week-end 10h45-12h/13h45-18h45. Été : 7j/7 9h45-12h45/14h-18h45.

C'est au cœur du Tarn, dans les Hautes Terres d'Oc et à 620 m d'altitude, que le joli village de Saint-Pierre de Trivisy attend ses visiteurs. Sur place, les grands aventuriers et les curieux pourront profiter des informations disponibles à l'office de tourisme. Elles couvrent à la fois la palette d'activités sportives et de loisirs de la région et les bons plans restaurants et hôtels. C'est un *must* quand on ne veut rien rater de ce que le secteur abrite.

CAMPING-BASE DE LOISIRS « LA FORÊT »*** €€

14, place du 19 mars 1962 ✆ 05 63 50 48 69
www.saint-pierre-de-trivisy.net/camping-municipal-la-foret
Emplacement de 20€ à 25€. Bungalows de 250€ à 970€/semaine. Tente équipée de 210 à 410€/semaine. Hammam. Piscine.

Si l'envie vous prend de réaliser des vacances au vert, songez à ce camping municipal. Ombragé, il est parfait lors des grandes chaleurs. Quant à la forêt qui l'entoure, elle se prête à de nombreuses aventures. Chalets en bois et bungatoiles seront l'alternative pour tous ceux qui n'ont pas envie de camper. C'est un lieu au calme, où sérénité et repos règnent en maîtres. A ceci prêt que l'établissement possède un catalogue d'activités riches à pratiquer seul ou en famille.

L'OUSTAL €€

8, chemin de l'Alouette
✆ 05 63 73 07 58
www.stpierredetrivisy.fr/chambres-d-hotes
4 chambres. Chambre simple 50 €, chambre double 60 €. Petit déjeuner inclus. Restauration (sur réservation). TV.

Une grande maison de l'Entre-deux-guerres, en bordure de village. Dany l'a restaurée avec goût et beaucoup d'imagination. Les quatre grandes chambres aux noms colorés - Rose, Jaune, Groseille et Bleu - ont toutes un style différent. On note ainsi une chambre aux portes western, une autre à la baignoire ancienne... Toutes sont situées au premier étage de l'Oustal, au calme, et donnent sur la campagne environnante. Le petit déjeuner vous sera servi avec les confitures maison de fruits du potager situé dans l'immense jardin arboré de 2 000 m².

CHEZ NINNIE €€

31, avenue de Lacaune ✆ 04 67 28 13 98
cheznninnie.jimdofree.com
De 350 à 550€/semaine. Salon de jardin, location de draps, lave-linge, lave-vaisselle. TV satellite. Jardin.

Ce gîte est la solution rêvée pour un séjour relaxant et oxygéné. Planté dans un petit hameau, aux portes des monts de Lacaune, il allie confort, quiétude et proximité avec de nombreuses activités de la région. Il se compose d'une grande maison de campagne de 220 m² avec un étage qui se découpe en deux gîtes : Le Pré Vert, au rez-de-chaussée, et le Lémewi, à l'étage. Il est possible de les réunir pour accueillir 12 personnes. L'ensemble s'accompagne d'un beau jardin de 600 m² et d'une terrasse ensoleillée, nécessaire quand on connaît la vue qu'offre l'adresse.

LA BIBLIOTÈCA €€

2, avenue d'Albi
✆ 05 63 50 42 22
www.labiblioteca.fr
Ouvert toute l'année. Du mardi au samedi le midi et le soir ; le dimanche midi. Carte : 26 € environ. Vin au verre.

C'est la première librairie-restaurant de France ! Un pôle culturel original et gastronomique au cœur du Sidorbe granitique qui anime le village à l'année. Une table conviviale et locavore pimentée de livres qui copinent avec la charcuterie de Saint-Jean-de-Jeannes, le canard des Délices d'Auzan, la viande aubrac Miss Aubrac, les fromages de brebis des Paulinetoises, le chocolat Michel Cluzel. Osez les pieds de porc en carpaccio sauce ravigote, le foie gras aux châtaignes, pain d'épices et compotée de fruits secs, sans négliger le cassoulet maison aux 3 viandes.

AQUAMONTS

14, place du 19-Mars-1962 ✆ 05 63 73 07 06
www.stpierredetrivisy.fr/parc-aquatique-aquamonts
Du 1/07 au 1/09 : 7j/7 11h-19h (nocturne le mercredi jusqu'à 23h). Juin à septembre : du vendredi au lundi après-midi.

Quand la chaleur pointe son nez par ici, on aime piquer une tête dans le bassin de natation, ou s'élancer sur les toboggans pentagliss à 4 pistes ou à virages, pendant que les enfants s'amusent sous l'œil vigilant du maître-nageur dans les pataugeoires ou dans la piscine sèche aux multiples jeux d'eau. Trampoline, solarium et la possibilité de se restaurer juste à côté. Le rêve se poursuit jusqu'à 23h tous les mercredis soirs (entrée gratuite à partir de 19h) pendant les mois de juillet et d'août. Un plaisir à vivre en famille ou solo pour encore plus de détente.

CASTRES, MAZAMET ET LA MONTAGNE NOIRE

Le secteur de la Montagne Noire est plein de magie. Attaché à la montagne qui porte son nom, il couvre un territoire chargé d'histoire régulièrement dynamisé par des événements sportifs et culturels. Ceux qui le parcourent découvrent au fil de leurs balades de nombreux trésors qui prennent la forme de lacs, rivières, cascades, forêts luxuriantes et points de vue majestueux. A ce niveau-là, le Pic de Nore – le point culminant de ce relief (1 211 m) – permet de contempler un panorama unique au centre de la région Occitanie qui s'étend des Pyrénées jusqu'à la mer Méditerranée. Au cœur de ces paysages, des cités pittoresques de caractère sont érigées. A vous de choisir parmi le village perché d'Hautpoul, la ville sportive de Castres, le charme historique de Mazamet... Au cours de vos visites, vous pourrez peut-être profiter de l'agenda du secteur : fêtes de villages, bals, concerts, marchés des producteurs, courses de vélos, rallyes...

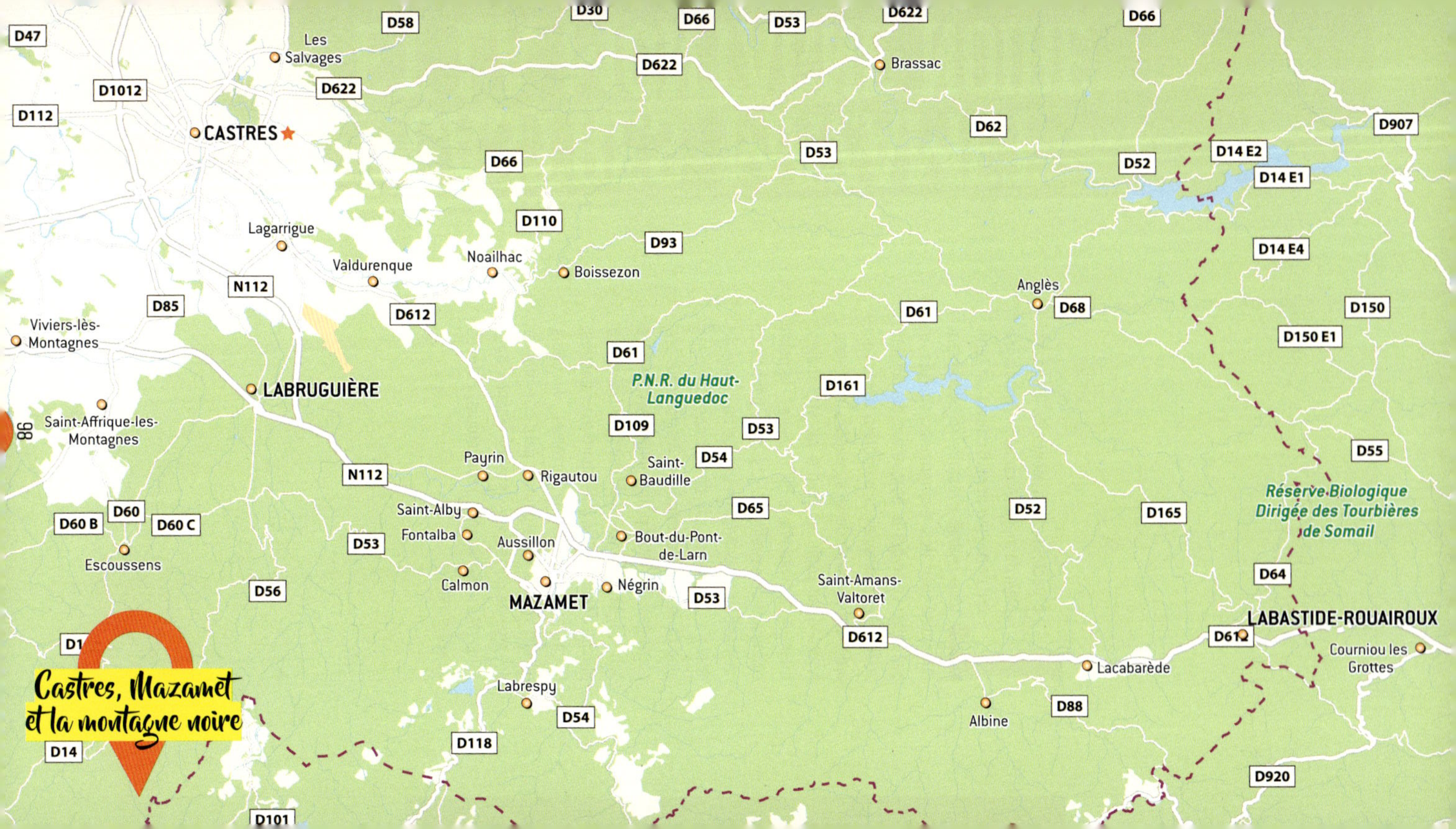

Castres, Mazamet et la montagne noire
CASTRES
Les Salvages
Lagarrigue
Valdurenque
Noailhac
Boissezon
Viviers-lès-Montagnes
LABRUGUIÈRE
Saint-Affrique-les-Montagnes
Escoussens
Payrin
Rigautou
Saint-Alby
Fontalba
Aussillon
Calmon
MAZAMET
Négrin
Bout-du-Pont-de-Larn
Saint-Baudille
P.N.R. du Haut-Languedoc
Labrespy
Saint-Amans-Valtoret
Brassac
Anglès
Lacabarède
Albine
LABASTIDE-ROUAIROUX
Courniou les Grottes
Réserve Biologique Dirigée des Tourbières de Somail
D47
D1012
D112
D58
D622
D30
D66
D53
D62
D907
D14 E2
D14 E1
D52
D110
D93
D14 E4
D150
D150 E1
N112
D85
D612
D61
D68
D161
D109
D54
D55
D60 B
D60
D60 C
D65
D165
D56
D64
D1
D14
D118
D88
D920
D101

PAGES

● ● CASTRES, MAZAMET ET LA MONTAGNE NOIRE

100 CASTRES, MAZAMET ET LA MONTAGNE NOIRE
100 CASTRES ★
113 LABASTIDE-ROUAIROUX
114 LABRUGUIÈRE
116 MAZAMET
122 MONTREDON-LABESSONNIÉ
124 ROQUECOURBE

Balade dans la ville de Castres.

CASTRES ★

Née au IXe siècle autour de l'abbaye Saint-Benoît, au cœur du Haut Languedoc, la ville est devenue comté toulousain et évêché avant d'être ravagée par les guerres de Religion. Elle fut une étape sur les chemins de Saint-Jacques-de-Compostelle à partir du IXe siècle. C'est le textile qui a permis à la cité de retrouver sa prospérité au XVIIe siècle. Les vieilles maisons de bois aux galeries colorées plongeant dans l'Agout témoignent de cette époque où drapiers, teinturiers et autres tanneurs utilisaient pour leurs travaux les eaux de la rivière. Il faut s'imaginer l'Agout à l'apogée de Castres, charriant les couleurs, les odeurs et les péniches, les cales remplies des ors de Cocagne. Ville de rugby comme il se doit en Occitanie, Castres se distingue avec ses entreprises de l'intelligence et ses savoir-faire. La sous-préfecture du Tarn, qui vit naître Jean Jaurès, figure socialiste française et symbole des luttes ouvrières, compte aujourd'hui environ 50 000 habitants. Ville fleurie 3 fleurs, Castres a su concilier patrimoine, activités (golf, bowling, piscine...) et espaces verts. Les curieux sont attirés par le musée Goya, le théâtre de la ville, ainsi que ses richesses architecturales, historiques et naturelles.

L'ANCIEN PALAIS EPISCOPAL ★

Rue de l'Hôtel-de-Ville

www.ville-castres.fr/fr/patrimoine

Édifié au XVIIe siècle à la demande de Monseigneur de Tubœuf, le Palais épiscopal est classé par les Monuments historiques depuis 1927. Construit entre 1669 et 1673 par Jules Hardouin-Mansart, il sert aujourd'hui de décor à l'Hôtel de Ville et au musée Goya. Sinon vous avez toujours la possibilité de vous arrêter dans son magnifique jardin inscrit à l'inventaire supplémentaire des Monuments historiques et dessiné par Le Nôtre, paysagiste de Louis XIV.

BOUTIQUE ARTISANALE L'ART ET LA MATIÈRE

5, place des Tisserands - **BURLATS**

✆ 06 14 63 99 08

www.lart-et-la-matiere.org

Basse saison : du mercredi au dimanche de 14h30 à 19h. Haute saison : 7j/7 de 11h à 13h et de 14h30 à 19h. Boutique.

La boutique de l'association Artisans créateurs tarnais et départements limitrophes, créée en 2005 par Michel Celotto, est le résultat d'une volonté de s'unir et de regrouper les talents des créateurs du Tarn. Une palette éclectique de créations est présentée à Burlats : accessoires de mode en soie et en laine mohair, sacs en cuir, petite maroquinerie, créations textiles, prêt-à-porter féminin, bijoux de créateur, poterie, raku, céramique, ébénisterie d'Art, peinture, sculpture...

© CLODIO

Maisons au bord de l'Agout, Castres.

LA CATHÉDRALE SAINT-BENOÎT ✝ ★

2, rue de l'Hôtel-de-Ville

La cathédrale Saint-Benoît a célébré son 300e anniversaire en 2018 ! Elle abrite une collection de peintures de l'école toulousaine du XVIIIe siècle, ainsi qu'un ensemble baroque de première élégance : retable, maître-autel et baldaquin. La vieille dame conserve son clocher roman, de l'autre côté de la rue. Cette tour romane est le seul vestige de l'ancien monastère construit par les moines de Saint-Victor de Marseille. Elle fait l'objet depuis 1988 d'une opération de sauvetage.

ESPACE PATRIMOINE « LES CHARTREUX »

2, place Jean-Jaurès
SAÏX
✆ 05 63 74 71 76
www.tourisme-tarn.com
Ouvert toute l'année. Gratuit.

Le musée, installé dans une salle de l'ancien château, à 1 km de l'ancienne chartreuse dite «de Notre-Dame-de-Beauvoir», abrite des ouvrages des XVIe, XVIIe et XVIIIe siècles, ainsi que des documents et des objets de culte et de la vie quotidienne. Vous y découvrirez une gravure de Michel Nathalis datant de 1649, deux tableaux des frères chartreux, des livres cartésiens ainsi qu'un parchemin du XVIe siècle signé de Guilhot de Ferrières, et une gravure du célèbre Jacques Callot.

CERAC - ARCHÉOPOLE

Domaine de Gourjade
✆ 09 66 41 15 56
www.cerac-archeopole.fr
Exposition. Ateliers. Visites guidées gratuites pour les scolaires. Grille tarifaire en ligne. Animations.

Le Centre d'études et de recherches archéologiques du Castrais, ou Cerac, œuvre depuis plus de trente ans dans le secteur de la recherche archéologique. Dans sa galerie d'exposition, il permet de contempler le mobilier retrouvé par les archéologues durant les fouilles sur le site gallo-romain voisin. Le Cerac se charge d'organiser des visites commentées et d'initier à l'archéologie expérimentale les étudiants et les particuliers. Les curieux trouveront ici une mine d'activités étroitement liées à la conservation du patrimoine.

HÔTELS PARTICULIERS ★

Castres abrite trois hôtels particuliers classés Monuments historiques :

- **L'hôtel de Poncet** : on apprécie les piliers ornés de Cariatides et d'Atlantes qui soutiennent la loggia Renaissance, ourlée d'une balustrade et de colonnes ioniques.
- **L'hôtel de Viviès** : de style Renaissance, il fut bâti par monseigneur de Rozel, magistrat de la Chambre de l'Edit, au XVIe siècle.
- **L'hôtel Jean Houlès, dit de Nayrac** : construit en 1620 par un riche drapier, il est typique de l'architecture toulousaine. Tours d'angle et lucarnes ouvragées attestent du goût du propriétaire.

LES ÉGLISES DE CASTRES ✝

www.pays-castrais.catholique.fr

La ville de Castres est ponctuée de nombreuses églises. Les amateurs de patrimoine religieux pourront par exemple visiter l'actuelle église Saint-Jacques, datée de 1626. La visite se poursuit avec Notre-Dame-de-la-Platé, inspirée de l'église du Gésu de Rome, qui abrite un retable baroque. Pour sa part, l'église Notre-Dame-de-Bonne-Espérance abrite une impressionnante fresque de 12 mètres consacrée au thème de l'Apocalypse selon saint Jean. Elle a été réalisée par Gaston-Louis Marchal, né à Damelevières, un ancien disciple du sculpteur Ossip Zadkine.

JARDIN DE L'ÉVÊCHÉ ★★

Rue de l'Evêché
✆ 05 63 62 63 62
www.ville-castres.fr/fr/le-jardin-de-leveche
Ouvert toute l'année. Accès libre. Visite guidée (par l'office de tourisme, sur rendez-vous). Animations.

Ce jardin à la française prolonge et embellit le déjà majestueux hôtel de l'Évêché, aujourd'hui résidence du musée Goya. Le monument, bâti par Jules Hardouin-Mansart en 1670, offre une superbe collection d'arts hispaniques à découvrir sans hésitation. À l'extérieur, le jardin réalisé par André Le Nôtre, jardinier de Louis XIV, symbolise parfaitement le style de l'époque : jeux de perspectives, bassin, broderies de buis... Sa valeur est telle que l'espace vert a été classé monument historique en 1995 et labellisé « Jardin remarquable » en 2004.

MUSÉE DE MINÉRAUX ET FOSSILES DE JEAN CROS

18, Peyro Clabado - **LACROUZETTE**
✆ 05 63 50 64 75
www.peyro-clabado.fr
Basse saison : ouvert le dimanche 14h-18h. Été : 7j/7 10h-19h (18h en juin/septembre). 1 € en été, gratuit hors saison.

Le Sidobre est une terre de granite composée d'énormes pierres qui défient l'équilibre depuis des millénaires. La Peyro Clabado est l'une d'entre elles. C'est à ses côtés que l'on peut visiter l'atelier du sculpteur Jean Cros. L'artisan façonne des pierres venues du monde entier, telle la pierre des obélisques de l'Égypte ancienne ou la belle bleue du Zaïre, la corne et la géode du Brésil mais aussi évidemment les plus belles pierres du Tarn, calcédoine d'or et quartz.

MUSÉE GOYA - MUSÉE D'ART HISPANIQUE ★★

Rue de l'Hôtel-de-Ville
✆ 05 63 71 59 27
Basse saison : ouvert du mardi au dimanche de 9h à 12h et de 14h à 17h. Juillet et août : tous les jours de 10h à 18h.

Installé dans l'ancien palais épiscopal du XVIIe siècle, ce musée héberge une collection impressionnante d'œuvres des plus grands maîtres de la peinture espagnole et du siècle d'or. En plus des œuvres de Francisco Goya, le musée abrite Reixach, Borrassà, Mates, maître de Viella, Macip (XVe et XVIe siècles), deux chefs-d'œuvre de Pacheco, maître de Velásquez (XVIIe siècle), Velásquez lui-même, Murillo, Valdès Léal, Alonso Cano, Fortuny, Zurbarán, Mallo, Bueno et bien sûr Picasso.

NOTRE-DAME-DU-GRANITE ★

1, rue Charles de Gaulle - **LACROUZETTE**
✆ 05 63 74 63 38
sidobre-vallees-tourisme.com
Ouvert toute l'année. Ouvert tous les jours et les jours fériés de 10h à 16h30. Accès libre.

L'église de Lacrouzette porte bien son nom ! La vieille église étant devenue trop vétuste, l'abbé de l'époque prit l'initiative d'en construire une nouvelle. Sa première pierre fut posée en 1892 et les travaux furent complètement terminés en 1897. Résultat : un monument de plus de 33 m de long, 16 m de large et un clocher de 36 m de haut. Le granit et le style néogothique se marient parfaitement, en toute sobriété. L'œuvre monumentale *La Cène* du sculpteur Jacques Bourges, et la fresque de l'Apocalypse du peintre Nicolas Greshny ne vous laisseront pas insensibles.

PARC DE GOURJADE ★

Parc de Gourjade
✆ 05 63 62 41 71
www.tourisme-castres.fr/parc-gourjade
Ouvert toute l'année. Tous les jours de 8h à 22h. Gratuit. Accueil enfants. Animations.

C'est au nord de Castres que vous aurez l'occasion de découvrir les 53 hectares de verdure de ce parc exceptionnel. Ce jardin est impressionnant par son immensité et la richesse des équipements qui se trouvent sur place. C'est le lieu de détente et d'amusement idéal, peu importe les âges. On s'y retrouve pour un pique-nique à l'ombre, une promenade relaxante, pour amener son enfant sur la plaine de jeux, pour s'amuser sur le skate-park… A proximité : golf 18-trous, tir à l'arc, Archéopole, train miniature et piscine-patinoire.

LE PAVILLON D'ADELAÏDE ★

1, place du 8-Mai-1945 - **BURLATS**
✆ 05 63 35 07 83
www.burlats.com
Du 15/04 au 30/06 et du 01/09 au 31/10 : le week-end de 14h30 à 18h30. Du 01/07 au 30/08 : 7j/7 de 14h30 à 18h30.

La silhouette de cette étonnante bâtisse attire le regard des flâneurs. Son nom lui vient d'Adélaïde, fille de Constance de France et de Raymond V, comte de Toulouse. La comtesse, mariée à Raymond-Roger Trencavel, y avait tenu une cour d'amour et réuni les plus grands troubadours de son temps. Ce chef-d'œuvre de l'architecture romane civile s'admire au cours de visites et de nombreuses expositions. Après avoir admiré la beauté de ce bâtiment des XIIe et XIVe siècles, poursuivez votre visite avec la Maison d'Adam, la collégiale et la tour de la Bistoure.

LA PLACE JEAN-JAURÈS ★

C'est le cœur géographique et dynamique de l'Ecusson castrais. Commerces et terrasses s'y reposent, attendant la venue des badauds de la ville. Par le passé, elle s'est appelée place «Royale», «Impériale» puis «Nationale», avant de prendre le nom de l'humaniste natif de la cité. Derrière la statue de Jean Jaurès, l'ancienne halle au blé a été surélevée et baptisée Immeuble des Arcades. Elle abrite plusieurs adresses conviviales qui donnent directement sur les rives de l'Agout. Lorsque le soleil montre le bout son nez, c'est le spot incontournable.

LES QUAIS

Si le centre de Castres possède un charme certain, ce sont ses quais qui remportent la palme de la balade la plus agréable. Au fil des maisons de l'Agout et des monuments qui forment le patrimoine de la ville, le cours d'eau scinde la cité en deux et offre un cadre très apaisant. Le quai des Jacobins et le quai Tourcaudière fournissent un point de vue idéal sur les anciennes habitations des tanneurs et teinturiers et sur les anciens lieux de production des draperies et cotonnades. La traversée du pont de Metz offre une vue en enfilade sur les quais de l'Agout.

CENTRE NATIONAL ET MUSÉE JEAN JAURÈS

2, place Pélisson © 05 63 62 41 83
www.ville-castres.fr/centre-national-et-musee-jean-jaures-presentation
Haute saison : 7j/7 de 10h à 12h et de 14h à 18h. Basse saison : fermé lundi et dimanche, fin des visites à 17h.

Ville natale de Jean Jaurès, Castres se devait de lui rendre hommage. Initialement créé en 1954 à l'hôtel de ville, le centre national occupe un espace à part entière depuis 1988. Inauguré par François Mitterrand, il rend hommage à l'illustre tribun : parcours muséographique qui retrace les grandes séquences de sa vie, présentation de manuscrits, livres et autres documents iconographiques se rapportant à l'homme et à l'histoire de la fin du XIXe et du début du XXe siècle.

LE QUARTIER DROUOT

Place Drouot

Ce quadrilatère, situé en face du jardin du Mail, abrita longtemps des régiments de cavalerie et d'artillerie. L'homme à qui il doit son nom reçu, de Napoléon lui-même, plusieurs commandements importants à la tête de l'artillerie. Une partie des anciens bâtiments, réhabilités et rénovés, héberge maintenant des services administratifs et municipaux, ainsi que des lieux de divertissement. L'ancien manège est par exemple devenu la salle Gérard-Philipe et le quartier est également la résidence du Centre culturel musical multimédia *Lo Bolegason*.

OFFICE DE TOURISME DE CASTRES

2, place de la République © 05 63 62 63 62
www.tourisme-castres.fr
Ouvert du lundi au samedi 9h30-12h30/14h-18h. Eté : du lundi au samedi de 9h30-13h/14h-18h30, le dimanche de 9h30-13h30.

Installé à deux pas du théâtre et des rives de l'Agout, l'Office de tourisme de Castres est le détour recommandé pour ne rien rater de ce que la ville a à offrir. Au sein de ses brochures, vous découvrirez toutes les informations nécessaires à un séjour réussi : où loger, où manger, quoi faire… Toutes vos interrogations trouveront leurs réponses ! En prime, l'équipe des lieux organise des visites guidées et elle sera d'excellent conseil si vous avez besoin de clarifications.

RAIL MINIATURE CASTRAIS

© 05 63 71 23 16
www.trainminiature.free.fr
Ouvert toute l'année. Le samedi de 14h30 à 18h. Accès libre et gratuit au réseau et au Petit Musée.

Avec presque 150 m de voies, le réseau peut accueillir 14 petits trains électriques. Toutefois, par souci de réalisme, les animateurs limitent à une demi-douzaine le nombre de convois en circulation lors des périodes de présentation au public. Reproduction de scènes amusantes, tout en faisant preuve de rigueur et de réalisme de certains sites, tels que le moulin de Lautrec ou le lavoir de Gourjade. Quant au musée du Chemin de fer, il témoigne de l'histoire de l'activité ferroviaire de la région et rend hommage aux cheminots.

LE COCHE D'EAU « LE MIREDAMES »

Embarcadères : Pont Vieux et parc de la Gourjade
© 05 63 71 58 58
Ouvert de mai à septembre. Nocturnes en été. Horaire en ligne. Gratuit jusqu'à 4 ans. Adulte : 4€ (6€ l'aller-retour).

Le Miredames, c'est un bateau-promenade tout en bois, construit en 1990 sur le modèle des anciennes diligences fluviales. Il propose une escapade entre le centre-ville et le parc de Gourjade, le long des berges de l'Agout. Une visite de Castres de 40 minutes aller-retour, qui permet de profiter de la fraîcheur tout en admirant les anciennes maisons polychromes des tanneurs, les jardins situés le long de la rivière et les canards qui s'ébrouent joyeusement tout au long du chemin.

HÔTEL RIVIÈRE** €

10, quai Tourcaudière

✆ 05 63 59 04 53

Fermé du 10 au 31 décembre. 14 chambres. Chambre simple de 46 € à 52 € ; chambre double de 58 € à 60 €.

Cet hôtel est le seul 2-étoiles du centre de Castres. Il surplombe la rivière de l'Agoût, d'ailleurs certaines de ses chambres bénéficient d'une vue magnifique sur les anciennes maisons des tanneurs. Le cadre y est simple et chaleureux, les chambres sont jolies, propres et modernes. Les 14 chambres aux couleurs chaudes sont équipées de douche, WC, sèche-cheveux, téléphone, TV et Wifi gratuit. En bonus, l'hôtel dispose d'un garage privé : très pratique quand on veut profiter du centre-ville ! Le rapport qualité/prix et l'accueil sont excellents.

L'ALBINQUE €€

11, avenue Augustin-Malroux ✆ 05 63 72 42 68

www.lalbinque-chambresdhotes.fr

Ouvert toute l'année. 3 chambres (dont 1 suite). Chambre double de 70 € à 80 €. Petit déjeuner inclus. Parking 5 €.

À deux pas du centre de Castres, non loin de la place du marché, deux chambres d'hôtes et une suite, tenues par Françoise Cauquil, vous attendent pour un moment loin de l'agitation. Dans une maison du XIXe siècle, cette professeure de français a aménagé une chambre d'hôte de qualité. Les hébergements sont répartis de la manière suivante : une chambre au rez-de-chaussée et une autre au deuxième étage avec vue sur le jardin, une suite vient compléter le tout l'été. N'hésitez pas à vous offrir une parenthèse de bien-être en fin de journée grâce au spa.

CAMPING DE GOURJADE*** €€

Route de Roquecourbe

✆ 05 63 59 33 51

www.campingdegourjade.net

Fermé d´octobre à avril. Emplacement de 11,50€ à 17€. Mobil-homes de 290€ à 520€/semaine. Chalets de 380€ à 680€.

Implanté aux portes du Parc régional du Haut Languedoc et de la montagne Noire, ce camping convivial repose au cœur du parc de Gourjade, sur une des rives de l'Agout. Bucolique et confortable, le 3-étoiles a su bâtir une solide réputation à l'aide de ses 100 emplacements spacieux, de ses locations meublées, de sa piscine, de son bar-restaurant et de ses nombreux équipements de loisirs (pêche, golf...). Tout est là pour rendre votre séjour particulièrement agréable. Au programme : des loisirs familiaux dans un cadre époustouflant !

LES CHALETS DE LA BESSIÈRE €€

2, chemin de la Bessière - **LACROUZETTE**

✆ 05 63 50 60 16

www.lacrouzette.fr/chalets-municipaux

Ouvert toute l'année. Chalets de 260€ à 313€/semaine. Jeux pour enfants. Réceptions et mariages. Restauration.

Le Parc résidentiel de loisirs Les Chalets de la Bessière est synonyme d'amusements et de vacances actives pour tous les ages. On s'y dépense, s'y prélasse et on profite joyeusement de tout ce qu'il a à offrir. En plein cœur du Sidobre, c'est aussi un lieu propre au repos et à la relaxation. Pour cela, quoi de mieux que de séjourner au sein d'un des chalets du parc. Ils sont au nombre de 20 et possèdent une capacité allant de quatre à huit personnes.

DOMAINE DE LA VIVARIÉ €€

33, chemin de la Vivarié

✆ 06 59 52 14 70

www.lavivarie.fr

Chambre double de 65 € à 110 €. Petit déjeuner inclus. Jeux pour enfants. Animaux acceptés (sur demande).

Dans cette gentilhommière du XVIIe siècle, les quatre chambres, au premier étage, sont décorées avec goût, dans un mélange d'ancien et de contemporain. Une suite familiale, moderne et pleine de charme, offre confort et volupté. Toutes sont équipées d'un purificateur d'air nouvelle génération. La table d'hôtes mérite largement que l'on y prenne place, les vins du domaine de Vaissette accompagnent les mets. Le parc de 5 hectares est une véritable invitation à la promenade. Perdez-vous dans ce petit coin de nature dont le cèdre centenaire est le gardien.

L'ORÉE DES BOIS €€

70, route de Vabre - **LACROUZETTE**

✆ 05 63 50 64 39

loreedesbois.free.fr

Chambre simple à partir de 46 € ; double à partir de 59 € ; triple à partir de 80 €. Petit déjeuner inclus.

Une végétation verdoyante au cœur du Sidobre cache une maison d'hôte pleine de charme et d'authenticité au doux nom évocateur, L'Orée du Bois. Chez Françoise et Bernard, cinq chambres d'hôtes vous attendent ainsi qu'un tout nouveau gîte comprenant deux chambres et une cuisine équipée pour des vacances au calme. Chaque chambre dispose d'une salle d'eau avec w.c. (2 douches avec jets de massage et 1 adaptée aux personnes à mobilité réduite). Aux alentours, de nombreux sentiers de balades et de VTT sont accessibles et sur place deux jolies terrasses pour lézarder.

© EUROPE HÔTEL

© EUROPE HÔTEL

© EUROPE HÔTEL

EUROPE HÔTEL*** €€

5, rue Victor-Hugo
✆ 05 63 59 00 33
www.europe-hotel-castres.fr
Chambre simple à partir de 59€ ; chambre double à partir de 69€ ; suite à partir de 99€. Petit déjeuner buffet : 11€.

Dès l'entrée le décor est planté : statue d'Aphrodite, lustre en pampilles et banquette de velours nous emmènent dans la Rome antique, où Philippe en maître des lieux vous attend à la réception. L'Europe propose trente-six chambres de caractère, toutes différentes et en constante évolution. Par son grand escalier de bois, d'époque, ou par l'ascenseur de verre, vous rejoindrez vos habitations où l'ancien et le moderne se côtoient gracieusement, laissant apparaître sous vos yeux une salle de bains ouverte sur la chambre, une télé écran plat...

© EUROPE HÔTEL

© EUROPE HÔTEL

MIREDAMES HÔTEL BAR*** €€

1, place Salengro ✆ 05 32 62 97 47
www.lemiredames.fr
Ouvert toute l'année. Chambre simple de 65 € à 75 € ; chambre triple. Demi-pension. Petit déjeuner : 9 €.

© MIREDAMES HÔTEL BAR

Cet hôtel porte le même nom que le coche d'eau qui accoste contre le pont, juste en face. C'est dire si l'établissement, repris en 2020 par Gaëtan, est particulièrement bien placé, en plein cœur de la ville. L'hôtel et la terrasse ont été refaits. Les quatorze chambres de l'hôtel, dont une pour handicapés, sont climatisées et insonorisées. Le bar afférent, qui sert de la petite restauration complétera parfaitement votre séjour avec une cuisine : planches charcuterie, planches fromages, burrata garnie, seiches grillées, gravlax de truite de la Montagne Noire...).

PLEIN CIEL €€

101, chemin des Fontaines ✆ 05 63 35 60 40
www.centrepleinciel.com
Chambre simple de 45 € à 48 € ; chambre double de 58 € à 62 € ; chambre triple de 78 € à 84 €. Petit déjeuner inclus.

Évelyne enseigne le yoga depuis plus de 35 ans, une expérience qu'elle se fera un plaisir de partager. Elle propose deux chambres familiales pouvant accueillir de 4 à 6 personnes chacune, l'une à l'étage, l'autre de plain-pied dans le jardin. L'environnement est coquet et arboré. Une grande cuisine et une terrasse sont mise à disposition des hôtes, de même qu'une salle de séminaire accessible en location à la demi-journée, à la journée ou même au week-end, avec repas en option. Pour les pèlerins, un accueil spécial est proposé selon des formules avantageuses.

LE PRÉAU SAINT-JACQUES €€

3, rue de l'Eglise
✆ 05 63 70 96 30
preausaintjacques.fr
Gîtes de France (4 épis). Ouvert toute l'année. 2 chambres. Chambre double à partir de 75 €. Jardin. Terrasse.

Rénovée avec goût et soins, cette belle bâtisse castraise se trouve sur la rive Est de l'Agout. La partie chambre d'hôtes des lieux est resplendissante et indépendante du reste de la maison, en effet le secteur habité par les propriétaires est séparé par un jardin où vous prendrez plaisir à vous installer pour savourer votre petit-déjeuner. Celui-ci sera permis grâce à la présence d'une cuisine tout équipée dans l'hébergement et la mise à disposition de nombreux produits locaux et bio. En hiver, on apprécie se détendre devant le poêle à bois.

LE WIGWAM DU FASSAC €€

1134, route de Puechassaut
SAINT-JULIEN-DU-PUY
✆ 06 50 93 87 24
Ouvert de mi-février à début novembre. De 75 € à 115 € la nuit pour 2 avec petit déjeuner.

Sylvie et J.-C. vous accueillent dans leur ferme pédagogique, dans la campagne calme et verdoyante de Saint-Julien-du-Puy. Invitation à vivre l'expérience de dormir sous les étoiles dans un cocon douillet. Au cœur du domaine, cette tente amérindienne à armatures de bois, avec une toile en PVC, est idéale pour une nuit sous les étoiles que vous pourrez observer grâce à un télescope. Vous avez la possibilité de mettre une capote de protection sur votre tente en cas de pluie ou de vent. Cabanon sanitaire privé avec douche à effet de pluie et toilettes sèches.

LE GRAND HÔTEL DE CASTRES**** €€€

11, rue de la Libération ✆ 05 63 37 82 20
www.grandhoteldecastres.com
Ouvert toute l'année. Chambre simple à partir de 92 €. Petit déjeuner 13 €. Restauration (uniquement en semaine).

Près du musée Goya, sur les berges de l'Agout, l'hôtel dispose de 50 chambres contemporaines, affichant une décoration chaleureuse. Elles ont vue sur la ville ou sur l'Agout. Les matériaux, mobiliers et accessoires ont été choisis avec soin. Literie confortable, climatisation, tv écran plat et wifi gratuit complètent l'offre. Installés dans le salon ou sur la terrasse ensoleillée donnant sur le fleuve, prenez le temps d'admirer la vue sur Castres. Les repas vous séduiront aussi.

LA CRÊPERIE DU COIN €

11, rue Gambetta
✆ 05 63 70 56 95
Ouvert du lundi au samedi le midi et le soir. Réservation recommandée. Carte : 18 € environ. Menu enfant 6,90 €.

Après avoir bourlingué, Jérémy s'est installé à Castres et il a ouvert la Crêperie du Coin au croisement des rues Gambetta et de la Chambre-de-l'Édit. Sa devanture solaire et ses bigoudènes souriantes ont su attirer les curieux et les flâneurs castrais, et le talent du cuisinier a permis de fidéliser cette clientèle. Si bien que l'endroit est bien souvent complet... C'est la halte gourmande des professionnels du quartier et le lieu de rendez-vous idéal pour un repas décontracté et délicieux. Décidément, c'est une adresse qui mérite une halte !

SAMY'S DINER €

17, rue Henri Le Chatelier
✆ 05 63 70 28 05
Ouvert tous les jours le midi et le soir (jusqu'à 23h vendredi et samedi). Formule du midi : 10,90 €. Terrasse.

Envie de vous installer dans un *diner* de la route 66 ? Nul besoin de vous rendre aux États-Unis, le Samy's Diner de Castres remplira parfaitement son rôle. Installé sur l'axe Castres-Toulouse, l'établissement de Jérôme rend hommage à l'esprit américain et rétro. Après avoir bourlingué dans la restauration traditionnelle castraise, le chef a décidé de s'attaquer aux classiques de la cuisine rapide (burger, frites, bagels, etc.), ainsi qu'à quelques plats simples à la carte du midi tels que les moules marinières ou l'entrecôte.

L'ABSINTHE €€

6, avenue du Sidobre
BURLATS
✆ 05 63 35 66 75
Ouvert du mardi au dimanche le midi, du jeudi au samedi le soir. Snack en continu. Terrasse. Pétanque.

Voici une adresse si canaille qu'elle pourrait en faire pâlir les anciens bistrots de campane. À L'Absinthe, on ne fait pas dans la forme ou la dentelle, on fait dans le traditionnel, la bonne franquette et la joie de vivre. Sur place, l'esprit guinguette l'emporte sur tout le reste, on s'installe pour manger, boire un verre, entamer une partie de pétanque avec les amis, bref on s'y détend en toute décontraction ! Côté repas, le chef mitonne des recettes traditionnelles inspirées du terroir local telles que la tête de veau sauce ravigote et la croustade.

L'ARTIST €€

28, rue Henri-IV
✆ 05 63 72 32 05
Ouvert du mardi au samedi le midi et le soir. Réservation recommandée. Menus de 19 € à 30 €. Vin au verre. Terrasse.

C'est dans son atelier à saveurs que le chef Benjamin Rousseau vous invite. Après cinq années passées en tant que second de Simon Scott (Bistrot des Saveurs), le talentueux cuisinier a décidé de prendre son envol à Castres. Ici, Nande et lui ont misé sur des produits du marché et ne proposent pas de carte car le menu change en fonction des achats du jour. Au déjeuner, la formule est synonyme de simplicité et de justesse, proche du concept bistrot, tandis qu'au dîner le menu est plus élaboré et possède un esprit plus gastronomique.

DOMAINE LE CASTELET €€€

Chemin du Castelet ✆ 05 63 35 96 27
www.lecastelet.fr
Chambre double 96 €. Petit déjeuner inclus. 4 gîtes. En juillet et août, deux nuitées minimum.

© DOMAINE LE CASTELET

Cette maison de maître du XIXe siècle est érigée au bout d'un chemin privé. Pleine de charme, elle est tenue par Suzy et Eric. A l'intérieur, les chambres d'hôtes et les suites ont toutes été décorées et rénovées de manière à créer une ambiance douce et raffinée. Au programme du séjour : repos, farniente au bord de la piscine, lecture sous les chênes tricentenaires du parc, partie de billard, balade dans les bois, petit-déjeuner maison, assiettes terroir... On ne voit pas le temps passer dans ce havre de paix à l'ambiance propice au repos et aux plaisirs simples.

LES ATELIERS €€

173, avenue du Sidobre
✆ 05 63 35 00 11
Ouvert du mardi au samedi le midi, du jeudi au samedi le soir. Carte : 25 € environ. Terrasse. Animations. Concerts.

C'est ici, dans un décor industriel type loft new-yorkais, avec une immense pendule et une déco faite de métal et de bois, que nous avons croisé la fine fleur du Castres Olympique voisin. L'ambiance y est enjouée et sans chichis. Dans le fond, une rôtisserie - dans laquelle grillent à la broche des poulets fermiers provenant de producteurs locaux - permet de dévorer des assiettes alléchantes. Lors de notre visite, le plat du jour était un pot-au-feu excellent, accompagné d'une petit verre de vin rouge. Des tapas sont aussi proposées le soir.

L'AUBERGE DES SALVAGES €€

1, avenue du Sidobre - **BURLATS**
✆ 09 86 60 53 68
www.auberge-des-salvages.com
Ouvert du mardi au dimanche le midi ; du mercredi au samedi le soir. Bar. Carte : 26 € environ. Chambres d'hôtes.

À la fois chambres d'hôtes et restaurant terroir, L'Auberge des Salvages a plus d'un tour dans son sac pour vous séduire au cours de votre séjour. Installé à quelques minutes en voiture de Castres, ce sympathique établissement familial est tenu avec rigueur et sourire par ses gérants, un véritable plaisir. Les chambres sont sobres et disposent de décorations simples mais efficaces, leur propreté est assurée et leur prix très intéressant. Concernant la table, beaucoup de locaux vous diront que c'est une des valeurs sûres de Burlats.

B.SUSHI €€

9, rue de la Libération ✆ 05 63 35 53 55
www.bsushi.fr
Ouvert du mardi au samedi midi et soir. Réservation recommandée. A partir de 12,50 € la formule du midi. A emporter.

Après quelques années de bonheur dans l'industrie pharmaceutique, et avec la cuisine pour passion, Frédéric Bonjour a ouvert un sushi bar. Ce sera B.Sushi, B comme bonjour, bio, bon goût... Frédéric cuisine lui-même, à la fois des classiques japonais (soupes, mesclun de salade bio, sushi, sashimi, etc.), mais aussi des mélanges très originaux. Parmi eux le cristal maki, l'association de crevette, mangue et piment, le maki tomate, le sushi au foie gras, au miel du Tarn et aux noisettes grillées, le sushi de Saint-Jacques à l'huile de truffe et à la fleur de sel...

BISTROT DES HALLES €€

Place Pierre-Fabre
✆ 09 84 09 46 84
Ouvert du mercredi au samedi le midi et le soir ; le dimanche midi. Carte : 28 € environ. Terrasse. Animations.

Depuis son ouverture en 2013, l'adresse dynamise la jolie halle de l'Albinque et attire les gourmets autour de son bar intelligemment achalandé. Logé dans l'enceinte du marché, cette buvette gourmande est le rendez-vous des producteurs en pause, des vacanciers en balade et des amateurs de sports qui viennent assister à la retransmission de leurs matchs adorés. Tous s'y rendent pour des raisons diverses mais tous viennent se régaler de la carte tapas (chaudes et froides) de l'adresse et des beaux nectars qui viennent l'accompagner. Ambiance assurée !

AUX COULEURS GOURMANDES €€

23, rue Milhau-Ducommun ✆ 09 82 51 23 81
www.auxcouleursgourmandes.fr
Ouvert du lundi au samedi le midi, du jeudi au samedi le soir. Menu du soir : 27€. Formule du midi : 11,50€. Terrasse.

Dans le centre piéton de Castres, ce restaurant propose une cuisine faite maison avec des produits frais. Le principe des Couleurs gourmandes, c'est un concept simple fait d'un menu unique à midi et d'un menu unique le soir. A midi c'est petit prix pour du fait-maison. Le soir, le menu unique est à choix multiples mais toujours parfumés. On peut y trouver entre autres des ravioles de foie gras accompagnées d'une compote de pomme ginger, un filet mignon de porc aux noisettes, purée truffée, jus au miel ou une poire nashi pochée à la japonaise.

DÉLICES D'ASIE €€

14, rue Milhau Ducommun
✆ 05 63 35 20 45
Ouvert du mardi au dimanche le midi et le soir. Menu unique à 13,90 €. Carte : 24 € environ. Vente à emporter.

Ce restaurant asiatique est sans conteste l'un des meilleurs de Castres. Si son cadre fait un peu vieillot, il est animé par un service efficace et convivial. Au sein de cette adresse familiale, tous les plats sont frais et préparés pour vous, un gage de qualité qui permet à l'établissement de se distinguer des habituelles usines à produits qui servent ce type de cuisine. Dans les assiettes, c'est raffiné, copieux et parfumé, un vrai délice ! En prime, quand l'addition arrive, on est heureux de constater la justesse du rapport qualité/prix.

LA GRILLADE €€

7, rue Malpas
✆ 05 63 72 30 37
Ouvert toute l'année. Du mardi au samedi le midi et le soir. Carte : 35 € environ. Formule du midi : 15 €. Vin au verre.

Installé au sein de cette bâtisse du XVIIe siècle depuis mars 2020, le duo chaleureux Sébastien et Gabin, deux amis d'enfance, est vite devenu une valeur sûre du centre-ville castrais. A l'intérieur, le feu de bois crépite pour cuire grillades (côte de bœuf, entrecôte, lapin...) et pizzas (le samedi midi), des délices accompagnés d'assiettes variées telles que le cassoulet et tête de veau sauce gribiche. Dans une ambiance conviviale et un décor de poutres en bois et tables hautes, les gourmands découvriront une cuisine faite maison.

L'HOSTELLERIE D'OC €€

13, avenue Charles-Tailhades - **NOAILHAC**
✆ 05 63 50 50 37
www.restaurant-noailhac.fr
Ouvert le mardi et du jeudi au dimanche midi et soir, le mercredi midi. Carte 35 € environ. Terrasse. Climatisation.

Sandrine et Marc tiennent cette affaire depuis près de trente ans. Loin d'avoir perdu leur passion, ils vous accueillent avec bonne humeur, professionnalisme et simplicité dans un décor tout nouveau, plus moderne et plus clair. Ici, la cuisine est à la fois régionale (foie gras poêlé aux pommes, ris de veau aux morilles, pigeon au coulis de cèpes, etc.) et marine, avec des spécialités de poisson selon l'arrivage. Mais le terroir demeure, jusqu'aux desserts, avec le sabayon de fruits rouges au champagne ou le Paris-Brest praliné et noisettes.

LA BRASSERIE DE L'EUROPE €€

1, place Jean-Jaurès ✆ 09 70 35 28 51
www.brasserie-europe.fr
Ouvert du lundi au samedi de 7h30 à 2h. Menus de 18 € à 26,30 €. Menu enfant : 7,10 €. Chèques non acceptés. Terrasse.

© LA BRASSERIE DE L'EUROPE

Sébastien et son équipe vous accueillent dans cette brasserie du centre de Castres. Une terrasse ensoleillée sur les bords de l'Agout, et à l'étage une salle de restaurant. À la carte, des assiettes variées, avec entre autres la Gourmande (magret de canard, frites, légumes et salade), ou l'assiette autour du canard (gésiers, foie gras, cuisse confite...). Les pizzas et pâtes ont un beau succès, tout comme la carte très fournie de glaces que vous pourrez déguster l'après-midi ou à la nuit tombante, avec par exemple les classiques dame blanche et banana split.

LE MEDIEVAL €€

44, rue Milhau-Ducommun
✆ 05 63 51 13 78
Basse saison : du mercredi au dimanche midi. Haute saison : du mercredi au dimanche midi et soir. Menus de 24,50 à 42 €.

Dans cette bâtisse du XIe siècle, il semblait évident de conserver ce charme historique, époque des damoiseaux et des seigneurs. Le cadre est rustique, timbales et assiettes de présentation en étain, chaises tapissées de feuillages et une belle cave voûtée tel un passage secret donnant sur l'Agout... Le décor est planté, vous êtes au Médiéval ! Dans l'assiette, une ronde de légumes, excellents et présentés avec soin, accompagne chaque poisson et chaque viande, mais aussi des spécialités maison comme le magret avec une sauce selon la saison.

LES METS D'ADELAIDE €€

36, avenue Georges-Alquier
✆ 05 63 35 78 42
www.lesmetsdadelaide.fr
Ouvert du mercredi au samedi midi et soir, le dimanche midi. Carte 5 € environ. Terrasse. A emporter. Ateliers.

Les bancs de l'école vous semblent sûrement être de l'histoire ancienne… détrompez-vous ! Les Mets d'Adélaïde se sont installés dans l'ancienne école du village, à la sortie de Castres. Le décor, très épuré, est rehaussé de quelques notes colorées. L'accueil, aussi sympathique que son hôte, mérite aussi une bonne appréciation ! Le chef, Cyril Cubilié, propose une cuisine fine, savoureuse et inventive. À la carte de cette cantine gastronomique : fritons de canard en aspic, noix de Saint-Jacques au sésame torréfié, burger de canard au bleu d'Aveyron…

Ô VICTORIA €€

24, place du 8-Mai-1945
✆ 05 63 50 27 53
www.ovictoria.fr
Ouvert du mardi au samedi midi et soir. Carte 45 € environ. Formule 19 €. Terrasse.

La première vision qu'on obtient de cet établissement est une porte un peu mystérieuse et discrète, dirons-nous, qui laisse s'épanouir en sous-sol une salle pleine de charme. La cave voûtée donne un certain cachet et un raffinement au lieu, sans parler de sa fraîcheur qui est une véritable aubaine l'été ! En cuisine on retrouve un duo de frères, Aïssa et Rach, ils concoctent pour leurs clients une carte sincère et inspirée qui change au gré des saisons. Leur ADN : le respect des produits du terroir, un brin d'audace et l'équilibre des saveurs.

LA PART DES ANGES €€

5, boulevard Raymond Vittoz
✆ 05 63 51 65 25
www.lapartdesangescastres.fr
Ouvert du mardi au samedi le midi et le soir. Réservation recommandée. Menus de 18 € à 30 €. Chèque Restaurant.

Le 16 juin 2021, la Part des Anges a déménagé ses fourneaux rue Vittoz, après quelques années au niveau de la rue d'Empare. Un changement de peau, mais pas de forme pour cette adresse emblématique de l'élégance bistronomique. Si le cadre, les meubles et les couleurs ont changé, le principe reste le même : ici, on fait du bon avec du frais et avec le sourire. Pour un rapport qualité/prix honnête, le chef délivre des assiettes parfumées et contemporaines, joliment présentées. Au programme : des délices du terroir qui font la fierté de la région.

LE PESCADOU €€

18-20, rue des Trois-Rois
✆ 05 63 59 25 05
www.lepescadoucastres.com
Ouvert le mardi et le mercredi le soir, du jeudi au samedi midi et soir. Carte : 30€ environ. A emporter. Livraison.

Ce restaurant est un régal pour les amateurs de poisson frais, de coquillages et de crustacés. De l'extérieur, on se demande vraiment si l'on ne se trompe pas d'adresse, mais une fois le seuil franchi, on se retrouve dans une véritable cabane de pêcheur décorée de filets au mur. Ce qui fait la richesse de ce restaurant c'est le fait que la poissonnerie attenante garantit des livraisons de Méditerranée et d'Atlantique tous les jours. Huîtres, palourdes, langoustines, homards, gambas, poissons divers et variés... C'est un festival de saveurs iodées.

RESTAURANT LOUIS €€

27, avenue du Sidobre - **BURLATS**
✆ 05 63 35 05 98
www.restaurantlouis.fr
Ouvert du mercredi au dimanche le midi, du mercredi au samedi le soir. Carte : 42 € environ. Terrasse. A emporter.

Après trois années passées au Castel de Burlats, Émilie, Fabien et leur équipe ont déménagé fin 2015 dans cette ancienne laiterie des Salvages afin d'y ouvrir leur établissement : le Restaurant Louis. L'adresse a vite bâti une excellente réputation et fait depuis l'unanimité chez les becs fins qui ont eu la chance de pouvoir s'y installer. Blottis près de la cheminée en hiver ou installés sur la grande terrasse l'été, ils découvrent, dégustent et adoptent la cuisine de Fabien, qui met vraiment à l'honneur le terroir de la région.

AU VIEUX CHANTIER €€

18, Peyro Clabado - **LACROUZETTE**
✆ 06 81 61 53 38
www.peyro-clabado.fr
Haute saison : ouvert tous les jours de 10h à 19h. Carte : 18 € environ. Terrasse. Animations.

Vous venez de randonner dans les environs de Lacrouzette, faites donc une escale gourmande dans ce bistrot de pays ! Vous êtes ici chez un authentique atelier de taille de pierre, à quelques minutes du territoire du Sidobre. Ce bar-café et restauration rapide de produits locaux avec les crêpes à la bière, les tartines accompagnées de leur salade, les gâteaux maison. Au comptoir, une bière pression locale. Sur place, le musée Pierre Cros dédié aux minéraux et fossiles et une boutique d'art brut avec bijoux et artisanat local.

LE VINTAGE €€

4, rue Borrel
✆ 07 62 68 10 15
Ouvert du mardi au vendredi de 12h à 14h et de 18h à 22h, le samedi de 18h à 22h. Tapas le soir : à partir de 6,80€.

Cette adresse confidentielle a ouvert ses portes en novembre 2018. Elle convainc par son concept de cuisson à la pierre de lave, son ambiance intimiste et son équipe, aussi délicieuse que son menu. Logé dans la discrète rue Borrel, à deux pas des rives de l'Agout, le restaurant-bar à tapas dispose d'un cadre contemporain et élégant. Il se compose de deux espaces, l'un, à l'étage, héberge des tables et chaises hautes, la cuisine ouverte et une jolie vinothèque, l'autre, au sous-sol, est un espace voûté qui accueillera à merveille les soirées tapas conviviales.

BISTROT SAVEURS €€€

5, rue Sainte-Foy ✆ 05 63 50 11 45
bistrot-saveurs-81.fr

Ouvert du lundi au vendredi de 12h à 13h30 et de 19h30 à 21h15. Menus de 35€ à 120€. Formules du midi à partir de 19€.

Simon Scott est un grand artiste. A la différence de ses pairs, le chef ne s'exprime pas par les mots ou par la toile mais bien par une cuisine virtuose. Ancien cuisinier du prestigieux Savoy de Londres, il opère depuis quelques années derrière les fourneaux du Bistrot Saveurs. Dans sa cuisine, il jongle avec les saveurs et les textures comme personne, composant des assiettes élégantes et gastronomiques. Les curieux pourront d'ailleurs suivre la construction de ses oeuvres depuis leur table puisque le restaurant a pris le parti d'ouvrir sa cuisine sur la salle.

CHAI LES JUMEAUX

11, rue Castelmoutou
✆ 05 63 75 43 28

Ouvert du mercredi au samedi 11h30-14h/18h30-2h, le dimanche 11h-15h. Brunch à 19 € le dimanche. Terrasse.

Non, vous ne voyez pas double, la paire à la tête de cet établissement est liée par plus qu'une passion : ils sont frères jumeaux. Benjamin et Nicolas ont monté cette affaire ensemble, dans la discrète rue Castelmoutou, à deux pas du musée Jean Jaurès. Sur place, le duo sert des assiettes gourmandes où le fait maison prime. Le soir, ils se concentrent sur une carte de tapas alléchante. Convivialité et partage sont au cœur de cette affaire. Une large carte de vins et de spiritueux de la région et des quatre coins de la France (et du monde) vient renforcer le tout.

CHAMPS DU SUD

3, rue Beaujeu
✆ 05 63 71 18 93
www.champsdusud.com

Ouvert du lundi au samedi de 8h à 18h30. Petit déjeuner 6,90 €. Formules du midi : 11,50-13,70 €. Terrasse. Ateliers.

Dans ce confortable salon de thé, deux comparses barbus, Julien et Yannick, dirigent cette affaire avec générosité. Ici, on boit du thé tout en tissant des liens. Entre le Lady Yang Guiffi, qui mélange le litchi et la poire, et l'Africa Massala aux épices, il y en a pour tous les goûts. A table, on dévore des tartes salées qui changent régulièrement de parfums. Elles sont servies au déjeuner, tout comme les délicieux gâteaux maison (cheesecake, banoffee...). Accompagné d'un thé de Gaïa (vendu également en vrac), c'est tout simplement un régal.

LES CHOCOLATS DE JOSEPHA

12, rue Victor Hugo
✆ 05 67 27 72 99

Ouvert du mardi au samedi de 8h à 19h. Stages. Cours.

Son premier prénom c'est Elodie, mais elle a préféré le second, Josepha, sûrement pour mieux le faire rimer avec chocolat, sa passion. Installée depuis 2012 à Castres, la jeune femme a fait de la ville son terrain d'expression cacaotée. Reine de la fève, cette artiste complète joue avec les textures, les couleurs, les saveurs, et propose à tous les gourmands des variations de choix. Dans son atelier, elle explore et tente des mélanges rares et précieux, elle encourage même l'apprentissage grâce à des stages de cuisine adaptés à tous les âges.

LES CHOCOLATS YVES THURIES

17, rue Alquier-Bouffard
✆ 05 63 62 76 80
www.yvesthuries.com

Ouvert le lundi 14h30-18h30, du mardi au jeudi et samedi 9h-13h/14h-19h, vendredi 9h-19h. Boutique en ligne.

Cet enfant du pays, Meilleur Ouvrier de France, est un véritable petit génie ! Il manie avec élégance et finesse les saveurs et envoûte nos papilles toujours en quête de nouveauté : chocolat blanc aux éclats de nougat, chocolat au lait aux noisettes caramélisées et à l'anis... Ne sont qu'un bref aperçu de son originalité. Les chocolats individuels, soigneusement rangés en ballotins, sont des cadeaux de choix. Toute la production est garantie pur beurre de cacao.

ART BRUT : ATELIER DE LA PEYRO CLABADO

18, Peyro Clabado - **LACROUZETTE**
✆ 06 81 61 53 38
www.peyro-clabado.fr

Fermé en janvier et février. Eté : 7j/7 10h-19h (18h en juin/septembre). Basse saison : les week-ends 14h-18h.

Cet artiste complet est fils et petit-fils de granitier. Vous l'aurez compris, c'est un enfant du pays ! Une gravure monumentale est visible à l'église de Lacrouzette et *Le Tailleur de granite*, de 5 m de haut, qui a fait la renommée de Jacques Bourges bien au-delà de la région, trône au cœur du village. L'onyx, l'agate, la pierre, le granite, toutes les matières le grisent et s'animent au gré de son inspiration. Des œuvres impressionnantes et élégantes !

FERME DE BONICARDE

La Bonicarde - **VIVIERS-LÈS-MONTAGNES**
✆ 05 63 74 77 95
www.labonicarde.fr

Ouvert le vendredi et le samedi 9h-12h/14h-19h, le dimanche 10h-12h. Visites gratuites sur rendez-vous. Hébergement.

Installée au pied de la montagne Noire, la Ferme de Bonicarde élève des porcs en plein air, comme autrefois. Sur place, la charcuterie et les différents produits transformés vous feront retrouver des saveurs oubliées. Cathy vous fera déguster ses spécialités traditionnelles telles que le pâté aux châtaignes, la mousse de foie au roquefort, la poitrine roulée et le jarret aux noix. Parfait pour se faire plaisir ou offrir ! Mais ce n'est pas fini, car si l'envie de passer quelques jours au vert vous titille, Cathy met à votre disposition trois chalets.

JARDINERIE TARNAISE

20, rue Henry-le-Châtelier
✆ 05 63 74 83 81 - www.jardinerietarnaise.fr

Ouvert du lundi au samedi de 9h30 à 19h ; le dimanche et les jours fériés de 10h à 12h et de 14h30 à 18h30.

Créée en 1976 à Albi, l'enseigne s'est lancée à Castres dans les années 1990. Implantée dans un bâtiment à mi-chemin entre une halle et une serre depuis 2014, c'est une adresse qui se démarque. C'est un lieu où l'on vient passer un moment de détente, on y déambule comme dans un magasin, on s'y fait conseiller, il est possible de toucher les produits et de ressentir des émotions avec ses plantes et animaux. On y trouve des végétaux, de la déco extérieure de jardin, un poulailler, une boutique des produits du terroir (vins, ail, noix, sirops, coca tarnais), etc.

LES FERMIERS OCCITANS

59, route de Toulouse
✆ 05 63 71 09 71
www.fermiers-occitans.com

Ouvert du lundi au samedi de 9h à 12h30 et de 14h30 à 19h.

Depuis 1964, les Fermiers occitans (90 éleveurs aujourd'hui) regroupés offrent leurs produits de qualité et de tradition sous la marque Secrets d'Éleveurs. Leur travail de transformation est régulièrement récompensé par des médailles au Concours Général Agricole de Paris. Labellisés Saveur Terroir Sud-Ouest, du lapin au canard, sans oublier les spécialités du Sud-Ouest (cassoulet, terrines, rillettes, etc.), les produits en rayon feront votre bonheur dans la boutique de Castres, mais aussi d'Albi, de Labruguière ou de Lescure-d'Albigeois.

MAISON DU SAFRAN DU TERROIR TARNAIS

14, rue Frédéric-Thomas
✆ 09 65 29 44 35
www.safranduterroirtarnais.fr

Ouvert de 10h à 19h. Ouvert d'avril à fin-septembre et en décembre.

Yves et Eve Boismartel vous font découvrir l'or rouge tarnais : le safran. Du XIIe siècle au milieu du XVIIIe siècle, le diocèse d'Albi était la zone phare de la production safranière française. Entourée de hauts châtaigniers, la plantation de crocus de Yves et Eve se dore au soleil. Leurs 15 000 pieds sont traités le plus naturellement possible, avec des engrais naturels, et la transformation est exempte d'additifs, de gélifiants, d'arômes artificiels et de conservateurs.

MARCHÉS

- **Le marché couvert de l'Albinque** : ouvert du mardi au dimanche, de 7h à 13h
- **Le marché alimentaire** : organisé sur la place Jean-Jaurès, le mardi et du jeudi au samedi de 7h à 13h, et sur la place de Lameilhé tous les mercredis matin.
- **Noctambio** : ce marché bio s'installe sur la place Pierre-Fabre tous les jeudis après-midi (de 16h à 19h30).
- **Le marché au gras** : ce marché est une grande vitrine du savoir-faire régional, les étals font particulièrement honneur au canard et au foie gras. Il est organisé le samedi matin sur le quai Tourcaudière (de mi-novembre à mi-avril).

GOLF DE CASTRES-GOURJADE

Avenue de Roquecourbe ✆ 05 63 72 27 06
www.golf-castres.com

Ouvert toute l'année. Cours. Parcours 9 trous green fee : en semaine 33 €/la journée et 38 € le week-end. Boutique.

A la sortie de la ville, au cœur du parc de Gourjade, l'architecte Yves Bureau a su intégrer le golf de Castres à la beauté historique et naturelle des lieux. L'ensemble comprend un parcours de compétition de 9-trous qui passe l'Agoût. Un beau practice avec 36 postes dont 16 couverts et un parcours d'entraînement de 3-trous qui feront le bonheur des débutants, à proximité d'une belle demeure du XIXe siècle. L'espace propose également des stages, cours pour débutants et cours de perfectionnement toute l'année. Le golf devrait passer à 18-trous très prochainement.

SENTIER DU PETIT TRAIN DE LACAUNE

2, place de la République
✆ 05 63 62 63 62
www.tourisme-castres.fr

Au départ de Castres, le chemin des Fontaines évolue dans un cadre bucolique le long d'un aqueduc souterrain qui alimente la ville en eau. Jardins, ruisseaux, sous-bois et petits ponts sont au programme – attention d'ailleurs aux enfants quand vous surplomberez la rivière de l'Agoût. Au bout de huit kilomètres de marche, de jogging ou de vélo, vous atteignez le village médiéval de Burlat. Outre ses quelques monuments incontournables, vous y trouverez toilettes et point d'eau.

CITY FUN

37, rue de Mélou
✆ 05 63 70 38 35
www.cityfun-castres.fr

Ouvert du dimanche au jeudi 14h-0h, vendredi et samedi 14h-2h. Bowling 4 € pour les -4 ans et 8 € pour les autres.

Les 12 pistes du bowling s'entourent d'un cadre moderne avec écran géant pour les évènements sportifs, et d'un espace bar pour offrir une alternative à tous ceux qui ne vibrent pas uniquement pour le strike, avec 6 tables de billard et un espace jeux vidéos. L'ambiance est festive et conviviale, accessible pour les petits et les grands. D'ailleurs, en parlant des bouts de chou, citons aussi le complexe Kids Park, le paradis des petits. Toboggans, piste de luge, pont de singe, tyrolienne… Le site accueille tout événement : anniversaire, soirée d'entreprise, etc.

LO BOLEGASON

Passage Claude-Nougarot ✆ 05 63 62 15 61
www.bolegason.org

Ouvert du lundi au vendredi de 9h à 12h30 et de 14h à 17h30 ; le samedi de 14h à 18h. Restauration.

Si vous êtes fans de musiques actuelles et de spectacles vivants, cette scène est pour vous. C'est LA référence dans le département, l'agitateur de sons par excellence depuis 2001 ! L'établissement comprend une salle de concert de 525 places, quatre locaux de répétition, un espace multimédia et des équipements de pointe. Renseignez-vous sur la programmation, il y en a pour tous les goûts, du rock au reggae, de la chanson française à l'électro… Concerts, scènes ouvertes, répétitions, résidences et actions culturelles... tout est bon, dans Lo Bolegason !

LABASTIDE-ROUAIROUX

Située aux portes du Parc naturel régional du Haut Languedoc, à la frontière du département de l'Hérault, la commune de Labastide-Rouairoux repose sur une des rives de la rivière Thoré. Il semblerait qu'elle ait été créée sous forme de bastide par Raymond V, comte de Toulouse, vers 1166. Il faudra attendre la révolution industrielle au XIXe siècle pour que la cité soit propulsée sur le devant de la scène grâce à son activité textile. Au sein de la commune, un musée raconte cette aventure artisanale et rend hommage aux hommes et femmes qui ont bâti son histoire. Notez que Labastide-Rouairoux est une étape importante du sentier « Art et Textile ».

MUSÉE DÉPARTEMENTAL DU TEXTILE ★

1, rue de la Rive
✆ 05 63 98 08 60

Ouvert de mars à décembre, tous les jours. Entrée : 5 €. Visite guidée. Boutique.

Dans les bâtiments de l'ancienne manufacture textile Armengaud de 1880, cet espace présente le savoir-faire traditionnel, du XIXe siècle à nos jours, en matière d'industrie textile. On découvre la chaîne de fabrication, du fil au tissu. Démonstrations sur cadre à échantillonner et métiers à tisser, matériel ancien toujours en fonctionnement, expositions temporaires et ateliers créatifs complètent le parcours à travers la découverte de techniques de tissage du monde entier.

OFFICE DE TOURISME THORÉ-MONTAGNE NOIRE

Boulevard Carnot
✆ 05 63 98 07 58
www.tourisme-thoremontagnenoire.fr

Ouvert du lundi au vendredi de 8h à 12h et de 14h à 18h, le dimanche de 10h à 17h. Ouvert le dimanche.

Vous ne savez pas par où débuter lors de votre visite de la région de Castres et de la Montagne Noire ? Prenez le temps de passer à l'office de tourisme de Labastide, au niveau du boulevard Carnot. Là, l'équipe vous transmettra les brochures qui répondront à vos interrogations ou absences d'informations. Elle sera aussi de formidables conseils pour vous recommander des restaurants, hôtels, boutiques... Une façon simple d'éviter les mauvaises surprises.

HÔTEL-RESTAURANT LA DEMEURE DE FLORE*** €€

106, Grand-Rue - **LACABARÈDE** ✆ 05 63 98 32 32
www.demeuredeflore.com

Fermé de janvier à février. Chambre simple à partir de 75 €, double de 95 à 105 €, suite de 130 à 150 €. Piscine. Parc.

La Demeure de Flore est un véritable havre de paix qui abrite une dizaine de chambres confortables. A première vue, avec ses toiles, ses statues et le jardin italien, on pourrait se croire au sein d'un vignoble familial, quelque part en Toscane, mais c'est bien au cœur du Tarn que vous aurez l'occasion de découvrir ce joyau. Le cadre est majestueux, impressionnant, et les hôtes sont invités à se détendre au bord de la piscine, dans le salon au piano pour l'heure du thé ou dans le parc.

LES HÔTES DE LABASTIDE €€

55, boulevard Carnot
✆ 05 81 43 63 12

Chambre double à partir de 60 € ; studio/appartement de 80 € à 100 €. Petit déjeuner inclus. Lit supplémentaire : 30 €.

Dans cet ancien Café des Arts, grande bâtisse datant des années 1900, Les Hôtes de Labastide prennent vie. Planté entre Thoré et la montagne Noire, les cinq chambres d'hôtes et le gîte meublé, Les Terrasses de Labastide, attirent amoureux de la nature et sportifs. Dans cette belle maison typique aux fenêtres cerclées de rouge telles les maisons basques, tout a été refait à neuf en conservant une décoration intérieure et extérieure d'époque avec les meubles Art déco de l'ancienne habitation. La table d'hôtes offre des découvertes de recettes régionales.

LE REPOS DE LA GARE €€

LACABARÈDE ✆ 05 63 97 96 26
www.lereposdelagare.com

Chambre double 77 €. Petit déjeuner buffet inclus. Location du gîte : 250 € la semaine (400 € en juillet et août).

Cette ancienne gare de 1888 est située sur une colline à Rouairoux, joli petit patelin bien connu également sous le nom de Lacabarède. Carine et Johan proposent quatre chambres d'hôtes confortables et un petit gîte pour deux personnes, paisible et tout confort. Les chambres sont confortables et bien équipées et chacune propose une ambiance particulière invitant au voyage. Vous en aurez un aperçu d'après leurs noms. La table d'hôtes est servie dans une belle salle ayant conservé beaucoup d'éléments du passé de gare de cet endroit, et elle offre de bons produits.

LE DOLMEN €€

3, Lieu-dit Galinel
✆ 05 63 97 02 88

Ouvert tous les jours le midi. Tous les soirs sur réservation. Carte 26 € environ. Terrasse.

C'est un petit restaurant, situé au cœur du charmant village de Labastide. On ne vient pas ici pour de la grande gastronomie mais pour le plaisir de se retrouver et de retrouver le sourire et la convivialité de Jacqueline, la patronne. La cuisine est familiale et les prix plus qu'abordables. Ici, c'est menu unique : entrée, plat, fromage et dessert pour un prix plus que mini et des assiettes plutôt copieuses. Le tout varie en fonction de la saisonnalité et des envies du chef. Ce rendez-vous gourmand est à réserver si vous souhaitez y manger le soir.

LAC DES SAINTS-PEYRES

✆ 05 63 74 59 13

Ouvert toute l'année. Accès libre.

Implanté dans un cadre boisé, ce lac artificiel d'une dizaine de kilomètres de long est parfois difficile d'accès mais il mérite l'effort. Interdit à la baignade, il attire les pêcheurs et les véliplanchistes. Il est aussi ponctué de nombreux sentiers de randonnée et offre la possibilité de pique-niquer en toute quiétude. Depuis le lac, un sentier de randonnée pédestre de 53 kilomètres, inauguré en 2002, mène vers les gorges du Banquet. Vertigineuses, coincées entre le roc et l'épaisse forêt, c'est un spectacle étonnant qui ne déçoit jamais.

LABRUGUIÈRE

Fondée sur un plateau surplombant la rivière Thoré et le ruisseau Montimont, la vieille cité de Labruguière se présente sous la forme d'un oppidum. Les premières traces écrites de son existence remontent en 985, la ville se trouvait alors sur le trajet des pèlerins en route vers Saint-Jacques-de-Compostelle. Terrassée par la guerre de Cent Ans, elle connut un nouvel essor entre la fin du Moyen Age et la Renaissance grâce au commerce de draps de laine vendus dans toute l'Europe. En visite à Labruguière, découvrez le château Cardaillac, la halle du XVIIIe siècle, l'église Saint-Thyrs et les ruelles bordées de maisons à colombages et encorbellements.

ESPACE PHOTOGRAPHIQUE ARTHUR-BATUT

1, place de l'Europe
✆ 05 63 82 10 60
www.espacebatut.fr

Ouvert le lundi, le mardi et le jeudi de 14h à 18h30 ; du mardi au samedi de 10h à 12h ; le mercredi de 13h à 18h30.

Enfant du pays, Arthut Batut inventa, en 1888, la prise de vue aérienne automatique à l'aide d'un cerf-volant. Un siècle plus tard, la commune lui rendait hommage en aménageant dans les anciens bains-douches un espace entièrement dédié à son travail. Le musée abrite ainsi les collections personnelles du photographe, léguées par ses descendants : près de 20 000 images, dont 80 prises de vue aérienne. Clichés, matériels, procédés, tout y est parfaitement expliqué.

OFFICE DE TOURISME DE LABRUGUIÈRE

Place de l'Europe
✆ 05 63 82 10 60
tourisme.labruguiere.fr

Ouvert le lundi, le mardi, le jeudi et le vendredi 9h-12h/14h-18h30, le mercredi 9h-18h30 et le samedi 9h-12h/14h18h.

Où manger ? Où dormir ? Que faire pendant son séjour à Labruguière ? Toutes ces questions et bien d'autres trouveront leurs réponses dans l'office de tourisme de la ville. Sur place, les spécialistes de la région fournissent des plans, brochures et conseils à tous ceux qui souhaitent parcourir le secteur sans en perdre une miette. Fins connaisseurs de leur territoire, ils vous permettront également d'éviter les pertes de temps et les mauvaises expériences.

DOMAINE D'EN BALEUX €€

715, route de la Lande-Basse ✆ 06 60 87 00 36
https://domainedenbaleux.jimdofree.com

Chambre simple de 49 € à 62 € ; double de 59 € à 70 € ; studio / appartement de 45 € à 118 €. Petit déjeuner inclus.

Chez Mme Bossut, on vient se ressourcer au pied de la montagne Noire. Son accueil, sa gentillesse, ses conseils toujours très avisés sur les sentiers de randonnée ou les visites à faire et surtout ses petits déjeuners faits maison et copieux, donnent l'assurance d'une belle journée. Dans cette ancienne bergerie du XVIIIe siècle, vous vous sentirez au bon endroit : quatre chambres d'hôtes et deux gîtes/appartements en rez-de-jardin pouvant accueillir jusqu'à 10 personnes occupent le domaine. Les espaces sont sobres et simples, mais fonctionnels et confortables.

PARC RÉSIDENTIEL DE LOISIRS DOMAINE D'EN LAURE €€

Mairie de Labruguière
✆ 05 63 50 17 21

Ouvert toute l'année. Emplacements camping-cars. Bungalow de 200 à 450 €/semaine. Buvette. Promenades en calèche l'été.

Ce parc résidentiel de loisirs s'étend sur 32 hectares dans le Parc naturel régional du Haut Languedoc. Elle possède un plan d'eau pour la pêche, un parcours santé, des sentiers de balade et des jeux pour les enfants. Trois chalets de six places, quatre chalets de cinq places et un gîte d'étape de onze places sont à votre disposition. Vous pourrez également profiter de l'espace de barbecue collectif et des nombreuses activités possibles (tennis, VTT, etc.).

BRASSERIE M €€

2, boulevard de la République
✆ 05 63 70 61 98

Ouvert du mardi au dimanche le midi, le vendredi et le samedi le soir. Carte 34 € environ. Terrasse. Animations.

La Brasserie M est une véritable histoire d'amour, celle de la cuisine, du partage et de la famille. En effet, suite au départ de leur fils Alexis, Françoise et Michel Crémailh ont repris les rênes de sa brasserie en janvier 2017. Après un léger changement de décor, ces professionnels de la restauration ont ouvert les portes de cette nouvelle version et séduisent depuis les locaux et les touristes de passage. Françoise règne sur la salle et assure un service à la fois souriant et efficace tandis que Michel a repris sa place derrière les fourneaux.

LOU LENGADOCIAN €€

4, boulevard de la République
✆ 05 63 50 21 36

Ouvert le lundi midi, du mardi au samedi le midi et le soir. Carte 32 € environ. Terrasse.

Christie et Nicolas Dinot ont repris cette sympathique affaire de Labruguière après le départ de Françoise et Michel à la Brasserie M en 2017. Le jeune couple, qui tenait auparavant le *De-ci De-là* à Castres, n'en est pas à son coup d'essai et réalise ici une passation des plus réussie. Le chef et sa femme ont conservé ce qui faisait la force des lieux : l'authenticité et le désir de partager. La carte proposée est axée sur le frais et le local, au gré des saisons il réalise une carte à l'ardoise et s'exprime à travers des assiettes terroir et 100% maison.

MAZAMET

C'est sur les hauteurs de Hautpoul, que se situe historiquement le berceau de la ville. Fondé par les Wisigoths en 413, ce village fortifié devint un refuge cathare au XIIIe siècle. Assiégé en 1212 par Simon de Montfort, le château, dont les ruines sont toujours visibles, fut rasé. Les habitants rescapés s'installèrent plus bas, dans la plaine, entre Arnette et Thoré, au Mas Arnette, donnant naissance à Mazamet. La réputation de la ville a traversé les frontières au cours des deux derniers siècles. Malgré sa situation géographique défavorable, le délainage et la mégisserie faisaient de la ville une référence. Différents sites à visiter aux alentours.

MAISON DU BOIS ET DU JOUET

Moulin de l'Oule
© 05 63 61 42 70
www.maisonboisjouet.fr
Basse saison : mercredi, samedi et dimanche de 14h-18h. Haute saison : 7j/7 de 14h-19h (fermé lundi en moyenne saison).

Située au pied du village d'Hautpoul, la Maison du Bois et du Jouet expose plus de deux mille jeux et jouets en bois. Sa visite ludique séduit plus de vingt mille personnes chaque année et s'apparente à une vraie balade initiatique ! A l'extérieur de la maison, un magnifique arboretum composé de 54 essences permet également de découvrir les arbres de la montagne Noire. Tous les ans, de nouvelles expositions sont organisées à l'intérieur comme à l'extérieur.

MUSÉE DU CATHARISME

Rue des Casernes
© 05 63 61 56 56
www.museeducatharisme.fr
Fév-mars, mar-ven. Avril-11 juil et 23 août-oct, lun-ven 10-12h/14-17h. 12 juil-22 août, 10-12h30/14-18h. 5 €.

Ce musée didactique est un véritable pôle de découverte de l'histoire cathare. En déambulant à travers ses espaces, le visiteur aura une idée plus claire de la dimension humaine de la foi cathare. Au rez-de-chaussée, la demeure de l'amiral Fuzier, dont les deux salons reflètent le mode de vie de la haute bourgeoisie protestante du XIXe siècle, est accessible gratuitement. Au premier étage, une exposition retrace une page religieuse et tragique du Moyen Age occitan sur 300 m², s'appuyant en particulier sur les traces laissées dans le village d'Hautpoul.

LA MONTAGNE NOIRE

La légende raconte qu'elle serait née d'un formidable coup d'épée de la fée Nore, au secours de ses amis les gnomes Taur, Bug et Arach, qui tentaient de dresser de leurs mains un rempart de pierres pour se protéger des vents du Nord. Dernier bastion du Massif central, la Montagne noire rejoint les plaines du Tarn, de l'Hérault et de l'Aude. Forêts et pierres façonnées, vallées et plateaux s'y succèdent. Au plus haut se dresse le pic de Nore (1 214 m), et au plus profond coule l'eau que détourna Pierre-Paul Riquet au XVIIe siècle pour alimenter le Canal du Midi. L'eau contribua à l'essor de l'industrie dans la vallée du Thoré, fournissant l'énergie pour transformer la laine, le bois, la pierre et le cuir. Jadis, on s'installait sur les plateaux, comme en témoignent le village médiéval d'Hautpoul, l'oppidum de Berniquaut ou les forges romaines des Martys, puis les villes se sont développées au pied de la montagne. Durfort, bastion des dinandiers, Dourgne et ses monastères, Sorèze et son abbaye-école, Labruguière, patrie d'Arthur Batut, l'inventeur de la photographie aérienne en cerf-volant. Proche de la mer, la Montagne noire veille sur les Pyrénées tout en glissant vers Toulouse et la riche plaine du Lauragais. Ici les artisans ont travaillé le verre, forgé le métal, tissé la laine, sculpté le bois, taillé la pierre, et la tradition qui perdure... La Montagne noire, ce sont aussi, bien entendu, des espaces naturels, des producteurs fermiers, des accueils touristiques et tout un patrimoine attractif.

OFFICE DE TOURISME CASTRES MAZAMET

7, place Georges Tournier © 05 63 61 27 07
www.tourisme-castresmazamet.com
Ouvert du mardi au vendredi 10h-12h/14h-17h. Été : lundi 14h-18h, mardi au vendredi 9h30-12h/14h-18h, week-end le matin.

Vous êtes à la recherche de bons plans dans le secteur de la Montagne Noire ? Partez à la rencontre des équipes de l'Office de tourisme de Castres-Mazamet. Installées place Georges Tournier, elles se chargeront de vous donner les documentations correspondant à vos recherches et vous renseigneront sur les événements et adresses à ne pas rater. Restaurants, hébergements, loisirs... ces spécialistes des vacances vous assureront de belles expériences et de nombreux souvenirs.

GUEST HOUSE LA VILLAE €

20, boulevard Soult
✆ 06 59 52 14 70
www.lavillae.eu
Ouvert toute l'année. 3 chambres. De 75 € à 95 €. Wifi gratuit. Spa.

Les trois chambres de La Villae se nichent dans une belle demeure bourgeoise de Mazamet comme il y en a tant. Celle-ci a été rénovée par Pascal Fregossy, aussi propriétaire du domaine de la Vivarié à Castres, le résultat est là. La décoration est ici particulièrement soignée : parquets en bois, plafond haut, escalier en chêne massif… Les chambres sont grandes avec une thématique autour des pierres et des couleurs. Si elles sont toutes très confortables, deux des chambres possèdent des salles de bain munies de grandes baignoires.

LA BOURIETTE DU BOUT DU PONT €€

La Bouriette - **BOUT-DU-PONT-DE-LARN**
✆ 05 63 48 83 01
www.gites-tarn.com/fiche-G1349.html
Gîtes de France (3 épis). De 360 à 800 €/semaine. Week-end : 280 €. Lave-linge, sèche-linge, lave-vaisselle. Jardin.

Établi sur les hauteurs du Bout-du-Pont-de-l'Arn, ce gîte repose au cœur d'une belle forêt de 25 ha. Sa nature tranquille et ensoleillée offre un cadre de choix à des séjours de vacances, notamment pour ceux qui souhaitent recharger leur batterie après plusieurs mois dans l'agitation et le débordement. Le gîte indépendant se compose d'une terrasse couverte, d'une cuisine, d'un salon, d'une buanderie, de deux salles d'eau et de trois chambres. A l'extérieur, un jardin attend les hôtes.

CAMPING LA VALLÉE DU THORÉ** €€

La Lamberthe - **SAINT-AMANS-SOULT**
✆ 05 63 97 05 43
www.saint-amans-soult.fr
Fermé du 1er novembre au 30 avril. Emplacement à partir de 12,80 €. Mobil-homes de 295 à 345 €/semaine. Excursions.

Riche d'un beau patrimoine naturel, la vallée du Thoré reste à l'écart d'un tourisme trop bruyant. Au sein de cette vallée verdoyante, un camping convivial a élu domicile. Au pied de la Montagne Noire, il vous attend pour des vacances reposantes ou actives. Situé entre deux villages pittoresques, il est l'hébergement idéal pour ceux qui souhaitent fouler le département sans passer par les grands axes et les attractions trop touristiques ou fréquentées.

LA PASSERELLE DE MAZAMET ★

95, rue de la Resse
✆ 05 63 61 27 07
www.tourisme-castresmazamet.com
Accès libre. Ouvert tous les jours. Gratuit. Parking.

Inaugurée en 2018, la passerelle suspendue de Mazamet est un lieu unique en Occitanie. Elle est le fruit de longs mois d'effort et de la volonté de l'ex-cité industrielle de miser sur le « tourisme vert ». Ce nouveau point de vue promet sensations de haut vol, il faut dire qu'un tel panorama ne se voit pas tous les jours. Installée à 70 mètres de haut, au-dessus des gorges de l'Arnette, la passerelle mesure 140 mètres de long : impressionnant ! Deux chemins permettent d'y parvenir : les jardins de Cormouls-Houlès (30 min à pied) et le chemin de Jamarié (15 min).

© DR

© DR

LA VILLA DE MAZAMET €€€

4, rue Pasteur
✆ 05 63 97 90 33
www.villademazamet.com

Chambre double à partir de 120 € ; suite à partir de 200 €. Petit déjeuner inclus. Réceptions et mariages.

Cette sublime maison de maître construite en 1934 au cœur d'un jardin clos aménagé, disposant d'un panorama imprenable sur la montagne Noire, est véritablement un petit bijou où venir se reposer ! Avec son grand escalier en pierre, ses moulures, ses cheminées en marbre d'époque, ses nombreux espaces de vie décorés avec charme et élégance, ainsi que son restaurant et l'espace « Le Petit Spa », l'établissement est un véritable incontournable dans lequel chacune des chambres est plus belle et plus confortable que la précédente et où vous êtes traités en rois.

© LA VILLA DE MAZAMET

© LA VILLA DE MAZAMET

CAMPING MUNICIPAL DE LA LAUZE*** €€

Chemin de la Lauze ✆ 05 63 61 24 69
www.camping-mazamet.com

Fermé en basse saison (sauf mobil-homes). Emplacement dès 17 €. Camping-car dès 10,50 €. Mobil-home de 287 à 615 €/sem.

À 5 minutes du centre de Mazamet, de ses commerces et animations, voici un petit camping à taille humaine en plein cœur de la nature. Vous apprécierez ses 48 emplacements spacieux et ombragés, équipés en eau et électricité, et agrémentés d'un baby-foot, d'un billard, d'un terrain de volley-ball, d'une table de ping-pong, d'un terrain de pétanque et de football… À noter également que la piscine municipale est toute proche et que la réception propose des produits de première nécessité.

GITES VILLA ROBINSON €€

Lac des Montagnès
✆ 05 63 61 95 15
www.villarobinson.eu

Gîtes de 220€ à 1 790€/semaine. Jeux pour enfants. Connexion Internet. Wifi. Animations. Parc. Lac à proximité.

C'est au cœur du parc naturel régional du Haut Languedoc et à seulement 30 minutes de Carcassonne que la Villa Robinson vous accueille. Implantée à deux pas du lac des Montagnès, l'adresse dispose de quatre gîtes de charme. Si leurs tailles varient, ils permettent tous de se détendre dans un cadre de choix, à proximité de la base nautique et de la plage. Concrètement, la Villa Robinson comprend un gite pour 2 personnes, un gite pour 4, un gite de 10/12 places (3 chambres) et un grand gite pouvant recevoir jusqu'à 16 personnes.

LES JARDINS DE MAZAMET €€

6, rue Henri Gardet ✆ 05 63 61 26 97
www.jardinsdemazamet.fr

Gîtes de France (5 épis). 5 chambres. Chambre double 90 €. Petit déjeuner inclus. Lit supplémentaire : 30 €.

Cette bâtisse du XIXe siècle avait été érigée par des industriels du délainage et de la mégisserie. Aujourd'hui, elle est tenue par Marie et Franck, un duo magique et dynamique qui facilitera séjours et sorties. Leur villa, constituée de quatre niveaux sur 800 m², garantit une liberté maximale et un refuge luxueux. En plus de la chambre familiale, des deux chambres spacieuses et des deux suites élégantes, la demeure possède un grand salon climatisé au rez-de-chaussée qui invite à la détente. De nombreuses formules complètes bien-être et romantiques sont proposées.

VILLA PINEWOOD €€

328, chemin du Negre - **PAYRIN-AUGMONTEL**
villapinewood.com
3 chambres double de 110 à 150 € (petit déjeuner inclus). Restaurant : mardi au samedi le soir. Piscine. Jardin.

Pendant 7 ans, Thomas Cabrol a géré d'une main de maître le N° 5 Wine Bar à Toulouse, si bien qu'il a été élu quatre fois « meilleur bar à vins d'Europe » et trois fois « meilleur du monde » par le magazine Fine Wine. Après des années à courir, sa femme et lui ont décidé de revenir dans le Tarn. Natif de Pont-de-Larn, Thomas a jeté son dévolu sur un magnifique domaine d'un hectare avec vue sur la Montagne Noire. Ainsi est née la Villa Pinewood, une table œno-gastronomique 100% locale de 12 couverts et 3 chambres d'hôtes de standing. Le nouveau temple du bon goût !

LE CHALET DU LAC €

3, route de la Gachal
✆ 05 81 43 43 99
https://www.kelvitrine.com/mazamet/lechaletdulac/apropos
Fermé du 30 octobre au 1er mars. Menus de 19,90 € à 29,90 €. Formule du midi : 14,90 €.

Sur les bords du lac des Montagnès à 7 km de Mazamet, ce petit restaurant est un havre de fraîcheur et de tranquillité. Vous déjeunerez sur une terrasse donnant sur le lac sous les frênes, les acacias et autres mélèzes. Une petite salade en entrée suivie d'une assiette de tagliatelles avec une dizaine de sardines grillées, ou un magret de canard entier grillé avec sa sauce au miel et ses frites maison : c'est simple et bon. Les desserts ne sont pas en reste : on fond pour la tartelette au chocolat et sa mousse à la noix de coco ou la Charlotte aux poires et cacao.

LA SCALA €

Quai Charles Cazenave
✆ 05 63 98 12 52
Ouvert du mardi au samedi midi et soir. Carte : 20€ environ. Formule du midi : 13€. Terrasse. Vente à emporter.

© LA SCALA

Depuis qu'il a repris l'affaire en 2016, Lionel a remodelé cette adresse à son image : à la fois simple et sympathique. Le chef connaissait bien les lieux puisqu'il y avait travaillé 10 ans par le passé, attaché à l'établissement il avait décidé de mettre la main à la pâte - littéralement ! - et d'investir ses murs. Voilà donc 5 ans que la Scala propose à des clients affamés de belles et grandes pizzas à la fois originales et tournées vers le terroir (boudin, melsat, bougnette...). Elles côtoient des plats issus d'Italie et de salades bien ficelées.

AUX SAVEURS DE L'AUTAN €

8, rue Victor-Hugo
✆ 05 63 61 42 93
Ouvert du mardi au vendredi 10h-19h, le samedi 9h-12h/14h-19h. Carte 15 € environ. Terrasse. A emporter. Boutique.

Une boutique vitaminée et pleine de jolies trouvailles ! Myriam et Gérard, deux enfants du pays, s'activent généreusement dans cette épicerie fine (thés, cafés, sels, vins fins, huiles, etc.) qui fait aussi office de salon de thé et de restaurant végétarien. Les repas sont servis uniquement le midi ; une cuisine simple et fraîche que concocte Gérard avec amour tous les matins. Lors de notre passage, nous avons testé une salade fraîcheur avec champignons, gingembre, curry de pomme de terre, falafels, toasts de chèvre au piment d'Espelette et riz à la cardamome.

L'ÉTABLE À ROUSSETTE €€

Les Alberts
BOUT-DU-PONT-DE-LARN
✆ 05 63 98 97 33
Ouvert du mardi au vendredi et le dimanche le midi ; du mercredi au dimanche le soir. Carte 28 € environ. Terrasse.

C'est dans un ancien corps de ferme que le chef Patrice Outurquin a posé ses casseroles. Le cadre enchanteur de cet établissement est depuis le décor de repas authentiques, principalement cuisinés au feu de bois. Impossible d'ignorer le chef mitonnant devant vous ses viandes grillées aux sarments de vigne. Le bœuf et le canard y règnent en maîtres, aux côtés du boudin poêlé et des escargots à la mazamétaine. À la carte, vous trouverez toutes sortes de grillades, ainsi que des spécialités locales et régionales à la fois généreuses et raffinées.

LE GRAND BALCON €€

Square Gaston-Tournier
✆ 05 63 61 01 02
www.le-grand-balcon.fr
Lundi, mardi et du jeudi au samedi midi et soir, le dimanche midi. Carte : 30€ environ. Terrasse.

Construit dans les années 1850, la bâtisse est aujourd'hui encore l'une des plus belles demeures de la ville et abrite un restaurant depuis 1926. Rénové avec style et élégance, le Grand Balcon propose tout à la fois un bistrot et une table de style brasserie qui allie à merveille cuisine authentique et atmosphère contemporaine. Dans l'assiette, on joue sur les couleurs, les matières, et on envoie des plats qui font briller le terroir. Loin d'axer la carte sur les classiques bistrotiers, le chef concocte ici des assiettes canailles inspirées de la région.

HÔTEL-RESTAURANT METS ET PLAISIRS €€

7, avenue Albert-Rouvière ✆ 05 63 61 56 93
www.metsetplaisirs.com
Du mardi au vendredi midi et soir, samedi soir et dimanche midi. Menus à partir de 23€. Chambre double à partir de 68€.

Cet élégant restaurant est tenu par une main de maître depuis 18 ans, en la personne du chef Blancard. Ici, les mets ne doivent être que plaisir – et ils le sont. Les saveurs du menu sont à se pâmer, comme cette raviole de cèpes aux copeaux de parmesan, le pavé de veau aux endives et au cantal, ou encore le soufflé au chocolat blanc, une valeur sûre présente à la carte des desserts tout au long de l'année. Au-delà des saveurs, le lieu offre aussi le gîte dans des chambres confortables.

RESTAURANT DE BONNERY €€

Caucalières
✆ 05 63 61 92 56
www.club-hippique-bonnery.fr
Ouvert du mercredi au dimanche le midi et le soir. Carte 40 € environ. Terrasse. Club hippique.

A la sortie de Mazamet, direction Labruguière, c'est sur la droite que se niche le village de Caucalières et, si vous ne vous perdez pas, vous tomberez sur le club hippique qui abrite cette belle table de campagne. C'est une adresse qu'il faut mériter : aucun panneau pour rejoindre ce rendez-vous des connaisseurs gastronomes du sud tarnais. Ici le bon goût prime, nappes africaines colorées, environnement fleuri et apaisant. Même chose dans l'assiette, les becs fins seront ravis de découvrir une cuisine méditerranéenne à base de produits frais et du terroir.

LA TAVERNE D'HAUTPOUL €€

Hautpoul ✆ 05 63 97 00 86
www.restaurant-portugais-tarn.fr
Haute saison : 7j/7 10h-23h. Sur réservation à partir de 5 personnes en basse saison. Carte 30 € environ. Terrasse.

Une petite auberge authentique, une terrasse avec une vue panoramique sur la vallée, une cuisine qui jongle entre tradition et saveurs portugaises... Bienvenue à la Taverne d'Hautpoul ! Repris il y a maintenant plusieurs années, cette adresse repose au cœur du village médiéval d'Hautpoul, perchée sur les hauteurs de Mazamet. Dans un cadre aussi contemporain que familial et authentique, l'équipe réalise des assiettes surprenantes et savoureuses. Les spécialités portugaises y sont servies avec le plus grand soin et réalisées à partir de produits frais et de saison.

CAFE DU CENTRE

14, place Philippe Olombel
✆ 05 63 61 19 84
Ouvert tous les jours de 6h à 2h. Plats à partir de 14€. Terrasse. Restauration. Animations. Concerts.

C'est entre l'église et le kiosque à journaux du centre-ville que Fabrice vous ouvre les portes de son café. Que ce soit sur la terrasse d'une trentaine de places ou au sein de la petite salle située à l'étage, il vous reçoit avec le sourire, comme si vous faisiez partie de la maison. Dans un coin, on peut régulièrement observer des joueurs de belote et de tarot en pleine partie, ainsi que des fans de rugby. Mais ici ce sont les gourmands qui dominent. Ils viennent découvrir les plats du jour et spécialités du chef, composés pour l'essentiel de produits frais.

DOUCEURS DU PALAIS

10, place Georges Tournier
✆ 05 63 70 39 67
Ouvert du mardi au dimanche.

Sylvanie ne compte pas ses heures, elle fait trois marchés dans la semaine et tient une boutique dans le centre de Mazamet avec passion. Une boutique de primeur cagettes sur palettes, bien achalandée en face de la mairie. Trois fois par semaine elle va au marché de Toulouse et sélectionne une dizaine de variétés de tomates, une dizaine de variétés de raisin de Moissac, mangues... On y trouve aussi pêle-mêle du porc noir gascon, des épices torréfiées de Max Daumain, fromages de Lacaune, le beurre baratte de la maison Bordier et les légumes de maraichers locaux.

LA LAQUIERE

23, route de la Richarde
✆ 05 63 61 19 81
Ouvert tous les jours de 10h à 19h.

La Laquiere est le dernier artisan fabricant tanneur de la région. Son histoire illustre parfaitement l'évolution de Mazamet. En effet, l'usine est née en 1856 et se situe sur la route des usines, en montant vers le pic de Nore, où se comptaient autrefois 300 entreprises spécialisées. C'est dire à quel point le domaine du cuir a subi une hécatombe au cours du siècle dernier. Mais La Laquière survit grâce à un travail de qualité et un savoir-faire ancestral. Les vêtements sont réalisés dans l'atelier jouxtant la boutique où une dizaine de couturières s'activent.

BASE NAUTIQUE DU LAC DES MONTAGNÈS

Les Montagnès ✆ 05 63 62 54 00
www.larchipel.fr/lac-montagnes
Baignade surveillée en juillet et août. Restauration. Aire de pique-nique. Jeux et toboggan aquatique. Minigolf.

Le lac des Montagnès réussit la gageure d'être à la fois un site naturel et une base de loisirs conviviale. C'est en juillet et août, les deux mois d'ouverture à la baignade, que le lac connaît sa fréquentation la plus importante. Ont été aménagés 300 mètres de plage de sable, des jeux aquatiques, un minigolf, une pataugeoire et un parc d'accrobranche. Sans oublier les possibilités de rafraîchissement, de restauration et les aires de pique-nique disséminées çà et là autour du lac.

MARCHÉS GRAS ET FERMIER

Square Tournier
✆ 05 63 61 02 55

Entre la fin du mois de novembre et le début du mois de mars, la ville de Mazamet accueille un marché au gras, au square Tournier. Il a lieu tous les dimanches matin, et vous y retrouverez les produits issus de vos palmipèdes favoris (canards et oies) : foie gras, magret, confit... Pour les touristes, sachez que des marchés de producteurs de pays ont lieu aux mois de juillet et d'août sur l'esplanade de l'office de tourisme, tous les jours de 17h à 22h : vous y retrouverez des producteurs locaux et vous pourrez déguster des assiettes gourmandes sur fond musical !

GOLF DE MAZAMET LA BAROUGE

La Barouge - **BOUT-DU-PONT-DE-LARN**
✆ 05 63 61 06 72
www.golfmazamet.fr
Ouvert toute l'année. Tarifs individuels : 18 trous 60€, 9 trous 39€, étudiant 26€. Restauration. Boutique.

Le golf de Mazamet s'étend sur 54 hectares. Deux rivières s'y entrelacent, le Thoré à l'ouest et l'Issalè, qui le traverse d'est en ouest. Le golf pourrait tout aussi bien être un parc botanique, voire un arboretum, tant l'on y recense plus de 21 essences locales et 53 essences importées. Longtemps limité à 9 trous, le parcours a parfaitement réussi son extension à 18 trous. Depuis 1959, ce tracé à la patte écossaise jouit d'un superbe emplacement au pied de la montagne Noire.

LES TOILES DE LA MONTAGNE NOIRE

15, lieu dit La Richarde
✆ 05 63 61 11 08
www.lestoilesdelamontagnenoire.com
Livraison possible (ventes en ligne). Linge de maison à l'ancienne et Made in France.

Du 100 % *made in* Tarn, de la création à la fabrication des tissus, l'intégralité du processus de fabrication est situé en France, et ils ont bien raison de le revendiquer ! Trois boutiques (à Albi, Mazamet et Labastide-Rouairoux) proposent ces toiles tissées dans le Tarn, à partir de laines du pays et de produits naturels, tel le pastel. Nappes, serviettes, tabliers, plaids, sacs, toile au mètre... Toute une gamme de produits est proposée à la vente.

LAC'CRO PARC

Base de loisirs du Lac des Montagnès
✆ 07 83 19 04 55
laccroparc.com
De mars à octobre. Tarifs : adulte 20€, ados (-16 ans) 18€, enfants entre 8 et 17€.

Les amateurs d'adrénaline apprécient ce parc accrobranche sur la base de loisirs du Lac de Montagnès. A quelques minutes de Mazamet, le parc possède de nombreux ateliers, adaptés aux niveaux de chacun. Chacun d'entre eux permettra de découvrir la région sous un nouvel angle. Au total, Lac'cro Parc abrite 15 parcours sécurisés, 25 tyroliennes dont une « méga » de 200 m ! Toute la famille pourra donc s'amuser sur des tracés variés et adaptés à la taille et à la difficulté demandée. En périphérie du parc, des hébergements sont disponibles à la location.

MONTREDON-LABESSONNIÉ

Aux portes du Parc régional du Haut Languedoc, sur les derniers contreforts des Cévennes, le pays montredonnais regroupe quatre communes : Montredon-Labessonié, Arifat, Montroc et Rayssac. Il porte encore les stigmates d'un passé mouvementé et la multitude d'églises, de chapelles et de temples qu'il comprend témoigne de l'importance des religions sur cette terre. De même, les châteaux et demeures bourgeoises que vous rencontrerez en sillonnant la campagne montredonnaise attestent de la richesse insoupçonnée de cette commune. Entre les collines se nichent Montredon-Labessonnié et son château du Xe siècle. A voir : l'église et le barrage de Bezan.

CASTRES, MAZAMET ET LA MONTAGNE NOIRE

CHAPELLE NOTRE-DAME-DE-RUFFIS ✝ ★

Chemin de Montaudié
✆ 05 63 75 92 86
www.tourisme-tarn.com
Accès libre. Ouvert tous les jours de 9h à 18h. Visite guidée.

L'histoire de cette petite chapelle romane du XIVe siècle est entretenue et transmise depuis près de vingt ans par les bénévoles de l'Association pour la Sauvegarde et la Promotion de l'Ensemble de Ruffis (ASPER). Ensemble, ces passionnés de vieilles pierres ont veillé à la restauration et à l'entretien de cet édifice emblématique. Grâce à leur effort, le monument est aujourd'hui l'un des joyaux de la ville et une des raisons de visiter le Montredonnais.

CHÂTEAU DE CASTELFRANC ★

Château de Castelfranc
Fermé à la visite.

Ce château du XVIe siècle porte le nom de Guillaume de Nautonnier de Castelfranc, géographe du roi Henri IV et astronome. Il créa le premier observatoire d'astronomie de France ici, sur le site du Château de Castelfranc. C'est à lui que nous devons la méthode de la boussole aimantée, qui permet de mesurer la latitude et la longitude. Le site ne peut être visité que de l'extérieur, car il s'agit désormais d'une propriété privée. Quant aux passionnés d'astronomie, rendez-vous à l'observatoire, route de Lacaune, pour encore plus de découvertes.

CHÂTEAU DE MONTREDON ★

Château de Montredon

Ce château du Xe siècle a tenu bon jusqu'au XVIIIe siècle, mais aujourd'hui on peut seulement en admirer les ruines. Construit et habité par les comtes de Toulouse, il a appartenu successivement à différentes familles d'influence. D'illustres personnages, tels que Simon de Montfort, François Ier, le peintre Van Dyck, Condé ou encore Richelieu, y ont séjourné. De ce vaste quadrilatère de 2 000 m^{2}, flanqué de 4 tours crénelées, d'une cour intérieure de 640 m^{2}, d'un fossé et d'un pont-levis, il ne reste plus que quelques pans de murs.

PLANÈTE TARN

Route de Lacaune
© 05 63 75 63 12
www.planetarn.com
Ouvert toute l'année. Fermeture annuelle en décembre. Animations à partir de 5,50 €. Label Tourisme & Handicap.

C'est ici que le premier observatoire de France a été créé. Initié par Guillaume le Nautonier, astronome et géographe d'Henri IV, c'est un vestige. De nos jours, ils sont une poignée de passionnés à animer cet observatoire-planetarium privé : leur but, vous permettre d'observer, de rêver et de mieux comprendre l'univers. Avec eux, vous aurez la tête dans les étoiles ! Formidables animations pour les enfants qui peuvent participer à des spectacles vivants, construire ou tirer des fusées à eau sous pression. Utilisation d'un télescope, dès l'âge de 10 ans !

LA QUILLE DU ROY

La Quille du Roy
Accès libre.

Ce rocher en forme d'aiguille, situé sur les pentes de l'Agout, est un monument naturel de 10 mètres. Il est également appelé Menhir de la Fée, car on dit que, lassée d'un long voyage, la fée Anéta s'arrêta un jour au pied du monolithe devant lequel elle s'assoupit. Saisie par la beauté des lieux, elle voulut marquer à jamais son passage et frappa la quille de sa baguette enchantée. Elle décréta que tous les couples d'amoureux qui viendraient s'embrasser sur les lieux verraient leurs biens prospérer dans l'année de leur mariage.

ZOO-PARC DES FELINS LES 3 VALLEES

Chemin du Val-d'Agout
© 05 63 75 11 11
www.zoodes3vallees.com
Fermé de novembre à avril. Ouvert tous les jours de 12h à 19h. Adulte : 16,50 €. Enfant de 3 à 11 ans : 11,50 €.

Au cœur des montagnes du Tarn et au confluent de plusieurs vallées, le zoo-parc des félins Les 3 Vallées est l'un des plus vastes du Sud-Ouest. Il s'étend sur 58 hectares abritant 600 animaux de 70 espèces différentes répartis en zones thématiques. De plus, 150 hectares de plantations sont destinés à pourvoir à leur alimentation. Ainsi, pour certaines espèces, dangereuses ou susceptibles de s'envoler (rapaces), des enclos très vastes ont été créés et évitent d'avoir à procéder à des éjointages mutilants, laissant à ces animaux toute leur capacité naturelle. Par exemple, les ibis rouges peuvent prendre leur envol car les volumes offerts à ces animaux leur permettent des évolutions spectaculaires dans les airs. Par ailleurs, de vastes vallées ou des plaines de 2,5 à 20 hectares en sept sites permettent aux groupes d'animaux de s'organiser, pour certains de manière quasi autonome, comme la plaine africaine de 10 hectares où les groupe de zèbres galopent librement avec leurs petits, aux côtés des gnous et des antilopes. L'insertion des animaux dans le cadre singulier qu'offre la vallée de l'Agoût propose d'emblée un rapport inédit au vivant et à la biodiversité. Le circuit du plateau des hardes sauvages s'effectue en voiture. Au fil de la balade, faites une pause à la ferme animalière. Devenez soigneur animalier d'un jour. Assistez au nourrissage des girafes, loups, ratons laveurs, renards polaires, loutres, cervidés, primates. Aires de pique-nique.

BUREAU D'INFORMATION TOURISTIQUE

2, avenue des Pyrénées
© 05 31 81 95 61
www.tourisme-centretarn.fr
Ouvert mardi, jeudi et vendredi 10h-13h, mercredi et samedi 10h-13h/15h-18h. Été : du mardi au samedi, dimanche matin.

Faites un arrêt au bureau d'information touristique, il n'y a pas de meilleures façons de repartir la tête remplie d'idées de sortie. Car entre les atouts naturels, culturels et gourmands de la commune, on ne sait généralement pas par où commencer. Avec les conseils de l'équipe et les brochures mises à disposition, vous n'aurez plus qu'à faire un choix qui correspondra à vos envies. Vivez votre séjour l'esprit léger, demandez aux conseillers tarnais !

LE MOULIN DU BARTHAS €€

Le Moulin du Barthas © 05 63 75 18 81
www.gites-a-la-ferme-tarn.com
Chambre double à partir de 50 €, triple dès 60 €. Label Tourisme & Handicap. Restauration (sur réservation).

Isabelle et Daniel Debrus vous accueillent dans leur corps de ferme authentique. Éleveurs d'agneaux, ces amoureux de la nature vous feront découvrir la vie à la ferme. Le gîte, La Maison du Meunier, est comme son nom l'indique, une ancienne maison de meunier, construite en 1789. De plain-pied et indépendante, elle possède trois chambres et tout le confort moderne (machine à laver et lave-vaisselle). Le gîte La Fenial a été construit dans l'ancienne grange et offre les mêmes prestations que le précédent. Les deux chambres d'hôtes sont également spacieuses.

SITE DU BARRAGE DE BEZAN

Bezan ✆ 05 31 81 95 61
www.tourisme-centretarn.fr
Ouvert toute l'année. Piscine (3 bassins) ouverte en été. Buvette-restauration l'été. Baignade interdite dans le lac.

Situé sur les hauteurs du village de Montredon-Labessonnie, le lac du barrage de Bezan est très apprécié pour son cadre. C'est un lieu ombragé et frais l'été, idéal pour la détente, la promenade et le pique-nique. Les enfants pourront nourrir les canards ou s'amuser avec les jeux installés en plein air juste à côté de la piscine municipale. Celle-ci existe depuis les années 1930 et fut rénovée en 1974, elle est ouverte tout l'été pour vous rafraîchir. Au fil du temps, elle est devenue un lieu incontournable de loisirs et de détente.

ROQUECOURBE

Le village de Roquecourbe est perché sur l'une des collines dominant l'Agout, à une dizaine de kilomètres de Castres. Typique du département, il abrite un entrelacs de vieilles ruelles à encorbellements, un pont de pierre - reconstruit au XIVe siècle après la noyade d'un des fils d'Eléonore de Montfort (la châtelaine) - qui permet de relier le château au bourg, un vieux lavoir et une jolie place à couvert. A proximité, les ruines du château du XIIIe siècle méritent qu'on leur porte une belle attention. Depuis le village, il est également possible de rejoindre les fouilles de Sainte-Juliane, en empruntant la direction de Lacrouzette.

LES FOUILLES DE SAINTE-JULIANE ★

Route de Lacrouzette
✆ 05 63 75 80 29
sidobre.tourisme-tarn.com
Ouvert toute l'année. Tous les jours et les jours fériés de 8h à 21h. Gratuit.

A 2 km du village de Roquecourbe, dans ce site surplombant l'Agout, le promeneur pourra sentir la présence mystique de Juliane, une princesse maure d'Espagne du IXe siècle qui fit le choix de se convertir au catholicisme. Ici, vous trouverez de nombreuses traces du passé de Roquecourbe allant de la période celte au XIVe siècle : des gradins, des cuves, des sépultures de religions diverses, etc. Une collection tirée des recherches archéologiques menées jusqu'en 1976.

BUREAU D'INFORMATION TOURISTIQUE DE ROQUECOURBE

7, place de la Mairie
✆ 05 63 74 63 38
sidobre-vallees-tourisme.com
Ouvert uniquement l'été : tous les jours de 10h à 12h.

Le territoire de roches et de forêts qui compose Roquecourbe est un immense terrain de jeu pour les amateurs de sport, de découvertes et de paysages à couper le souffre. Pour ne rien rater de la destination, le secteur possède différents offices de tourisme ouverts tout au long de l'année ainsi que des bureaux d'information accessibles pendant la haute saison. C'est le cas de celui de Roquecourbre, ouvert uniquement l'été mais 7j/7. De quoi recevoir de bons conseils !

ITINERANCE VTT

✆ 05 63 75 12 11
www.itinerance-vtt.com

Thierry Jalbaud - moniteur breveté d'Etat «Activités du Cyclisme», titulaire du Certificat de Qualification Handisport randonnée et de l'agrément Education nationale - vous propose des randonnées, stages et cours de VTT au cœur des plus beaux sites de la Montagne Noire et du Parc régional du Haut-Languedoc. Les séances d'apprentissage permettront d'être davantage autonome sur un cycle, de savoir s'orienter avec son GPS, se repérer et suivre les chemins VTT. Consultez-le pour construire votre séjour de circuit à VTT et découvrir la région avec énergie !

PAYS DE COCAGNE

Le nom du pays de cocagne rend hommage au pastel, l'Or Bleu qui fit la fortune du Tarn jusqu'au XVIe siècle. Mais ce n'est pas le seul trésor présent sur la palette du territoire. Du Moyen Age au XVIIIe siècle, le safran a également contribué à sa richesse. La culture de l'Or Rouge se poursuit dans le département de nos jours, cependant elle se fait plus rare. Pour découvrir ses parfums, on peut compter sur les grands chefs du pays, très amateurs de cette fleur mystérieuse. Après le bleu et le rouge, c'est au rose de l'ail de Lautrec de passionner les foules. Doté du fameux Label Rouge, il possède un goût sucré qui séduit les cuisiniers de renom et ceux du dimanche. En plus d'avoir participé au rayonnement du territoire, la culture de ces merveilles a conduit à une abondance qui se lit dans le patrimoine : maisons de briques rouges et de pierres blanches, hôtels particuliers cossus, églises, châteaux...

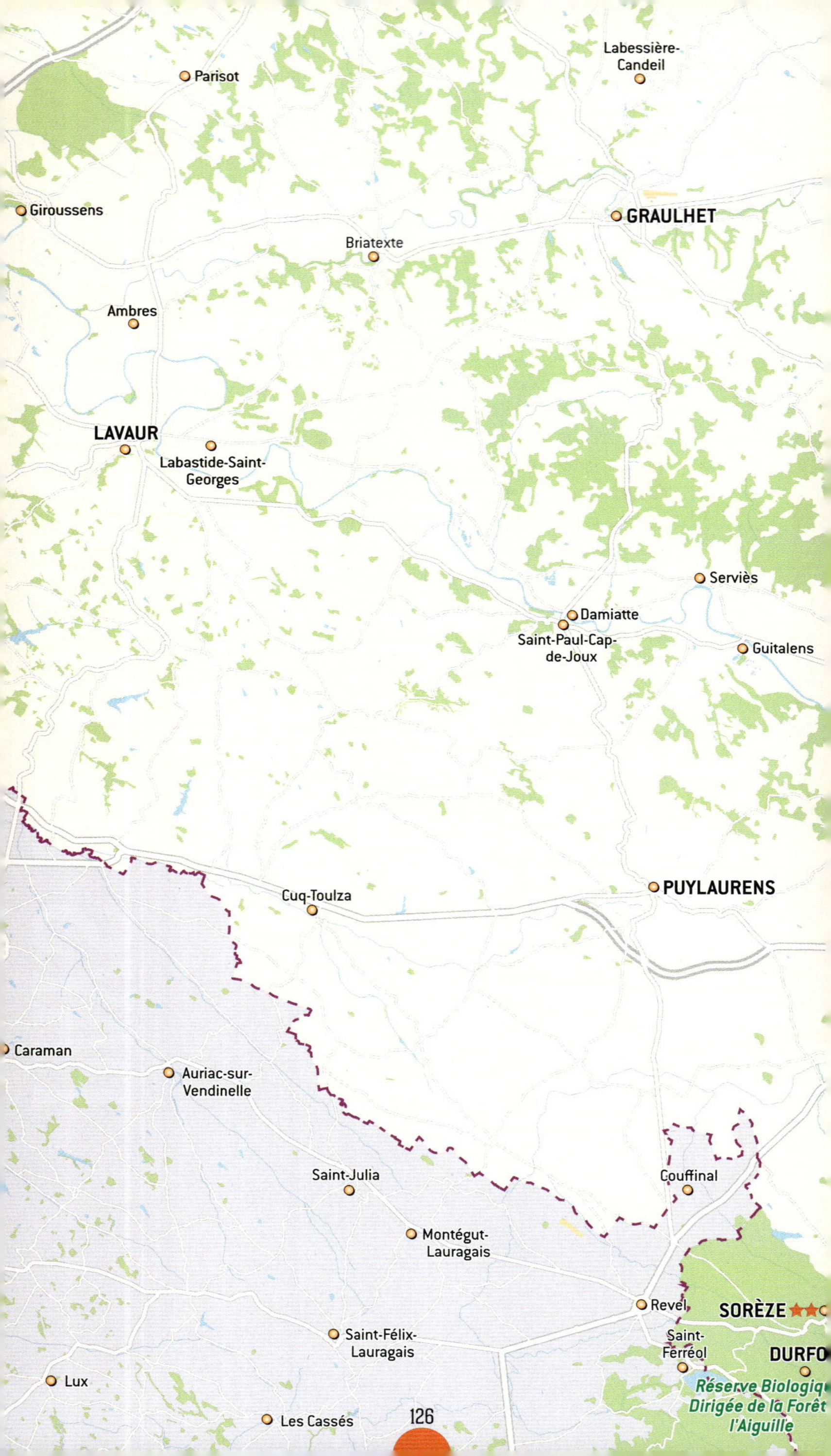

Parisot
Labessière-Candeil
Giroussens
GRAULHET
Briatexte
Ambres
LAVAUR
Labastide-Saint-Georges
Serviès
Damiatte
Saint-Paul-Cap-de-Joux
Guitalens
Cuq-Toulza
PUYLAURENS
Caraman
Auriac-sur-Vendinelle
Saint-Julia
Couffinal
Montégut-Lauragais
Revel
SORÈZE
Saint-Ferréol
DURFO
Saint-Félix-Lauragais
Réserve Biologiq
Dirigée de la Forêt
l'Aiguille
Lux
Les Cassés

Pays de Cocagne
Lombers
Laboutarie
Montdragon
RÉALMONT
Vénès
MONTREDON-
LABESSONNIÉ
LAUTREC
ROQUECOURBE
LACROUZETTE
Jonquières
Les
Salvages
elmur-sur-
Agout
CASTRES
Sémalens
Réserve Naturelle de
Cambounet-sur-le-Sor
Lagarrigue
Noailhac
Boissezon
ambounet-
sur-le-Sor
Valdurenque
Viviers-lès-
Montagnes
Soual
Saint-Affrique-les-
Montagnes
LABRUGUIÈRE
P.N.R. du Haut-
Languedoc
Rigautou
Saint-
Baudille
Payrin
Fontalba
Bout-du-Pont-
de-Larn
Verdalle
Saint-Alby
Aussillon
Escoussens
Calmon
Négrin
MAZAMET
DOURGNE
Labrespy
10 KM

PAGES

129 ●● PAYS DE COCAGNE

129 DOURGNE

130 DURFORT

132 GIROUSSENS

133 GRAULHET

134 LAUTREC ★

138 LAVAUR

142 PUYLAURENS

145 RÉALMONT

146 SAINT-LIEUX-LÈS-LAVAUR

147 SORÈZE ★★

Balade dans les rues de Sorèze.

DOURGNE

Adossé au versant nord de la montagne Noire, le séduisant petit village de Dourgne possède une histoire riche. On y a retrouvé des traces de l'époque gallo-romaine et ses abbayes - En-Calcat et Sainte-Scholastique - témoignent de l'importance de ce bastion protestant au cours des siècles. Ces trésors sont en bonne compagnie : vieilles maisons à arcades du XVIIe siècle, ruines du Castelas (l'ancien château d'origine), chapelle Saint-Stapin (XVe siècle)... Prenez également le temps de contempler sa nature exceptionnelle, le roc de la Bade avec la statue de saint Stapin, patron de la commune, la vallée du Baylou et l'oratoire de Moniès.

ABBAYE SAINTE-SCHOLASTIQUE €

Abbaye Sainte Scholastique
✆ 05 63 50 31 32
benedictines-dourgne.org

Participation aux frais d'hébergement à convenir avec une sœur hôtelière lors de la réservation.

Erigée au pied de la Montagne Noire, à environ 70 km de Toulouse, cette abbaye est encore habitée par une communauté de religieuse qui vivent sous la Règle de Saint Benoit. Solennel, l'endroit est rythmé par la prière, le travail et l'accueil des personnes extérieures. Celles-ci peuvent participer aux ateliers organisés par les nonnes (vitraux, céramiques, crèches...) ou résider sur place. Seule condition, prévenir à l'avance et convenir d'une participation financière au préalable.

ABBAYE SAINT-BENOÎT-D'EN-CALCAT ★

Abbaye Saint Benoît d'En Calcat
✆ 05 63 50 32 37
www.encalcat.com

Visite guidée. Restauration. Boutique. Animations. Hébergement. Librairie.

Cette abbaye n'est pas un lieu touristique, mais un lieu pour se recueillir, se reposer, étudier et méditer, seul ou en groupe. Les moines proposent d'héberger des groupes et des individuels (48 places) contre une participation financière laissée à l'appréciation de chacun. Au programme de votre séjour : des salles de conférences, des ateliers de cithares, des cours de vitraux... Une bibliothèque, des oratoires et un jardin complètent ce grand havre de paix.

LE BOAL €€

1, rue de Rome
✆ 05 63 71 17 74
www.laboal81.com

Chambre simple à partir de 65 € ; double à partir de 75 € ; triple à partir de 139 €. Petit déjeuner inclus.

Patricia, ancienne décoratrice d'intérieur, et son époux ont restauré cette ancienne maison de caractère au cœur du village de Dourgne. Faite de pierres apparentes, d'ardoise, de briques, de colombage et de pans de bois, elle respecte les matériaux utilisés dans les maisons d'autrefois du Tarn, tout en créant l'originalité avec ses puits de lumière aux couleurs chatoyantes répartis aux quatre coins de la maison. Les chambres sont spacieuses, cosy et raffinées, chacune avec une ambiance différente, mais toutes avec des sanitaires et salles de bains privatives.

BUREAU D'INFORMATION TOURISTIQUE DE DOURGNE

1, avenue du Maquis
✆ 08 00 74 65 81
www.tourisme-sor-agout.fr

Ouvert mardi, mercredi et vendredi 10h-12h/14h30-17h. Haute saison : du lundi au samedi 9h30-12h30/13h30-17h30.

Implanté entre Labruguières et Dufort, le petit village de Dourgne possède un charme indéniable. Lors de votre visite, prenez le temps de vous arrêter au sein du bureau d'information touristique de la cité. Au sein de celui-ci, vous trouverez toutes les brochures qui répondront à vos interrogations et à vos intérêts. Ecoutez les précieux conseils de l'équipe de l'office, ils connaissent très bien le secteur et ses trésors, qu'ils soient historiques ou contemporains.

CAMPING MUNICIPAL TRAVERS DE ST-STAPIN €€

Mairie de Travers de St Stapin
✆ 05 63 50 31 20
www.dourgne.fr

Ouvert du 1er juillet au 15 septembre. 16 emplacements. Exposition : ombragé. Animaux acceptés. Excursions. Pêche.

Près du village de Dourgne, en fond de vallée, ce petit camping municipal de 16 emplacements très ombragé est situé au départ de nombreuses balades et est idéal pour profiter de la pêche grâce à son lac. Calme et tranquillité rythment la vie de ce camping, géré par la mairie et ouvert durant l'été (du 1er juillet à mi-septembre). Dans les alentours, des vestiges du passé, des forêts verdoyantes et des villages typiques de la région sont à découvrir.

EN AZÉMAR €€

En Azémar ✆ 05 63 50 12 97
www.azemar-gites.com
Chambre simple de 55 à 60 € ; chambre double de 60 à 75 €. Petit déjeuner inclus. Animaux acceptés (sur demande).

Au sud du Tarn et au pied de la Montagne Noire, cette ferme traditionnelle aujourd'hui restaurée par Agnès et Lionel conserve tout le charme avec ses grosses pierres de l'habitat rural traditionnel. Maison d'agrément, elle offre à ses hôtes le confort de ses vastes pièces et le charme de son environnement préservé. La décoration des chambres est travaillée dans des teintes pastel. Agnès et Lionel prônent le moindre impact écologique : utilisation de l'eau chaude solaire, du récupérateur d'eau de pluie et ils procèdent à un tri sélectif... toute une éthique !

HÔTEL-RESTAURANT DE LA MONTAGNE NOIRE €€

15, place des Promenades ✆ 05 63 50 31 12
www.hoteldourgne.fr
Logis. Chambre simple dès 58€, chambre double dès 62€. Pension complète et demi-pension. Restauration.

Au pied de la montagne Noire, proche du monastère d'En-Calcat, la famille Gély gère cet établissement offrant à la fois confort, convivialité et bonne chère : au coin du feu en l'hiver, et en terrasse à l'ombre des platanes en été. Les deux frères, David et Frédéric, sont aux fourneaux pendant que leur sœur, Isabelle, assure le service. Dans la grande salle de restaurant, des plats à la carte, subtils et goûteux, vous guideront vers une douce nuit dans l'une des chambres de l'hôtel.

PARC RÉSIDENTIEL DE LOISIRS DOMAINE DE MIRAVAL**** €€

La Pêche - **BELLESERRE** ✆ 05 63 73 13 61
www.domaine-de-miraval.com
La Clef Verte. Terrain de 8 ha. Bungalow : de 319 à 790 €/semaine. Chèque Vacances. Bain bouillonnant.

Au milieu d'un parc de 8 ha se déploie un parc résidentiel de loisirs 4 étoiles composé de 8 chalets en bois, 9 mobil-homes, une piscine, un espace détente avec bains à bulles et salles de massage, des salles de réception et des jeux (terrain de pétanque, balançoires, badminton). La Montagne noire apporte sa fraîcheur pour vos pique-niques. Chacun des logements bénéficie d'un aménagement de qualité avec salon de jardin, barbecue, terrasse et espace détente autour du chalet.

FERME D'EN GOUT

Route de Saint-Avit
✆ 05 63 50 13 23
www.roulottes-engout.com
Fermé du 1/11 au 1/03 (possibilité de réserver hors saison). Séjour en roulotte : de 679 à 1199€/semaine.

Fan d'écotourisme ? Ce site est fait pour vous ! Cette ferme propose des randonnées avec des ânes, des séjours en roulotte toutes équipées, en chariot western ou même en yourte familiale. Les roulottes partent à la semaine après une initiation à l'attelage, quant aux circuits avec ânes ou chariot, ils sont créés sur mesure afin de s'adapter à vos goûts. Une façon originale de découvrir la montagne Noire, le pays de Cocagne ou les chemins de Compostelle – de un à soixante-dix jours ! Un autre regard sur les paysages et le patrimoine.

FERME DE SÉJOUR D'EN RIVES

D85
SAINT-AMANCET
✆ 33 6 76 46 62 46
www.enrives.webnode.fr
Ouvert toute l'année.

Dans cette ferme de séjour, en pierre et aux volets bleus, Bernadette et Patrick Rossignol vous accueillent sur deux tableaux. A la fois agriculteurs et amateurs de sports de plein air, ils vous racontent la ferme et vous guident dans des activités telles que canyon, VTT, randonnée, dessin, spéléo, trekking, parcours dans les arbres, orientation et escalade. En hiver, vous pourrez même faire des raquettes ! Parfait pour ceux qui veulent passer des vacances actives.

DURFORT

Au sortir de l'une des vallées les plus sauvages de la montagne Noire, Durfort entretient son souvenir médiéval, avec ses maisons à encorbellements et les ruisseaux qui courent toujours au milieu des rues. Ces lieux isolés attirèrent pendant la guerre de Cent Ans des compagnies anglaises qui pillaient la région. C'est à la reconversion de ces routiers, une fois leurs campagnes finies, qu'on attribue la naissance de la tradition dinandière à Durfort. La dinanderie désignait alors la fabrication d'objets culinaires en laiton, et, par extension, les travaux d'art en cuivre battu, une spécialité dans laquelle les artisans de Dinan s'étaient distingués.

MUSÉE DU CUIVRE ★

2, place Le Plô ✆ 05 63 74 22 77
www.durfort-village.com/musee-du-cuivre
Basse saison : sur rendez-vous pour les groupes. Haute saison : du jeudi au dimanche 15h-19h. Adulte : 3€. Visite guidée

Aménagé dans le bâtiment de la mairie depuis 1986, ce musée transmet l'histoire du travail artisanal du village. Une exposition de vieux objets appartenant aux habitants et leur utilisation dans la vie quotidienne complète la visite, d'abord introduit par deux vidéos. Des œuvres d'art uniques au monde, retraçant cinq siècles d'Histoire, comme une tête de Vierge et une statue de sainte Thérèse, haute de 1,20 m, complètent cette collection hétéroclite d'alambics, de baignoires et de… machines à laver. Terminez la visite avec les ateliers des derniers chaudronniers.

LA TABLE DE DURFORT €€

2, route de Revel
✆ 05 63 71 73 21
latablededurfort.eatbu.com
Ouvert du mercredi au dimanche le midi et le soir. Carte : 32 € environ. Vin au verre. Terrasse.

Si ce village n'a jamais manqué de charme et de caractère, il a longtemps été déserté par les restaurateurs du département. Chose résolue avec La Table de Durfort ! Au printemps 2018, Julien et Louisa ont ouvert les portes de leur restaurant, dans le centre de la cité. Tombés sous le charme de Durfort, ils ont pris leur envol et démarré cette aventure culinaire. Et le pari est réussi ! La cuisine est inventive, le service à la fois efficace et agréable, le cadre chaleureux et simple, quant au rapport qualité/prix, sa qualité en impressionnera plus d'un.

L'AFFABLE €€

42, rue de la Fontaine
LES CAMMAZES
✆ 05 63 74 16 71
www.maisondhotes-laffable.com
Gîtes de France (3 épis). 4 chambres. Chambre double à partir de 65 €. Petit déjeuner inclus.

Dans cette maison d'hôtes de charme, on vous accueille avec le sourire, on vous invite à dîner généreusement, on vous concocte de savoureux petits déjeuners dans la joie et la bonne humeur. Les quatre chambres sont modulables et peuvent accueillir jusqu'à 4 personnes. Elles sont toutes équipées de dressing, de salle d'eau ou de salle de bain privée sauf la chambre rouge et disposent d'une literie confortable, de couettes et d'oreillers douillets ainsi que des produits de toilette. Toutes les chambres sont équipées d'un écran plat.

LE SALON DE VAUBAN

1, chemin d'en Bosc - **LES CAMMAZES**
✆ 05 63 74 26 34
www.lesalondevauban.fr
Ouvert du vendredi au lundi de 11h30 à 18h (service continu). Terrasse. Boutique. Restauration. Exposition. Ateliers.

Ce salon de thé a voulu rendre hommage à Vauban, un des esprits curieux les plus passionnants du XVIIe siècle, qui a notamment édifié « la percée » des Cammazes. Un petit clin d'œil à l'histoire. Dans cette ancienne grange entièrement restaurée, on vient manger quelques tartines tout en parlant livres. Si vous êtes plutôt sucré, vous trouverez plusieurs délicieux desserts ainsi que « des tartines souvenirs d'enfance ». On trouve également de très bons sorbets bio, des boissons fraîches, de fabrications artisanales et locales ainsi que des sirops.

CAMPING LA RIGOLE•••• €€

Route du Barrage - **LES CAMMAZES**
✆ 05 63 73 28 99
www.campingdelarigole.com
Fermé d´avril à septembre. Emplacement de 15€ à 24€. Mobil-home ou chalet : de 315 à 850€/ semaine.

Au sein du parc naturel du Haut Languedoc, en bordure de la Rigole (site classé au patrimoine mondial de l'Unesco), ce camping planté dans un parc de 3 hectares se confond avec la nature qui l'entoure. Piscine chauffée, pataugeoire, lac à 300 m, l'établissement apparaît comme un îlot de bonheur familial. En plus de proposer une superbe série d'activités, à la fois dans le camping et aux alentours, le camping dispose de 66 emplacements (chalets et mobil-homes) à 1 heure de la Méditerranée, au cœur du triangle Carcassonne-Castelnaudary-Albi.

L'ÉTRIER DE LA MONTAGNE NOIRE

26, rue de la Voûte Vauban - **LES CAMMAZES**
✆ 06 13 53 62 91
www.letrierdelamontagnenoire.com
Formules : 25 € pour 1h30, 40 € pour 2h30, 75 € la journée. Réduction pour les propriétaires. Parcours Poney.

Implanté au pied du parc régional du Haut Languedoc, ce club équestre est tenu par une équipe complémentaire. Au programme : des balades et des randonnées à cheval et à poney, d'une heure à plusieurs jours, encadrées par Yann, diplômé d'État. Ces sorties vous conduiront du côté de la forêt de l'Aiguille, la vallée du Sor ou encore vers les châteaux du Pays cathare et les gorges du Tarn. Que l'on soit cavalier émérite ou pas, c'est une merveilleuse façon de découvrir ces paysages.

PAYS DE COCAGNE

GIROUSSENS

Surnommé le Balcon du Languedoc, Giroussens est particulièrement réputé pour la poterie. Riche en eau, en argile et en bois, sa nature explique le développement important de cette activité dès le XIIIe siècle et la prospérité de ces fabricants jusqu'au XIXe siècle. La fin de cette période fut marquée par l'utilisation abusive de la forêt et de nombreux procès. Avec le temps, ils ont réduit le nombre de potiers jusqu'à conduire à leur disparition en 1870 avec la mort de Minotte Cadaux. Ces trente dernières années, l'activité a retrouvé un second souffle avec la création du Marché des Potiers et l'inauguration de la Maison de la céramique contemporaine.

CENTRE CÉRAMIQUE DE GIROUSSENS

7, place Lucie-Bouniol ✆ 05 63 41 68 22
www.centre-ceramique-giroussens.com

Fermé de janvier à février. Basse saison : du mardi au dimanche 10h-12h/14h-18h. Haute saison : 7j/7 10h-12h30/14h-19h.

Installé dans un beau bâtiment habillé de briques, autour d'une cour intérieure, ce centre réunit à la fois le Musée des Céramiques anciennes et un lieu d'expositions temporaires ouvert aux jeunes artistes et aux talents confirmés. Entièrement dédié à la céramique et à la poterie contemporaines, l'espace permet de contempler l'évolution de la discipline. Au sein du centre, une boutique propose des œuvres d'artistes régionaux et un grand choix d'ouvrages ayant trait à la céramique.

JARDINS DES MARTELS ★★

Les Martels
✆ 05 63 41 61 42
www.jardinsdesmartels.com

De mars à novembre, jours et horaires variables. Adulte à partir de 8,5 €, enfant de 5,50 €. Chèque Vacances.

L'histoire commence en 1969, lorsque Marie-Thérèse et André Reynier quittent leur Aveyron natal pour venir s'installer à Giroussens afin de relancer une ferme et c'est la passion des fleurs qui l'emporte et changera leur destin et celui de ce site. Leur fils Frédéric poursuivra l'aventure florale et s'engagera dans l'agrandissement et l'embellissement des jardins. Les Jardins des Martels ouvrent au public en 1994 et c'est un succès grandissant d'année en année. Ce parc floral est aujourd'hui classé parmi les plus beaux de France. Il se déploie sur plus de 35 000 m² avec jardins, serre exotique aquatique, belvédère, bananeraie, mini-ferme, mares, gloriettes. Quelque 2 500 variétés végétales des cinq continents sont recensées ici, faisant évoluer au gré des saisons et des floraisons des expositions temporaires : jacinthes, tulipes, magnolias, prunus, iris, rosiers anciens, hibiscus, cannas, lotus, sauges ou feuillages d'automne font leur festival. Une balade agréable au milieu de jardins en cascade, de plans d'eau remplis de nénuphars ou dans la serre exotique aquatique vous permettra de les découvrir. Les enfants apprécient la présence des animaux vivant en semi-liberté dans une mini-ferme avec ses daims, ses moutons d'Ouessant, ses canards d'ornement et un bassin paysager de 150 m² où vivent poissons et tortues. S'ajoutent un labyrinthe de bambous et des aires de pique-nique. Chaque année apporte ses nouveautés. En 2021, c'est la construction d'un petit temple chinois dans le jardin indonésien...

AU MAS DES CALMETTES €€

Les Calmettes - **PARISOT**
✆ 05 63 40 55 98
www.aumasdescalmettes.com

Chambre simple de 70 à 87 €, double de 76 à 87 €. Petit déjeuner inclus. Gîte de 599 à 995 €/semaine. Restauration.

Dans leur maison de maître de la fin du XVIIIe siècle, Frédéric Rojat et son épouse proposent quatre chambres joliment décorées aux couleurs de la région. Vous pourrez également craquer pour le gîte de 130 m², un espace très pratique quand on souhaite séjourner ici en toute autonomie. A table, on savoure une délicieuse cuisine de terroir, préparée avec les produits du potager privatif. Les propriétaires mettront à votre disposition des ouvrages consacrés au Tarn et des guides sur les activités du coin. Rien à dire : on adore !

L'ECHAUGUETTE €€

Grand rue
✆ 05 67 67 45 84
www.echauguette.fr

Ouvert du vendredi au lundi 12h-14h, du vendredi au dimanche 19h30-22h. Carte : 32 € environ. Terrasse. Animations.

Cet établissement de proximité est à deux pas de nombreux sites touristiques incontournables, en surplomb de la vallée de l'Agout. Sa terrasse laisse percevoir les silhouettes de Toulouse et des Pyrénées, un panorama fantastique sur la région. L'enchantement se poursuit dans l'assiette, avec une cuisine de marché issue de produits frais et locaux. Et l'adresse ne se contente pas de vous ouvrir l'appétit ! Grâce à une série d'expositions temporaires et d'animations musicales, elle vous encourage également à ouvrir grand vos pupilles et vos écoutilles.

GRAULHET

Avec son ambiance champêtre, renforcée par son marché et ses producteurs de talent, Graulhet cultive sa différence. Embrassée par les champs, traversée par le Dadou et le Verdaussou, cette petite place forte doit son dynamisme à l'implication de ses artisans. Son développement a débuté à l'âge d'or du pastel grâce à la présence de son petit port de transit pastelier. Puis, au XVIIe siècle, elle s'est tournée vers l'artisanat du cuir (filatures de ratine, chapelleries, cordonneries, tanneries, mégisseries...). C'est cet essor et ce savoir-faire qui ont sculpté le visage actuel de la ville et qui lui ont donné le surnom de Cité des métiers du cuir.

LES ÉGLISES DE CAMPAGNE ✝ ★

Prenez votre bâton de pèlerin et cheminez vers Notre-Dame-des-Vignes, une ancienne halte sur les chemins de Saint-Jacques de Compostelle. Elle fait partie des nombreuses bâtisses religieuses qui peuplent cette campagne tarnaise. Au milieu des champs, vous aurez la chance d'observer l'église Saint-Mémy, posée là tel un navire échoué. Enfin, poursuivez vers Saint-Pierre de Rozède, cette petite église romane du XIIIe siècle, de fondation seigneuriale, au chœur fortifié, domine dans le silence la plaine, du haut de son éperon rocheux.

JARDIN DE LA RIVIÈRE ★★

Rue Saint-Jean
www.ville-graulhet.fr/jardin-de-la-riviere
Accès libre et gratuit toute l'année.

Au pied du quartier médiéval, le long du Dadou et à l'arrière de la Maison des métiers du cuir, les paysagistes Eric Ossart et Arnaud Maurières ont créé un jardin, afin de réhabiliter une friche industrielle. Sur cette parcelle d'à peine un hectare, une végétation spontanée composée de buddleias, de figuiers, d'impatiens et de diverses graminées s'était développée. Pour fil conducteur de leur travail, les deux paysagistes ont choisi le thème des plantes colonisatrices, qu'elles soient d'origine locale ou exotique, d'où son surnom de Jardin des mauvaises graines.

LA MAISON DES MÉTIERS DU CUIR ★★★

33, rue Saint-Jean
✆ 05 63 42 16 04
www.ville-graulhet.fr/maison-des-metiers-du-cuir
Adulte 5 €, enfant 2,5 €.

La ville de Graulhet est associée depuis le Moyen Âge au travail du cuir et reste un grand centre de la mégisserie, tannage des petites peaux. Une ancienne usine des rives du Dadou abrite la Maison des Métiers du Cuir dédiée à la transformation de la peau en cuir depuis le lavage de la peau à la rivière. Vous irez au laboratoire, aux galetas de séchage, aux ateliers de corroierie et de finition, à l'atelier de la maroquinerie. Animations et ateliers.

L'AFTERWORK DU MÉGISSIER

33, rue Saint-Jean
✆ 08 05 40 08 28
Quelques visites guidées en été, se renseigner sur les dates. Adulte : 6 €.

Parmi les visites guidées de l'office de tourisme, celle du mégissier costumé est particulièrement originale. Vous suivez le mégissier à la fin de sa journée de labeur dans cet ancien fief du travail du cuir. Il vous contera l'industrie de la capitale du cuir au début du XXe siècle, les savoir-faire, les richesses patrimoniales au bord du Dadou. Et vous apprendrez que son travail consistait à préparer les peaux de mouton et autres peaux délicates. Il ne travaillait qu'avec les petites tailles contrairement au tanneur qui transformait de grandes peaux de vache.

DOMAINE D'AILLOT €

2392, route Saint-Julien-du-Puy
✆ 05 63 58 33 71
www.chambres-hotes-tarn-aillot.fr
Chambre double de 50 € à 70 €. Petit déjeuner inclus. Gite de 350 à 630€ la semaine.

Cette magnifique et authentique bâtisse du XIXe siècle est un véritable havre de paix. Dans l'ancien corps de ferme, une première chambre appelée pigeonnier a tout d'une suite parentale : un salon, une belle chambre et une grande salle de bains. Dans le respect des matériaux traditionnels, on conserve le charme lointain de son passé rural. Vous disposerez également de deux chambres d'hôtes et d'un gîte de 80 m², de quoi passer un agréable séjour en famille ou en amoureux au sein d'une nature préservée où nul bruit de ville ne vient troubler votre quiétude.

LA COLOC €€

1, rue de l'artisanat

✆ 06 18 89 89 10

Ouvert du mercredi au lundi. Dès 8h du matin en semaine, 11h du matin le week-end. Menu du jour autour de 14 €.

Une adresse dans l'air du temps. Vintage et atelier détourné pour la décoration. Le recyclage participe à créer une ambiance chaleureuse et originale très appréciée de la clientèle qui a rapidement trouvé ses marques à la Coloc. Dans un esprit écolo, ta table propose des produits de terroir et de saison. Au menu, une cuisine traditionnelle toutefois épicée d'inspirations exotiques. Voici un lieu convivial, conjuguant au bar comme au restaurant des produits de qualité et le plus souvent locavore. Atmosphère branchée, tapas et petits prix à la clé. On aime !

L'HUBERT €€

29, avenue Amiral Jaurès

✆ 05 63 40 31 65

Ouvert du lundi au vendredi le midi et le samedi soir. Carte : 28 € environ. Animations.

On l'aime bien cet Hubert, entre le sourire de son équipe, ses plats gourmands et ses spectacles réguliers, on a bien du mal à lui trouver des défauts. Depuis sa reprise en 2017, cette affaire fait l'unanimité dans la région et le bouche-à-oreille attire chaque jour de plus en plus de fins gourmets. Ils viennent se délecter de la cuisine du chef, sur place ou à emporter, profiter de ses assiettes du jour ou encore de son alternative végétarienne et admirer les pièces de théâtre, concerts et autres animations qui font vibrer ses murs certains soirs.

LAUTREC ★

De nos jours, on lie la renommée de Lautrec à la célébrité du peintre Henri de Toulouse-Lautrec, descendant des vicomtes de Lautrec, et à la culture de l'ail rose mais son histoire remonte bien plus loin. Fondé en 940, le site fut d'abord occupé par une tribu celtique puis par les Romains. Selon les historiens, la fondation de son vicomté remonterait au Xe siècle lorsque Bernard, vicomte albigeois, partagea ses terres entre ses deux fils : Aton, avec le titre de vicomte de l'Albigeois, pour la partie nord, et Sicard Ier, vicomte de Lautrec, pour le sud. Cette nouvelle dynastie régna pendant sept siècles sur le territoire. Cette terre privilégiée connue de grandes périodes de troubles, notamment lors de la guerre de Cent Ans et des guerres de religion. D'ailleurs il ne subsiste que trois portes de son enceinte fortifiée et ses vestiges témoignent de ses différentes mutations. Aujourd'hui, ce centre agricole florissant offre une halte paisible au cœur du pays de Cocagne. On y séjourne pour recharger ses batteries dans un cadre naturel préservé ou pour s'aventurer dans son environnement riche d'une histoire millénaire. Les becs fins s'y rendent également pour profiter de son marché et repartir avec les belles gousses de l'ail rose de Lautrec.

CIRCUIT DES TROIS LACS

Lac de Nabeillou

Accès libre.

Au départ du lac de Nabeillou, entre bois et collines, le sentier des Trois lacs offre de jolis points de vue sur la région. Lacs et forêts, panoramas de crêtes et vallons multicolores, vous feront découvrir une faune et une flore préservées. Un bain de nature plutôt impressionnant ! D'une longueur de 7,5 km, et d'une durée de 2h30, vous découvrirez sur le chemin une vieille chapelle, Notre-Dame-des-Vignes, et de belles forêts. Et pour les grands sportifs, un parcours de santé existe autour du lac de Miquelou et du lac de Nabeillou.

COLLÉGIALE SAINT-RÉMY

12, rue de l'Église

www.lautrectourisme.com

Ouvert toute l'année. Accès libre.

Classée aux Monuments historiques, la Collégiale Saint-Rémy est la plus ancienne construction de Lautrec. Celle qui fut baptisée à sa construction en 1394 l'église Notre-Dame-de-la-Paix a su conserver son caractère fort et majestueux au cours des siècles. Ses traits et son titre de « collégiale », le bâtiment l'a gagné suite à l'installation d'un chapitre de chanoines, c'est-à-dire un collège de clercs. Les visiteurs prendront le temps d'admirer son clocher coiffé d'une flèche à quatre pans, ses nombreuses peintures en trompe-l'œil et son retable restauré.

MOULIN À VENT DE LA SALETTE

✆ 05 63 75 90 04
www.lautrectourisme.com
Fermé d´octobre à avril. Ouvert du mercredi au samedi 10h-12h30/14h-17h, dimanche 14h-17h (de 10h-12h30/14h-17h l'été).

Fierté des Lautrécois, ce moulin du XVIIe siècle domine le village. Restauré en 1991 selon les plans et les techniques d'autrefois, il fait partie des derniers moulins à farine en activité. Vous pourrez en apprendre plus sur la fabrication de la farine et son histoire grâce aux explications du meunier. Et – s'il y a du vent, bien sûr – vous pourrez même observer le moulin en action. S'il n'y en a pas, vous pourrez toujours suivre le processus de meunerie grâce à un film projeté.

LA PLACE DES HALLES

Place des Halles
www.lautrec.fr

La place des Halles occupe depuis le Moyen Âge un rang privilégié dans le patrimoine lautrécois. De forme triangulaire, elle accueille sur deux côtés des couverts du XVe siècle au-dessus desquels s'élèvent de ravissantes maisons à colombages et encorbellements datant du XVIe siècle. Le quartier du même nom possède un théâtre en plein air, résultat de la démolition d'anciennes maisons qui menaçaient de s'effondrer, mais dont on a conservé les silos souterrains où se stockaient les récoltes. La plupart de ces silos datent de l'époque médiévale.

OFFICE DE TOURISME DU LAUTRÉCOIS - PAYS D'AGOUT

Rue du Mercadial
✆ 05 63 97 94 41
www.lautrectourisme.com
Basse saison : mardi au samedi 9h-12h30/14h-17h30. Été : 7j/7 9h30-12h30/14h-18h (fermé lundi et mardi au printemps).

Quand on a la chance de pouvoir se rendre dans cette partie du Tarn, on a envie de profiter de tout ce qu'elle a à offrir. Hébergements, restaurants, loisirs... C'est un pays de beau, du bon et du bien ! Passez à l'office du tourisme, au sein de l'ancien couvent des Bénédictines, pour repartir avec toute la documentation qui facilitera votre séjour. N'hésitez pas à demander des conseils à l'équipe, elle saura répondre à toutes vos questions et vous guidera pas à pas.

CHAMBRES D'HÔTES DE CADALEN €€

✆ 05 63 75 30 02
www.cadalen81.com
Chambre simple à partir de 95 € ; double à partir de 115 € ; triple à partir de 135 €. Petit déjeuner inclus.

Dans la plaine de Lautrec, à deux pas du village médiéval, Alain vous accueille sur son domaine pour une ou plusieurs nuits dans l'une des trois chambres de sa maison de caractère. Avec des meubles d'époque, de grandes salles de bains et des entrées indépendantes, le lieu vous invite à un détour au XVIIIe siècle avec tout le confort moderne. Info futée : sur ce domaine, vous découvrirez deux magnifiques pigeonniers. Une propriété qui mérite que l'on s'y arrête !

Village de Lautrec.

DOMAINE DE LALANDE €€

Lalande - **VENÈS** ✆ 05 63 55 50 09
www.chambres-hotes-tarn-lalande.com/contact-domaine-lalande
4 chambres (dont 2 suites 4 personnes). Chambre double de 73 € à 93 € ; suite de 110 € à 145 €. Petit déjeuner inclus.

Cette imposante maison de maître du XVIIIe siècle a bénéficié d'une restauration complète mais le style et l'agencement de l'époque, très stuc et toile de Jouy, ont été respectés. Le résultat est magnifique avec quatre vastes chambres meublées façon XVIIIe et XIXe siècles, mais avec tout le confort moderne, et des salles de bains privatives. Une superbe salle à manger/salon, près d'un imposant escalier d'époque complète agréablement ce séjour à la fraîcheur de ces murs épais. Dans le superbe parc, on prend le temps de profiter de promenades et de moments calmes.

MANAVIT-HAUT-CADALEN €€

Manavit Haut - **CADALEN**
✆ 05 63 33 06 76
www.gites-manavit.fr
Clévacances. De 390€ à 850€/semaine. Chambres d'hôtes : 80€/nuit. Service de ménage. Location de draps. Tv satellite.

Dans cet ancien corps de ferme du XVIIIe siècle, cinq gîtes et chambres d'hôtes allient confort et calme. Parmi eux, la Maisonnette, une petite maison ancienne ; son charme en fait le gîte préféré des vacanciers, étant quelque peu à l'écart avec vue sur la piscine. Tous les gîtes sont indépendants, possèdent une terrasse couverte et peuvent accueillir jusqu'à quatre personnes. Ils possèdent des salles d'eau privatives, lits doubles, TV, espace séjour-repas, cuisine, micro-ondes et linge de maison. La grande piscine domine un panorama imprenable.

LA FERME DANS L'ASSIETTE €€

4, rue du Mercadial ✆ 06 85 62 26 78
www.lafermeauvillage.fr
Fermé de novembre à avril. Avril/Mai/Octobre : du vendredi au dimanche 10h-18h. Été : du mercredi au lundi 10h-19h.

Installé dans la Maison Daussion - qui fut autrefois la Maison Commune - l'établissement est une invitation à la gourmandise. Sous le palmier de la terrasse ou dans la salle bleue pastel, l'équipe propose à la vente et à manger de délicieux produits de la région. A table, les assiettes sont occupées par des plats issus d'une cuisine maison et composés de produits frais locaux. Tous les jours, la fameuse soupe à l'Ail Rose de Lautrec est au menu avec des tartinables, ces dernières sont des tartines à composer soi-même à l'aide des garnitures proposées.

LE MESSIDOR €€

La Sagne
VENÈS
✆ 05 63 75 95 95
Ouvert du mardi au dimanche midi (dimanche soir sur réservation). Carte : 35€ environ. Terrasse.

Adresse conviviale et qualitative, Le Messidor est l'attraction gourmande du petit village de Venès. De l'extérieur, cet établissement ne paie pas de mine mais prenez le temps de vous y installer et de le découvrir, c'est une halte très agréable. Hors du temps, le restaurant a un charme suranné mais abrite une belle chaleur, celle de l'équipe et de la cuisine généreuse. Derrière les fourneaux, le chef utilise des produits frais et tout est fait maison. Installés au coin du feu ou sur la terrasse, les clients apprécient des assiettes traditionnelles.

LE MILLÉSIME €€

10, place de la Mairie - **MONTDRAGON**
✆ 05 63 34 63 69
www.restaurant-traiteur-montdragon.fr
Ouvert du mercredi au lundi le midi, du jeudi au samedi le soir. Carte 30 € environ. Terrasse. Traiteur.

Depuis 2005, Montdragon fait son millésime avec ce restaurant-traiteur haut en couleur, à la fois jeune et dynamique qui propose une cuisine traditionnelle et régionale dans un cadre rustique et chaleureux. Un établissement qui a su se faire une place dans l'univers gourmand de la région. On retrouve ici quelques spécialités bien locales comme la cochonnaille des monts de Lacaune ou le pavé de veau du Ségala, mais aussi du poisson et autres plats bien mijotés. Dès les beaux jours, la grande terrasse avec vue sur la place du village est très agréable.

LA PADÉNA €€

3, rue du Poids-Public
VENÈS
✆ 05 63 72 46 35
la-padena.business.site
Ouvert du lundi au samedi de 7h à 14h30. Carte : 26 € environ. Vin au verre. Terrasse.

La Padéna (poêle en patois) est une adresse généreuse et traditionnelle qui aura le don de satisfaire votre appétit. Le restaurant ne fait pas dans le guindé, ici l'ambiance est bistrot : on s'installe sur les chaises en bois, on reçoit un accueil amical et on admire les prix tout mini qui accompagnent la carte. On mange bien, en quantité et à prix honnêtes, dur de tenir plus belle promesse quand on est restaurateur. A la carte, les spécialités aveyronnaises et tarnaises côtoient des desserts gourmands, tous rythmés par la valse des saisons.

LE CAFÉ PLUM

12, rue Lengouzy
✆ 05 63 70 83 30
www.cafeplum.org
Basse saison : mercredi et dimanche 10h-20h, jeudi 10h-22h, vendredi et samedi 10h-1h. Été : du mardi au dimanche 9h-1h.

Ouvert depuis 2010 par des passionnés du savoir, c'est un endroit hors du temps où culture, convivialité, découverte et détente se mélangent. En association avec la librairie Terra Nova de Toulouse, cette librairie possède plus de 2600 ouvrages, un vaste choix de littérature française et étrangère, de poésie et autres genres. Elle est le lieu de nombreux rassemblements culturels et sert de décor à de riches animations. Si vous avez un petit creux, vous pourrez vous restaurer sur place grâce à la partie bistrot. Un endroit magique et original !

LA LAUTRÉCOISE

5, rue Obscure
✆ 06 51 63 59 65
www.lalautrecoise.fr
Vente à l'exploitation, sur les marchés et lors de salons.

Enraciné du côté de Lautrec, Sébastien est un petit exploitant, producteur du fameux ail rose reconnu pour ses qualités gustatives comme pour ses facultés de conservation. Habitué des foires et des gastronomiques, le jeune agriculteur propose désormais ses produits à la vente sur son site Internet. Une manière supplémentaire de mettre en lumière son travail et son savoir-faire, qui font la fierté et la renommée d'un tout un territoire. Des colis de veau (blanquette, jarret, escalopes, steak haché...) sont également disponibles sur commande.

L'ATELIER DU SABOTIER

Rue du Saint-Esprit
✆ 05 63 75 31 40
Ouvert d'avril à début octobre. Été : tous les jours sauf le mardi. Hors saison : uniquement le week-end. Gratuit.

L'atelier du sabotier vous raconte ce métier du temps où l'on fabriquait des chaussures en bois. Découvrez les outils traditionnels pour la fabrication des sabots et les machines électriques qui, à partir d'un modèle, par copie, taillaient simultanément le sabot droit et le sabot gauche. Attenant au musée, une boutique vend des sabots, des produits du terroir, ainsi que des poupées et des jouets d'autrefois, sans oublier les spécialités à l'ail rose de Lautrec. Le village s'anime en été lors de la fête des sabots, la fête du pain ou la fête de l'ail.

LES PLANTES DE LA LORIEN

Le Grès - **VENÈS**
✆ 05 63 75 30 34
www.lalorien.com
Ouvert tous les jours. Horaires variables : se renseigner par téléphone. Livraison possible. Visites sur RDV.

Au cœur du Lautrécois, Corine et Eric Heine habitent dans une petite maison entourée d'un jardin extraordinaire, baptisé ainsi en hommage à la forêt elfique du *Seigneur des Anneaux*. Au total, ils s'occupent de 3 000 m² de terrain cultivés avec amour, sans insecticide, arrosés juste ce qu'il faut pour que les plantes restent vivaces et parfumées. On compte plus de 200 plantes aromatiques et médicinales qui parfument l'air de mille et une senteurs. Parmi elles : sauge, bourrache, saponaire, estragon, thym, calendula, mélisse, laurier...

LA FERME AU VILLAGE

4, rue du mercadial
✆ 05 63 74 23 29
www.lafermeauvillage.fr
Ouvert d'avril à octobre : tous les jours de 10h à 19h. Restauration. Terrasse. Ateliers. Visites. Stages. Salon de thé.

Ambassadrice de l'ail rose, Françoise Carayol fabrique tout elle-même avec l'aide des meilleurs artisans : savon au lait d'ânesse, huiles et vinaigres aux douces saveurs de gingembre ou de rose au noms sympathiques de entre autres, aïoli, crème d'ail, vinaigre parfumé de macération, vinaigre de miel, ou bien à la figue, au fenouil, à la coriandre, douceur de vinaigre d'Aphrodite pour les amoureux, des sorcières, qui accommoderont salades, plats et desserts, liqueur de violette cristallisée, sirop de coquelicot, liqueur d'ail rose, ail bio...

AQUAVAL

Route de Vielmur
✆ 05 63 70 52 32
www.cclpa.fr
Ouvert tous les jours de 10h à 20h. Entrée : 6 €. Enfant (de 3 à 14 ans) : 5€.

Rendez-vous à Aquaval, pour faire le plein de bonne humeur ! Au pied de la cité médiévale de Lautrec, petits et grands vont apprécier ce bain de fraîcheur en plein cœur de la nature. Le billet d'entrée donne droit à toutes les activités proposées : 5 bassins couverts de 850 m² avec solarium, toboggan, pentagliss, jets pulsés... espaces pique-nique, terrains de volley, beach-volley et pétanque, jeux pour enfants, 2 lacs ouverts à la pêche et au modélisme, et un parcours santé autour du grand lac. En partant, vous n'aurez qu'une envie : y retourner !

LAVAUR

La charmante commune de Lavaur domine la rive gauche de l'Agout, à une quarantaine de kilomètres de Toulouse. Ancienne place forte médiévale, elle fut le décor d'un épisode tragique de la croisade des Albigeois. La cité, qui servait de refuge aux Cathares persécutés, fut en effet assiégée par Simon de Montfort en mai 1211. Dame Guiraude, seigneur de la place, opposa une résistance farouche aux croisés avant d'être finalement prise et jetée vivante au fond d'un puits comblé de pierres. Son frère, Amauric de Montréal, ainsi que quatre-vingts de ses chevaliers périrent par le glaive et quatre cents hérétiques moururent sur le bûcher, le plus important de toute l'histoire de la croisade. Sur l'esplanade du Plô, à l'emplacement de l'ancien château, une stèle rappelle l'événement sinistre. A proximité, l'enchevêtrement des rues anciennes de la vieille ville donnera accès à l'église des Cordeliers, à la maison Occitane et du Soleilhou, aux jardins à l'anglaise de l'évêché, à la tour des Rondes, au monument à Las Cases, à la fontaine des Trois-Grâces, au pont Saint-Roch et au viaduc Séjourné. Ouvrez grands les yeux, équipez-vous de bonnes chaussures et partez à la découverte de cet agréable décor marqué par le temps.

ÉGLISE SAINT-FRANÇOIS ✝ ★

22, Grand-Rue
✆ 05 63 83 12 20
www.ville-lavaur.fr/Patrimoine
Ouvert toute l'année. Tous les jours de 9h à 19h.

Tout comme sa voisine - la cathédrale Saint-Alain - l'église Saint-François inspire le respect. Majestueuse, elle est aujourd'hui la plus grande église franciscaine du Sud-Ouest. L'édifice actuel abrite un chœur polygonal du XIIIe siècle, une abside du XIVe siècle, une nef du XVe siècle et un chemin de croix conçu vers 1880. Son décor intérieur du XIXe siècle fut réalisé en majorité par des artistes toulousains : peintures de voûtes par Gayral, vitraux de Bordieu (1852-1853) et de Gesta (1888), terres cuites de Virebent, grand orgue de Théodore Puget (1866).

CATHÉDRALE SAINT-ALAIN DE LAVAUR ★★

3, place Saint-Alain
✆ 05 63 58 06 37
lavaur.catholique.fr
Ouvert du lundi au vendredi de 9h à 12h et de 14h à 17h. Accès libre. Visite guidée.

Édifiée sur les ruines d'une église et d'un couvent détruit par les croisés de Simon de Montfort en 1211, cette église fut érigée en cathédrale par le pape Jean XXI quand il créa l'évêché de Lavaur en 1317. Le monument de style gothique méridional, souvent qualifiée de « petite sœur de la cathédrale Sainte-Cécile », présente l'originalité d'un jacquemart en chêne massif qui est le seul visible dans le Sud-Ouest, coiffé d'un bonnet phrygien et égrenant les heures au sommet d'une tour latérale. Avec la promotion de la ville au rang d'évêché en 1318, la bâtisse a connu une série d'embellissements : abside côté est en 1332, chapelles nord et sud entre le XIVe et le XVIe siècle, clocher-tour et portail monumental à l'ouest au XVe siècle. On peut admirer à l'intérieur un maître-autel polychrome, de l'école de Moissac, ainsi qu'un superbe orgue Cavaillé-Coll au buffet polychrome, chef-d'œuvre de la Renaissance du Midi. Son clocher-porche – dont le tympan sculpté représente une Vierge à l'enfant entourée de saint Joseph et des Rois Mages – participe à faire de Saint-Alain le joyau du patrimoine local. En février 2019, une tentative d'incendie criminel a calciné l'une des chapelles de la cathédrale remise en état depuis.

La cathédrale Saint-Alain a fait l'objet d'une restauration complète entre 2013 et 2018 pour un coût avoisinant les 2 millions d'euros. Elle est actuellement le deuxième monument le plus visité du département après la cathédrale Sainte-Cécile d'Albi.

LES JARDINS DE L'ÉVÊCHÉ ★

Rue de l'Évêché
✆ 05 63 83 12 20
www.tourisme-tarn.com
Ouvert toute l'année. Tous les jours de 8h à 22h.

Juchés sur le belvédère dominant l'Agout, les jardins de l'Évêché offrent une vue remarquable sur le pont Saint-Roch, monumental ouvrage de pierre construit entre 1773 et 1791. À la Révolution, le palais et ses annexes seront détruits. Cet espace, devenu propriété communale en 1852, sera alors transformé en jardin à l'anglaise à partir de 1857. Il fut nommé « Jardin Las Cases » en souvenir du confident de Napoléon Bonaparte à Sainte-Hélène (installation d'une statue en 1865). Il sera par la suite rebaptisé « Jardin de l'Évêché ».

MUSÉE DU PAYS VAURAIS ★

1 bis, rue Jouxaygues ✆ 05 63 58 03 42
musees-occitanie.fr/musees/musee-du-pays-vaurais
Ouvert du mardi au samedi 14h-18h (sauf jeudi). Été : du samedi au lundi 14h-18h, du mardi au vendredi 10h-12h/14h-18h

Le Musée du Pays Vaurais possède une impressionnante collection d'objets liée à l'art sacré, aux beaux-arts, à l'archéologie et aux traditions populaires, sans oublier le fonds d'atelier de l'ancienne manufacture d'orgue Puget. Plusieurs milliers de pièces sont recensés ! Chacune d'entre elles permet d'en apprendre plus sur le passé de la région et d'imaginer clairement à quoi pouvait ressembler le quotidien de nos ancêtres. Des expositions temporaires et deux grands événements culturels font aussi la vie de cet espace passionnant.

LE PONT SAINT-ROCH ★

Pont de Lavaur
Accès libre.

Cet ouvrage d'art a été le témoin du développement et de la transformation de la commune de Lavaur. Construit au XVIIIe siècle, ce pont en maçonnerie est emblématique de son époque. Franchissant l'Agout, il possède une portée de 48,75 mètres, faisant de lui - après l'effondrement du pont de Vieille-Brioude en 1822 - le pont en maçonnerie de plus grande portée au monde, et ce jusqu'à l'installation de l'arche de Chester en 1833. Ses caractéristiques typiques et son histoire permettent à l'ouvrage d'apparaître au titre des monuments historiques depuis 1960.

LA TOUR DES RONDES ★

Quai de la Tour des Rondes
✆ 05 63 58 02 00
www.tourisme-tarn.com
Ouvert du mardi au samedi 14h-18h, ainsi que 9h30-12h mercredi/samedi. Été : du lundi au samedi 9h30-12h30/14h-18h30.

La tour des Rondes est l'ultime vestige des fortifications de la ville. De sa masse trapue, elle domine le ravin profond du Naridelle, un affluent de l'Agout. Sans doute devait-elle être incluse dans la première ligne de fortifications qui, au début du XIIIe siècle, impressionna les chroniqueurs de la croisade contre les Albigeois. Mais, comme pour d'autres forteresses du comté, le traité de Paris de 1229 imposa au comte Raymond VII de Toulouse de démanteler les murailles. Aujourd'hui, elle abrite l'office de tourisme et une salle d'exposition au premier étage.

BELLEGARDE €€

Bellegarde - **SAINT-GAUZENS** ✆ 05 63 83 06 21
bellegarde81.free.fr
Fermé d´octobre à mai. 2 chambres. Chambre simple 63 € ; chambre double 75 €. Petit déjeuner inclus. Piscine. Jardin.

Derrière les volets verts de cette ancienne ferme familiale se cache une maison d'hôtes accueillante gérée par Geneviève et Jacques. Idéalement située à côté de sentiers pédestres, du golf des étangs de Fiac et des tennis de Briatexte, la bâtisse se compose de deux chambres d'hôtes équipées de salles d'eau séparées. Elles sont aménagées sobrement, mais confortablement. La table d'hôtes est installée dans une grande pièce agrémentée d'une cheminée. Les repas, savamment orchestrés par Geneviève, diététicienne de métier, sont servis le soir sur réservation.

DOMAINE D'EN NAUDET €€

En Naudet - **TEYSSODE** ✆ 05 63 70 50 59
www.domainenaudet.com
Chambre double de 99 € à 119 € ; suite à partir de 150 €. Petit déjeuner inclus. Gîte (10 couchages) 1450€/semaine.

Plantée sur une colline au milieu des tournesols, cette maison vous offre une vue panoramique à vous couper le souffle. Cinq chambres d'hôtes, l'une dans l'ancienne tour du guet et les quatre autres dans la grange, sont proposées. D'un très grand confort et décorées avec goût, elles offrent toutes une spécificité afin de plaire au plus grand nombre. Il en est de même pour ses deux capacités de gîtes, allant de 10 à 25 personnes. Côté loisirs, on passera de bons moments grâce à une grande piscine extérieure, une salle de musculation et une salle de réunion.

LE JARDIN DES CÈDRES €€

Lieu-dit Cap Daurat
✆ 06 69 14 09 75
www.lejardindescedres.com

3 chambres/1 gîte. Chambre double à partir de 80€. Gîte de 400 à 790€/semaine. Soirée-étape : 90€. Restauration.

Une belle et solide demeure au milieu d'un parc aux arbres centenaires, le décor est planté. Au cœur du Lauragais, à quelques kilomètres de Lavaur, Le Jardin des Cèdres vous invite au farniente. Le gîte pour 6 personnes et les trois chambres d'hôtes sont là pour accueillir le visiteur, et lui faire découvrir les plaisirs de ce pays de Cocagne. A sa table d'hôtes, Véronique vous convie à une visite gourmande. Le petit déjeuner servi dans le parc ou dans l'un des salons de la demeure est lui aussi une bonne entrée en matière pour profiter de la quiétude des lieux.

CHÂTEAU DU VERGNET €€€

Le Vergnet - **VITERBE**
✆ 05 63 58 66 06
www.chateauduvergnet.fr

Chambre double de 100 € à 110 € ; suite de 130 € à 150 €. Petit déjeuner inclus. Séminaires. Réceptions et mariages.

Brigitte et Pascal vous accueillent dans leur belle gentilhommière du XVIIe siècle, dans un cadre reposant et verdoyant noyé dans un parc d'1 ha avec accès privé à la rivière. L'accueil y est chaleureux et l'hôtesse vous présente ses quatre chambres spacieuses et décorées avec soin, toutes équipées de salles de bains individuelles. Deux sont situées côté rivière, pour vous laisser bercer par le murmure apaisant de l'eau, et les deux autres côté parc, pour profiter du chant des oiseaux. L'ambiance est ici très calme et l'on se sent vite bien dans cette maison.

L'ŒUF DE COQ €

1, place Pasteur
✆ 05 63 34 66 58

Réservation recommandée. Menus de 38 € à 70 €. Formule du midi : 20 €. Vin au verre.

L'Œuf de Coq a éclos dans les rues de Lavaur en 2017. Depuis, c'est le rendez-vous gastronomique de la petite ville tarnaise. Derrière les fourneaux, Mathieu Lacaze met son talent au service d'une cuisine à base de produits de qualité. La carte est courte pour garantir la fraîcheur des produits : poissons de ligne, légumes de saison, aromates cueillis dans la nature... A midi c'est à l'ardoise. Exemples : lieu jaune, poireau, sésame, épinard et émulsion à l'estragon, ou filet de canette, chou rouge, purée de carotte à l'orange, tartelette aux poires et à l'anis...

RESTAURANT-SALON DE THÉ Ô SAVEURS €

2, rue Peyras
✆ 05 63 58 23 10
www.o-saveurs.fr

Ouvert du lundi au vendredi de 11h à 18h. Menus de 10 € à 20 €. Terrasse. Climatisation.

Au centre de Lavaur et de ses rues médiévales, Sara a ouvert un salon de thé, dont la salle, petite mais chaleureuse, fait le plein chaque jour. Les parts de tarte maison ou de crumble aux légumes de saison sont servis accompagnés de salade, un vrai régal. Le dessert, maison lui aussi bien sûr, change en fonction des envies de la cuisinière mais son choix est toujours une réussite : tarte Tatin ou au citron, gâteau caramel et chocolat... L'été, on apprécie la terrasse ombragée.

L'ACCORD PARFAIT €€

24, avenue George Sabo ✆ 05 63 33 59 43
www.laccordparfait-lavaur.com

Cave : du mardi au samedi 10h-13h/14h30-19h30. Restaurant : du mardi au vendredi de 12h à 14h. Terrasse.

Une note de Languedoc pour accompagner un saumon fumé, une côte-rôtie pour déguster un mijoté du jour... Tel est l'accord parfait, la juste mesure de cette délicate partition culinaire. Une alliance joyeuse et généreuse entre un restaurant et une cave à vin pour le plaisir de nos papilles orchestrée par la délicieuse Catherine qui nous restaure avec convivialité et authenticité ! Des produits frais et de saison, des assiettes gourmandes en fonction des suggestions et un décor gris et mauve, voilà un lieu pour se poser le midi en semaine.

AUBERGE DU RELAIS CATHARE €€

Le bourg - **CAMBON-LÈS-LAVAUR**
✆ 05 63 75 57 92
le-relais-cathare.business.site

Ouvert du lundi au vendredi le midi (le dimanche sur réservation). Accueil des groupes. Jardin. Terrasse. Animations.

Au centre du village, dans l'ancien presbytère, à pierres apparentes et poutres taillées à la hache, L'Auberge du Relais Cathare joue la carte d'une cuisine raffinée et authentique à base de produits frais du terroir. Manchon de poulet au caramel d'épices, éventail de magret de canard à la vanille, tatin d'endives, tous les plats jouent les couleurs et les saveurs du Sud-Ouest. Ils se découvrent grâce au buffet à volonté des lieux, les affamés seront comblés.

LA GOURMANDINE €€

35, avenue Charles-de-Gaulle
✆ 05 63 41 83 77
Ouvert du jeudi au mardi le soir, le week-end le midi. Menus de 19,80€ à 27,80€. Formule du midi : 13,50€.

« De toutes les grandes passions, la seule vraiment respectable, me paraît être la gourmandise ». Et ce n'est ni Elena ni Sébastien Bénazet qui vous diront le contraire ! En passionnés, ils vous accueillent de manière chaleureuse et souriante dans leur charmant petit restaurant en plein cœur de Lavaur. Ici, un seul mot d'ordre dans l'assiette : tradition. Pas un seul habitant de Lavaur ne critiquera cet établissement tant est appréciée ici leur cuisine 100% terroir. Un régal pour les affamés de passage à la recherche d'un bon rapport qualité/prix.

O RESTO DES CAUQUILLOUS €€

112, rue Léonard de Vinci
✆ 09 77 35 67 29
www.o-resto-traiteur.fr
Ouvert du lundi au vendredi le midi (réservation possible soir/week-end pour les groupes). Formule dès 12,50€. Traiteur.

Ne vous fiez pas à l'emplacement de l'adresse, au cœur de la zone industrielle. Contrairement à ce qu'il pourrait indiquer, cet établissement fait honneur aux saveurs et au fait maison. À sa tête, Marlène et Yannick mettent leur expérience au service d'une cuisine familiale et traditionnelle à petit prix. Dans un décor à la fois contemporain et chaleureux, Yannick virevolte à travers les tables tandis que sa femme, cheffe des lieux, se charge de la cuisine. Leur objectif est le même : régaler les gens et les faire se sentir « comme à la maison ».

LE VIEUX MARCHÉ €€

14, place du Vieux-Marché
✆ 05 63 33 21 70
Ouvert du mardi au samedi le midi et le soir. Carte : 25€ environ. Formule du midi : 12,90€. Terrasse.

Derrière ce concept 100% qualité, on trouve Eddy et Julien - ou plutôt Popotte & Canaille - un duo irrésistible qui a décidé de bousculer les codes habituellement traditionnels des adresses de Lavaur. En salle, l'accueil et le service sont assurés par Julien, une « canaille » dynamique qui sera d'excellents conseils pour vos accords mets et vins. Un guide essentiel pour cet établissement qui a décidé de proposer une carte sans cesse renouvelée, composée de planches à partager, et organisée autour d'un vin ou d'une bière coup de cœur.

CHEZ JOHN €€€

465, route de Gaillac
✆ 05 63 57 64 85
Ouvert du mardi au samedi le soir, du mardi au vendredi et le dimanche le midi. Menus de 30€ à 70€. Terrasse.

Le chef anglais John Courtis (l'Echauguette à Giroussens, l'Auberge de la Pointe à Saint-Sulpice) est aujourd'hui maître de cette maison de la route de Lavaur. Il vous accueille dans son établissement gastronomique, à la fois sobre et élégant, où l'on mange une cuisine raffinée et un brin originale. Ici, on aime jouer l'alliance subtile des saveurs, surtout lorsqu'elles sont insolites : panna cotta de roquefort, crème de topinambour, jeunes pousses, jambon de pays et chips de panais... Quand la tradition rencontre l'imagination du chef, ça fait des étincelles !

L'ACCORD DIVIN

157, rue Léonard de Vinci
✆ 09 81 60 13 68
laccorddivin.fr
Ouvert du lundi au mercredi de 9h à 17h30 ; le jeudi et le vendredi de 9h à 18h30. Formations.

A l'Accord DiVin, amateurs et spécialistes trouvent leur bonheur. Située dans la zone des Cauquillous, la cave met en valeur les vignerons issus de la région, des autres terroirs français et de l'étranger. Sélectionnés avec soin, ces amoureux des vignes sont choisis par l'équipe en raison de leur respect de la nature et des sols, ainsi que pour leur diversité. La plupart d'entre eux sont d'ailleurs issus de l'agriculture biologique et biodynamique. C'est une belle palette que l'Accord DiVin vous propose à la vente et en livraison dans toute la France.

DOMAINE D'EN SEGUR

Route de Saint-Sulpice ✆ 05 63 58 09 45
www.ensegur.com
Ouvert du lundi au vendredi de 8h à 17h ; le samedi de 9h à 18h. Livraison possible. Boutique en ligne.

On doit la renaissance du domaine d'En Segur au célèbre pharmacien Pierre Fabre. Il fit l'acquisition du terrain en 1989 et décida alors de replanter le vignoble. Depuis, de superbes vignes reposent sur les 36 hectares qui surplombent l'Agout, sur des terrasses de cailloutis recouvertes de limons et de galets. Fruit de ce carrefour des influences méditerranéennes et océaniques, le domaine donne naissance à des vins puissants. Rouge, rosé, blanc sec et doux, le vignoble est riche de ses nombreuses gammes. Le domaine possède un caveau et une boutique en ligne.

TANIS, PAYSAN BRASSEUR

lieu dit Préliès
GARRIGUES
✆ 06 33 82 56 59
Ouvert du lundi au vendredi de 9h à 12h et de 14h à 17h. Vente directe à la brasserie.

Arnaud, paysan brasseur, vous propose ses bières artisanales bio fabriquées à la ferme, à Garrigues, à partir de céréales et houblons cultivés en agriculture biologique. Il y a la blonde Cascade, la brune Pic de Nore, une brune aux arômes de cacao et de café, la Nuit noire, l'IPA Pépite, la blanche Grésigne et d'autres éphémères. Une nouvelle activité, depuis 2019, pour cette famille d'agriculteurs producteurs, depuis trois générations, de blé, d'orge, de soja, des lentilles, de pois chiches qui cultive également 5 ha de vignes.

PUYLAURENS

Érigé aux portes de la montagne Noire, Puylaurens domine la vaste plaine du Lauragais. Ce balcon permet d'apercevoir la vallée de l'Agout au nord et la montagne Noire au sud. Occupé dès la Préhistoire, le territoire fut modelé par les Wisigoths et développé à l'époque médiévale lorsque croisés et Cathares se disputèrent les hauteurs. Au XVIe siècle, la cité fortifiée connue son heure de gloire et fut l'un des fleurons du pays de Cocagne. De nos jours, son histoire se découvrent au gré des ruelles et leurs vestiges : maisons à encorbellement du XVIIe siècle, passage couvert du XVIe siècle, hôtel de Corneilhan, remparts, hôtel de la Roque-Buisson...

GOLF ETANGS DE FIAC

Brazis - **FIAC**
✆ 05 63 70 64 70
jouer.golf/etangs-de-fiac
Basse saison : tous les jours de 9h à 18h.
Haute saison : tous les jours de 8h30 à 18h30.
Restauration. Boutique.

Réputé pour être l'un des meilleurs parcours de Midi-Pyrénées, ce golf naturel joue l'alliance du plaisir technique et visuel. Conçu par Mark Hawtree, architecte britannique, il s'articule autour de douze étangs, rendant le parcours technique mais très agréable à jouer : les débutants comme les joueurs de haut niveau seront ravis de ce 18-trous très nature. Pour s'entraîner, un practice sur eau, de 25 postes dont 3 couverts avec en plus une zone engazonnée. Son restaurant des Douze Etangs complète l'ensemble avec saveurs et harmonie.

ANGOLAINE

La Tuilerie – Ardialle
✆ 05 63 70 21 99
www.angolaine.com
Bienvenue à la Ferme. Ouvert sur rendez-vous uniquement. Accueil de groupes et de particuliers. Vente en ligne.

Isabelle Le Roy, la maîtresse des lieux, organise sur rendez-vous la visite guidée de son élevage de lapin angora. Celle-ci permettra d'approcher les adorables lapins et de découvrir les étapes de transformation des différentes fibres textiles – animales, végétales, artificielles et synthétiques – issues de cette exploitation. Dans la boutique de l'élevage ou en ligne, vous pourrez acheter de nombreux produits tricotés en angora/soie ou angora/cachemire, et teints avec des plantes tinctoriales telles que pastel, garance, myrobolan...

LES FOLIES FERMIÈRES

GARRIGUES
✆ 05 63 40 41 60
www.lesfoliesfermieres.com
Ouvert toute l'année. Programmation, tarifs et horaires en ligne. Restauration. Boutique.

Ce lieu très original regroupe trois activités : agriculture, boucherie et cabaret. David gère une ferme d'une centaine d'hectares qu'il fait visiter monté sur un tracto-train. La ferme travaille en autoconsommation intégrale, c'est-à-dire que les animaux sont transformés à la boucherie sur place et proposés à la vente. Et ensuite, une ferme auberge cabaret où Lætitia, l'épouse de David, prépare un repas avec plus de 51 % des produits servis dans l'assiette. Sur scène un spectacle de cabaret (chanteuse, danseuse, magicien...) vient compléter l'ensemble.

CHÂTEAU-MUSÉE DE MAGRIN ★

Rue Victor-Maziès - **MAGRIN**
✆ 05 63 70 63 82
www.pastel-chateau-musee.com
Ouvert tous les dimanches 15h-17h30. Été : visite guidée de 15h à 17h30 tous les jours (également le matin en août).

Visite incontournable, le Musée du pastel relate 500 ans de l'histoire de cette plante qui a forgé l'identité de la région. Ce château des XIe, XVIe et XVIIIe siècles, bâti sur une colline dominant les plaines du Lauragais et patiemment restauré, est à lui seul un livre d'histoire. Ses murs gardent en mémoire la visite d'Henri IV, qui s'y réfugia en 1585, mais abritent surtout d'extraordinaires vestiges de cette industrie du pastel, comme cet authentique séchoir à cocagnes ainsi que le superbe moulin pastelier. Une visite à ne pas manquer !

FONDERIE DE BRONZE LAURAGAISE ★

ZI des Rieux - **BLAN**
✆ 05 63 75 22 86
www.fonderie-lauragaise.com
Atelier d'artiste. Ouvert le lundi 8h-12h/13h-17h, du mardi au jeudi 8h-12h/14h-18h, vendredi 8h-12h/13h-16h.

Bernard Ramond, c'est un caractère coulé dans le bronze – entendez par là qu'il utilise la technique de la cire perdue, qui remonte à la nuit des temps. C'est donc un bronzier qui prendra plaisir à vous expliquer son métier, pour peu que vous réserviez à l'avance. Si vous n'avez pas peur de la chaleur et du bruit, vous deviendrez donc incollable sur le moule, le polissage et la fusion du métal. Il peut réaliser des pièces contemporaines comme des reproductions du XIXe siècle.

DOMAINE EN BÉRAIL DE SAINT-LOUP €€

Domaine En Bérail de Saint-Loup
✆ 06 23 82 05 36
www.en-berail.fr
5 gîtes de 380 à 1 150 €/semaine. Réceptions et mariages. Tv satellite. Excursions. Jardin. Piscine. Pétanque.

Dans cette ancienne métairie du XVIIIe siècle, cinq jolis gîtes entièrement rénovés accueillent le public : Mondana (maison attenante pour 8 à 10 personnes), Petit Saint Loup (pour 5 à 9 personnes), Lugana (duplex pour 4 à 6 personnes), Loyli (deux-pièces pour 2 à 4 personnes) et Roméou (studio de 37 m pour à 3 personnes). Ces hébergements ont la particularité d'être chauffés à l'aide d'énergie renouvelable : l'aérothermie. Sur place, plusieurs activités sont disponibles.

HÔTEL-RESTAURANT CAP DE CASTEL €€

36, rue Cap-de-Castel
✆ 05 63 70 21 76
www.capdecastel.com
Chambre simple à partir de 80€, double à partir de 96€, suite à partir de 140€. Petit déjeuner : 15€. Restauration.

Ancien château du XIIIe siècle, ce petit hôtel de charme offre dix chambres tout confort. De la terrasse panoramique, où se trouve une piscine arborée, le point de vue est spectaculaire. Il embrasse les toits méridionaux du bourg, la Montagne noire et les Pyrénées. Côté restaurant, le jeune chef Sébastien Riou concocte une cuisine de terroir revisitée : foie gras maison, carré de veau du Lauragais en écaille de cèpes, moelleux au chocolat de Michel Cluizel...

HÔTEL-RESTAURANT LA BOMBARDIÈRE*** €€

23, route de Castres - **CUQ-TOULZA**
✆ 05 63 75 70 36
www.hotel-restaurant-la-bombardiere.fr
Chambre simple de 64 à 69 € ; chambre double de 67 à 72 €. Petit déjeuner : 8,90 €. Restaurant avec terrasse.

Ici on ne badine pas avec la bonne ripaille ! Réputé pour sa cuisine et son accueil, cet hôtel-restaurant est un établissement familial de haute qualité. Les chambres sont confortables et simples, la décoration ancienne et le cadre pittoresque. La salle de restaurant donne sur une terrasse où vous profiterez d'un instant pour vous détendre au soleil. L'endroit est bien connu pour ses nombreux plats locaux, notamment son foie gras de canard à l'ancienne et sa bouillabaisse.

LE PIGEONNIER DE SOAZ €€

En Barbet Haut - **MAGRIN**
✆ 06 42 29 01 88
www.gites-tarn.com/fiche-G1471.html
Gîtes de France (3 épis). De 350 à 450 €/semaine. Service de ménage. Piscine extérieure. Jardin ou parc.

Refuge du Pays de Cocagne, Le Pigeonnier de Soaz apparaît comme une oasis de calme. Installé au milieu de la campagne, entre Lavaur, Puylaurens et Castres, il offre sérénité et proximité. Parfaitement aménagé pour deux personnes, le pigeonnier s'élève au cœur d'un parc arboré et bucolique. Sa vue donne directement sur le jardin de la propriété, un panorama naturel et admirable. Durant l'été, la piscine de la résidence accueille plongeons et bains de soleil. L'hôte des lieux - passionné de *trail* - offrira ses conseils en matière de randonnées

PRESBYTÈRE DE SAINT-THÉODARD €€

Saint-Théodard ✆ 05 63 48 83 01
www.gites-tarn.com/fiche-G542.html
Gîtes de France (3 épis). De 500€ à 650€/semaine, de 260€ à 300€/week-end. Lave-vaisselle. Parc.

Entre charme historique et confort moderne, ce gîte - unique en son genre - est un vrai joyau. Installé dans l'ancien presbytère de Saint-Théodard, au sommet d'une des belles collines du pays de Cocagne, il offre un véritable paysage de carte postale. Propriété de la municipalité de Puylaurens, il fut entièrement rénové et aménagé afin de recevoir tout au long de l'année des vacanciers à la recherche d'une expérience originale et d'une halte chaleureuse et authentique.

CUQ EN TERRASSES - RESTAURANT GOURMAND €€€

8, chemin du Château - **CUQ-TOULZA**
✆ 05 63 82 54 00
www.cuqenterrasses.com
Fermé de novembre à avril. Chambre double dès 107€, studio dès 155€. Restaurant : menu unique 39€. Piscine. jardin. Spa.

Les propriétaires de cet ancien presbytère du XVIIIe siècle ont réalisé un véritable miracle : ils ont arrêté le temps ! Chacune des sept chambres vous accueille dans une ambiance différente. Colombages et terre cuite y sont associés à des tissus d'éditeur, des boutis douillets, et des meubles et tableaux anciens. Rien n'est laissé au hasard. Aux fourneaux, le chef associe avec subtilité toute la richesse d'un terroir aux accents méditerranéens et inspire vos papilles.

LE BELLEVUE €€

7, avenue de Castres
✆ 05 63 75 00 23
Ouvert du mardi au samedi de 7h à 20h ; le dimanche de 7h à 22h45. Carte : 26 € environ. Vin au verre. Terrasse.

En balade dans le département, prenez le temps de vous attarder dans le doux village de Puylaurens. Avec ses bâtisses et ses ruines impressionnantes, la cité mérite un arrêt à plus d'un titre. Parmi les haltes gourmandes que vous trouverez sur place pour vous restaurer, le café Le Bellevue est un rendez-vous formidable. Bonne, copieuse, sympathique, voilà tous les qualificatifs pouvant décrire cette charmante adresse. Les patrons vous accueillent avec bonne humeur et chaleur, tandis qu'en cuisine, la talentueuse Régine prépare des assiettes gourmandes.

COLVERTS DE SABOURNAC

✆ 05 63 75 04 55
www.sabournac.com
Saison de chasse du 1er septembre au 31 janvier. Groupes de 3 à 12 chasseurs.

Unique en France, la chasse de Sabournac est une chasse organisée sur les principes des grandes battues à l'anglaise, à la différence près que ce ne sont pas des faisans ou des perdrix mais des colverts de haut vol. Cette chasse séduit les chasseurs qui recherchent des tirs difficiles. Posté à flanc de colline ou en bord d'étang, les colverts arrivent à une vitesse surprenante. Une journée type se découpe comme suit : rendez-vous 9h, tirage au sort des numéros de poste, traques, collation, traques, tableau et déjeuner tardif.

LA FERME DE LAS CASES

Las Cases - **BLAN**
✆ 05 63 75 48 25
ferme-de-las-cases.delicenet.com
Ouvert du mardi au samedi de 8h à 19h30. Présent sur le marché de Revel et le marché de l'Albinque à Castres.

Cette charcuterie, bien connue des gourmands, est située au beau milieu de la campagne. Dans sa vitrine, on trouve une collection de conserves et produits frais réalisés à partir de viande de porc. Gage de qualité, le producteur est devant vous, prêt à répondre à toutes vos interrogations. Il vous racontera tout ce qu'a fait le cochon avant d'être transformé en saucisson. Les spécialités : le jambon affiné 12 mois et le melsat, une recette tarnaise composée de porc, pain et œuf. Accessibles sur deux marchés du département, ces produits font des heureux.

LA MÉTAIRIE NEUVE

La Métairie Neuve - **SAINT-PAUL-CAP-DE-JOUX**
✆ 05 63 75 49 96
www.la-metairie-neuve.fr
Ouvert du mercredi au vendredi 10h-12h30/14h-19h et le samedi 9h-12h en basse saison, 7j/7 sur RDV en haute saison.

Les mots héritage et transmission prennent tout leur sens sur cette exploitation tarnaise. En effet, l'histoire de La Métairie Neuve est liée à celle de la famille Vernheres, propriétaire des lieux depuis 1981. Aujourd'hui, la troisième génération est à la tête de cette production de qualité. Ensemble, Jackie et Eric perpétuent la coutume, accompagnés depuis peu par leur fils, Frédéric. Ils produisent donc du canard gras de Barbarie, des canettes à rôtir et du poulet, toujours avec la même attention envers la qualité, les produits sans OGM et le bien-être animal.

LES CIRCUITS DE L'AUBEPINE

Route de Prades
✆ 06 86 72 10 22
www.aubepine-quad.fr
Formule quad à partir de 25€. Chèque Vacances. Restauration. Terrasse. Piscine. Circuit VTT.

Situé dans la campagne puylaurentaise, ce complexe de loisirs propose des balades à dos d'âne, du quad (à partir de 8 ans), une piste de karting tout-terrain et des motos-trail (à partir de 14 ans). Vous aurez la possibilité de ponctuer votre parcours d'un pique-nique et de sortir de nuit. Fait rare, le site possède deux Modul'évasions, des véhicules adaptés pour les personnes en fauteuil roulant. Le Circuits de l'Aubépine, c'est la garantie de vivre des moments inoubliables !

RÉALMONT

Cette ancienne bastide royale fut fondée le 12 mars 1272 par le roi Philippe III, il lui donna le nom de *Regalis mons* (mont royal). Il s'agissait à l'origine d'une vigie monarchique essentielle, à mi-distance d'Albi, seigneurie épiscopale autonome, et de Castres, fief des Montfort. Si les boulevards ont aujourd'hui remplacé les remparts, la ville a conservé quelques vestiges, notamment sa superbe place avec ses couverts inscrite au répertoire des Monuments historiques. Lors de votre visite de Réalmont, ne ratez pas l'église Notre-Dame-du-Taur (XVIIe siècle), la fontaine de la Fréjaire, le lavoir-abreuvoir et le panorama de la Croix du Caylou.

OFFICE DE TOURISME DE RÉALMONT

8, place de la République ✆ 05 63 79 05 45
www.tourisme-centretarn.fr
Ouvert du lundi au samedi de 9h30 à 17h. Été : du mardi au samedi de 10h-13h/14h-18h, le dimanche de 9h30 à 12h30.

Ce territoire, implanté entre Albi et Castres, est typique du centre du Tarn. En plus d'être placé de manière à vous permettre de visiter les plus jolies villes du département, il abrite un lot de musées passionnants. C'est aussi à Réalmont que vous trouverez l'un des plus beaux marchés de la région. Pour ne rien rater de ce que la commune a à offrir, passez à l'office de tourisme. Son équipe souriante répondra à toutes vos questions et vous transmettra la documentation utile.

MUSÉE LE RÊVE DU PASSÉ ★

Saint-Martial - **RONEL**
✆ 05 63 45 53 96
www.lerevedupasse.fr
Basse saison : le dimanche. Haute saison : tous les jours sauf jeudi et samedi. Ouvert sur rendez-vous de 14h30 à 18h.

Au centre de Ronel, ce musée est entièrement consacré aux fèves des rois et objets d'antan. Dès l'entrée, on pénètre dans un autre monde, celui des campagnes d'autrefois, lorsque l'on travaillait la terre avec amour. Vous vivez la récolte du grain, jusqu'à sa farine qui se transforme en pain, et vous plongez dans l'univers de la miniature, parmi les objets anciens et les maquettes. Qui ne se souvient pas du buste du Pierrot Gourmand ? Il trône là, lui aussi, parmi les meubles et instruments de musique. Un endroit qui raconte des histoires.

CAMPING MUNICIPAL LA BÂTISSE** €

Route de Graulhet ✆ 05 63 55 50 41
www.camping-realmont.fr
Fermé du 1er octobre au 31 mars. Emplacement dès 15€. Mobil-homes de 220€ à 487€/semaine. Aire pour camping-cars.

En bordure du Dadou et à seulement 2 km de Réalmont, La Bâtisse est le camping municipal de la ville. C'est un espace ombragé avec tennis de table, boulodrome et badminton, mais aussi un lieu idéal pour les amateurs de pêche qui, si proches du Dadou, pourront s'adonner à leur sport favori. Tennis de table ou partie de pétanque sont aussi au programme, sans oublier les jeux pour enfants. Tout est réuni pour de bonnes vacances en famille en mobil-home ou en emplacement libre.

LES PIGEONS DU MONT-ROYAL

Goutines
LOMBERS
✆ 05 63 45 52 33
lespigeonsdumontroyal.com
Accueil à la ferme du lundi au jeudi de 8h30 à 12h et 14h à 17h. Livraison. Visite guidée.

Depuis 1984, l'élevage du Mont-Royal produit des pigeons de chair (4 200 couples y sont nourris au grain). Découvrez ce colombidé à travers une visite guidée qui vous apprendra l'histoire des différentes races issues du monde entier. Au sein d'un écomusée agrémenté d'un pigeonnier traditionnel construit par le propriétaire, il comprend les volières d'élevage, la vitrine de produits frais et de conserve fine, et propose une démonstration de pigeons de vol.

FERME DE BELLEGARDE €

Ferme de Bellegarde ✆ 05 63 45 50 83
www.chambres-hotes-ferme-tarn.com
Ouvert toute l'année. Table d'hôtes de mars à octobre selon disponibilité. Chambre simple dès 38 €, double dès 51 €.

Si vous êtes à la recherche d'authenticité, vous vous trouvez à la bonne adresse. Avec sa grande cheminée et son décor rustique, la ferme de Bellegarde est un endroit charmant qui promet d'agréables moments. Avec Philippe et Lydie Hallet, vous visiterez l'élevage de chèvres et vous pourrez même participer à la fabrication des fromages et des confitures. Nouveauté : une boutique des produits de la ferme vous propose fromages, pains, vins, plats cuisinés ou douceurs sucrées… de Bellegarde évidemment. Tout pour se faire plaisir du lever au coucher !

GÎTE SAINT MARTIAL €€

Ronel - **RONEL** ✆ 05 63 48 83 01

www.gites-tarn.com/fiche-G465.html

Gîtes de France (3 épis). De 300€ à 450€/semaine. Service de ménage. Lave-linge, lave-vaisselle. Jardin. Climatisation

La commune de Ronel repose à deux pas des portes du parc régional du Haut Languedoc, au nord de Castres et au sud d'Albi. Son emplacement fait d'elle la halte idéale pour découvrir toutes les facettes du département, ses richesses, son patrimoine, sa culture. Parmi les solutions d'hébergements du village, le gîte Saint Martial sort du lot. Ce gîte confortable possède une belle identité et des caractéristiques qui lui sont propres (vitraux, aquarelles...). Il est également doté d'un jardin de 500 m², d'un parking privatif et d'une cuisine ouverte tout équipée.

LA FLAMBÉE ITALIENNE €€

28, avenue Jules Pélissier

✆ 05 63 55 41 89

Ouvert du mercredi au dimanche le midi et le soir. Carte : 22€ environ. Vente à emporter.

Si vous ne cherchez pas le traditionnel tarnais mais que vous avez plutôt envie d'une pizza, n'hésitez pas à passer par cette adresse généreuse de la petite commune de Réalmont. On y dévore des pizzas originales, riches de dizaines d'ingrédients divers. On apprécie particulièrement la chaleur et l'amabilité de l'équipe des lieux, si bien qu'on s'installe bien souvent à table pour une durée plus longue qu'à l'accoutumée. Si vous êtes pressés ou que vous voulez prendre vos pizzas à emporter, bonne nouvelle : l'établissement est aussi réputé pour sa rapidité !

L'IMPÉRIAL €€

52, route de Graulhet - **LABOUTARIÉ**

✆ 05 63 42 04 49

www.restaurant-limperial.fr

Maîtres Cuisiniers de France. Ouvert du mardi au dimanche le midi, du jeudi au samedi le soir. Prix moyen : 35€.

La table de Michel Guiraud est une adresse connue et reconnue bien au-delà du pays de Cocagne. Il fait partie des Cuisineries Gourmandes et des Restaurateurs de Métier des provinces françaises. Un détail, et qui compte : au début du menu figure la liste des fournisseurs, soit la charcuterie de Lacaune, le pigeon de Lombers et le primeur de Réalmont. On vient de partout pour se délecter de ses nombreuses spécialités : feuilleté de ris d'agneau aux morilles, terrine de crêpes au caramel à l'orange, le demi-pigeon confit du mont Royal... Pensez à réserver !

SAINT-LIEUX-LÈS-LAVAUR

À voir le petit village paisible de Saint-Lieux-lès-Lavaur, on est loin de s'imaginer son histoire mouvementée : placé sous l'autorité de Raymond VII au XIIIe siècle, puis propriété des Pagèze au XVIe siècle, occupé par les Protestants pendant les guerres de religion avant d'être donné à l'évêque de Lavaur au XVIIe siècle... Aujourd'hui, un patrimoine local très diversifié témoigne de la richesse de cette histoire. Tout doucement, à votre rythme, découvrez l'église Saint-Léonce, le lavoir, les pigeonniers, les maisons à pans de bois... C'est une échappée formidable pour ceux qui souhaitent s'aventurer hors des sentiers déjà mille fois battus du Tarn.

LES PIGEONNIERS ★

Accès libre.

On les trouve habituellement loin des arbres, à des endroits plutôt secs et ensoleillés. Les ouvertures, tournées vers le sud ou vers l'est, sont juste assez grandes pour laisser passer les pigeons et trop petites pour leurs prédateurs. A l'époque, ils ont été construits pour récupérer la fiente qui, dans le Tarn, servait à la culture du pastel, du chanvre et de la vigne. Il existe plusieurs types de pigeonniers : pied-de-mulet (XIXe siècle), albigeois (XVIIIe siècle), gaillacois, sur arcades (XVIe-XVIIe siècles)... Seul le pigeonnier albigeois est libre d'accès.

CHEMIN DE FER TOURISTIQUE DU TARN

Gare des Jardins des Martels ✆ 05 61 47 44 52

www.cftt.org

Du 1/04 au 30/06 et du 5/09 au 24/10 : tous les dimanches et fêtes. Du 4/07 au 04/09 : tous les jours sauf le samedi.

Cette association propose un voyage dans le temps à bord d'un authentique tortillard d'époque. Durant une heure, trains à vapeur ou diesel empruntent la voie ferrée jusqu'au terminus des Martels, sillonnant le viaduc de l'Agout, le bois de la Garigole et la colline de Giroussens au départ du village de Saint-Lieux-lès-Lavaur. Une belle façon de découvrir le Pays de Cocagne. On visite également le musée vivant du Chemin de fer et ses locomotives classées aux Monuments historiques.

SORÈZE ★★

Serti dans l'écrin de verdure de la montagne Noire, Sorèze est un petit bijou dont le caractère transparaît dès la première approche. Situé en bordure de la plaine du Lauragais, le village conjugue à la fois la rigueur militaire – elle fut le siège de l'École royale durant le règne de Louis XVI - et l'ombre sage du père Lacordaire. On est séduit par le charme inimitable des maisons à encorbellements des XVIe, sur lesquelles grimpent encore aujourd'hui lierres et fleurs multicolores. Le cœur de la ville s'active au rythme des battements du clocher Saint-Martin, érigé au XVe siècle, et on s'y perd avec joie pour découvrir au détour d'une rue pittoresque les vestiges des remparts du Moyen Âge, les ruines du château cathare de Roquefort et les restes de la chapelle de Saint-Jammes. Dans les alentours, il serait dommage de passer à côté du barrage de Saint-Ferréol, classé au patrimoine mondial de l'Unesco, créé par Pierre-Paul Riquet pour alimenter le canal du Midi, l'oppidum de Berniquant, la grotte de Calel et les cascades de Malamort-Durfort. Ces remarquables vestiges et environnements naturels permettent de se détendre dans des cadres de rêve et découvrir une jolie partie de l'histoire du territoire.

ASSOCIATION ARTS, TERRE, COULEURS EN SORÈZOIS ★

BP - 80008

✆ 06 80 38 21 50

www.salon-automne-soreze.com

Calendrier des manifestations en ligne. Salon. Expositions. Concours.

L'association de Gerard Grandazzi est un véritable moteur de la vie artistique du département. Elle a pour but de promouvoir l'art sous toutes ses formes et dans chacun de ses domaines. Aussi, elle organise tout au long de l'année des expositions en divers endroits où l'on peut venir admirer des œuvres picturales, des sculptures et bien d'autres expressions artistiques, le but étant d'offrir une vitrine aux nouveaux talents. Les manifestations organisées sont toujours très variées.

BASE DE LOISIRS DE SAINT FERREOL

Avenue de la Plage

✆ 06 63 16 54 02

www.basedeloisirs-revel.com

Baignade autorisée. Restauration. Animations.

Avec ses espaces boisés et ses équipements variés, le lac de Saint-Ferréol est un endroit idéal pour passer une journée en famille. En plus de l'accès à la baignade, le spot comprend des pistes cyclables, un arboretum, une piscine surveillée, un mini-golf, des restaurants, etc. Des cours collectifs ou particuliers encadrés par des moniteurs diplômés d'Etat sont aussi disponibles : activités nautiques, spéléologie, escalade, parcours dans les arbres, VTT, course d'orientation…

L'ABBAYE-ÉCOLE DE SORÈZE ★★★

Rue Saint-Martin ✆ 05 63 50 86 38

www.abbayeecoledesoreze.com

Fermé en janvier. Fermé le mardi sauf en été. Adulte 8 €, famille 17€. Visite guidée.

Créée en 754 par Pépin le Bref, l'abbaye devient, sous Louis XVI, l'une des douze écoles royales militaires de France. En 1854, le père Henri-Dominique Lacordaire en prend la direction et lui donne un nouveau souffle et une renommée internationale. Nombre de militaires, écrivains, philosophes, artistes y ont été formés jusqu'à sa fermeture en 1991, dont Hugues Auffray et Claude Nougaro. Magnifique salle des bustes des illustres et un parcours muséographique sur l'éducation des jeunes Soréziens du XIXe siècle. En juillet, festival «Musiques des Lumières».

MUSÉE DOM ROBERT ET DE LA TAPISSERIE DU XXE SIÈCLE ★

Rue Saint-Martin ✆ 05 63 50 86 38

www.abbayeecoledesoreze.com

Basse saison : du mercredi au lundi 14h-17h30 (également 10h-12h30 en moyenne saison). Haute saison : 7j/7 9h30-18h30.

Ouvert en 2015 au sein de l'abbaye-école de Sorèze, ce musée relate l'histoire de la tapisserie du XXe siècle. Il rend principalement hommage à un grand nom de la tapisserie d'Aubusson, Dom Robert, moine bénédictin et peintre cartonnier de tapisserie. A chaque pas, on découvre son talent et l'originalité de ses œuvres, centrées sur la nature nue et la couleur. Parmi les autres artistes du XXe siècle représentés on trouve de Lurcat et Gromaire, Prassinos, Théo Kerg, Lagrange et Sicard.

MUSÉE DU VERRE DE SORÈZE ★

42, allées de la Libération
✆ 05 63 37 52 66
musee-du-verre.fr

Le vendredi 14h-18h et le week-end 10h-12h/14h-18h. Été : semaine 14h30-18h30 (sauf mardi), week-end 10h-12h/14h30-18h30

De nos jours, l'ancienne maison du Parc naturel du Haut Languedoc abrite le Musée du Verre de Sorèze. L'espace accueille une importante collection de verres anciens. Une grande partie d'entre eux provient des fouilles réalisées sur l'oppidum de Berniquaut, un magnifique belvédère situé à 2 kilomètres de la ville. Ces objets racontent l'implantation de l'industrie du verre dans le Grand Sud depuis l'Antiquité jusqu'à nos jours. L'association des Amis de Sorèze – à l'origine de ce musée – propose également des promenades commentées et des conférences.

BUREAU D'INFORMATION TOURISTIQUE DE SORÈZE

3, rue Pierre Fabre
✆ 05 63 74 16 28
www.auxsourcesducanaldumidi.com

Été : 7j/7 9h30-12h30/14h-18h. Octobre : le dimanche 14h-18h. Printemps : semaine 10h-12h30/14h-18h, week-end 14h-18h.

Implanté dans l'enceinte de la Tour Ronde de l'Abbaye-École de Sorèze, ce bureau d'information touristique est un outil très utile lorsqu'on veut profiter de tous les bons plans présents dans l'agréable commune. Il faut dire qu'entre les musées, les visites guidées et les sites naturels qui se trouvent à proximité, on ne sait rapidement plus où donner de la tête ! Faites confiance aux équipes, elles sont à la fois disponibles et d'une grande aide.

LA MAISON DE L'ABBÉ €€

2, rue Saint-Martin
✆ 05 63 48 83 01
www.gites-tarn.com/fiche-G1552.html

Gîtes de France (3 épis). Chambre double à partir de 90 €, de 490 à 690 €/semaine. Service de ménage. Restauration.

C'est dans une ancienne minoterie, au bord de la Sor, que les hôtes ont aménagé leur maison en 2018. Les bénédictins utilisaient déjà ce moulin à eau pour moudre leur grain. L'activité de la minoterie a cessé dans les années 1970. Depuis, l'eau continue de couler sous le moulin comme autrefois, il a été aménagé et propose trois chambres d'hôte et une suite. À l'extérieur, un parc arboré d'un hectare vous tend les bras pour vous ressourcer. Les propriétaires disposent aussi d'un gîte pour 4 personnes, le Farinier, et d'un autre pour 6 personnes, le Meunier.

LE MOULIN DU CHAPITRE €€

Moulin du Chapitre
✆ 05 63 74 18 18
www.moulinduchapitre.com

Gîtes de France (3 épis). Chambre double de 52 € à 60 €, chambre triple à partir de 82 €. Gîte : de 260 à 380 €/sem.

Des vacances comme dans les rêves : quelques jours et quelques nuits dans un moulin à farine, à vivre au rythme de l'eau et de la nature. Les enfants aussi vont adorer. Le lac de Saint-Ferréol et le village de Durfort, tout proches, promettent de bien belles journées en famille ou à deux. Et ici, les enfants aussi vont adorer : baby-foot, portique, ping-pong sont à disposition, ou demandez de découvrir le petit musée privé. Vos hôtes sont polyglottes (anglais, allemand, espagnol, hollandais) et si accueillants que l'on reste volontiers plus longtemps que prévu..

CHAMPEAUBOIS €€

Route de Garrevaques
✆ 05 63 74 23 01

Ouvert le lundi midi ; du mardi au dimanche le midi et le soir. Réservation recommandée. Menus de 32 € à 52 €. Terrasse.

Mettez-vous vite en route direction Sorèze, Brigitte et Michel Faggion vous attendent pour un repas gourmand autour d'une cuisine authentique et copieuse. Tandis que madame virevolte entre les tables, monsieur prépare tambouille et chaudron pour un résultat à la fois simple et délicieux. Dans un cadre champêtre des plus charmant, on prend le temps de savourer des assiettes portées sur le terroir tel que le foie gras maison ou encore le carré d'agneau à l'ail confit. En dessert, les gérants vous proposent des tartes maison et de saison.

PUB SAINT-MARTIN €€

8, rue Saint-Martin ✆ 05 63 50 85 93
www.tourisme-tarn.com

Ouvert du lundi au samedi le midi, le vendredi et le samedi le soir. Réservation recommandée. Carte : 26€ environ.

Implanté dans l'ancienne cordonnerie de l'abbaye, ce restaurant plein de charme est recouvert de lierre sauvage. Avec ses pierres apparentes, ses poutres médiévales et ses affiches anciennes, il semble tout droit sorti de la campagne irlandaise ou d'un livre de Tolkien. Son ambiance authentique, entre troquet et maison de campagne, colle à merveille avec la cuisine bonne franquette servie à table. A la carte : magret aux cèpes, boudin et andouillettes, salade de chèvre chaud au miel et bien d'autres gourmandises. Le rapport qualité-prix est très satisfaisant.

BASTIDES ET VIGNOBLES DU GAILLAC

Si ce territoire est l'un des plus réputés du Tarn, c'est parce qu'il exprime toute sa richesse au sein de ses vins. Ici, la vigne participe au rayonnement du département depuis des millénaires, une tradition qui permet à Gaillac de figurer parmi les plus vieux vignobles de France ! Aujourd'hui, ses vins se dévoilent aux palais des curieux, avides de comprendre l'origine de leurs légendes et médailles. Si la complexité et la nature de cette destination de charme se lisent dans les verres, elles s'affirment aussi dans les rues de ses villages pittoresques. Marqués par l'activité viticole, les conflits religieux et les différents artisanats qui ont contribué à l'essor du territoire, ils racontent leurs histoires aux cours de visites passionnantes, dans des musées et à travers les silhouettes de leurs trésors architecturaux. Parmi les arrêts de charme : Gaillac, Cordes-sur-Ciel, Penne, Puycelsi, Lisle-sur-Tarn...

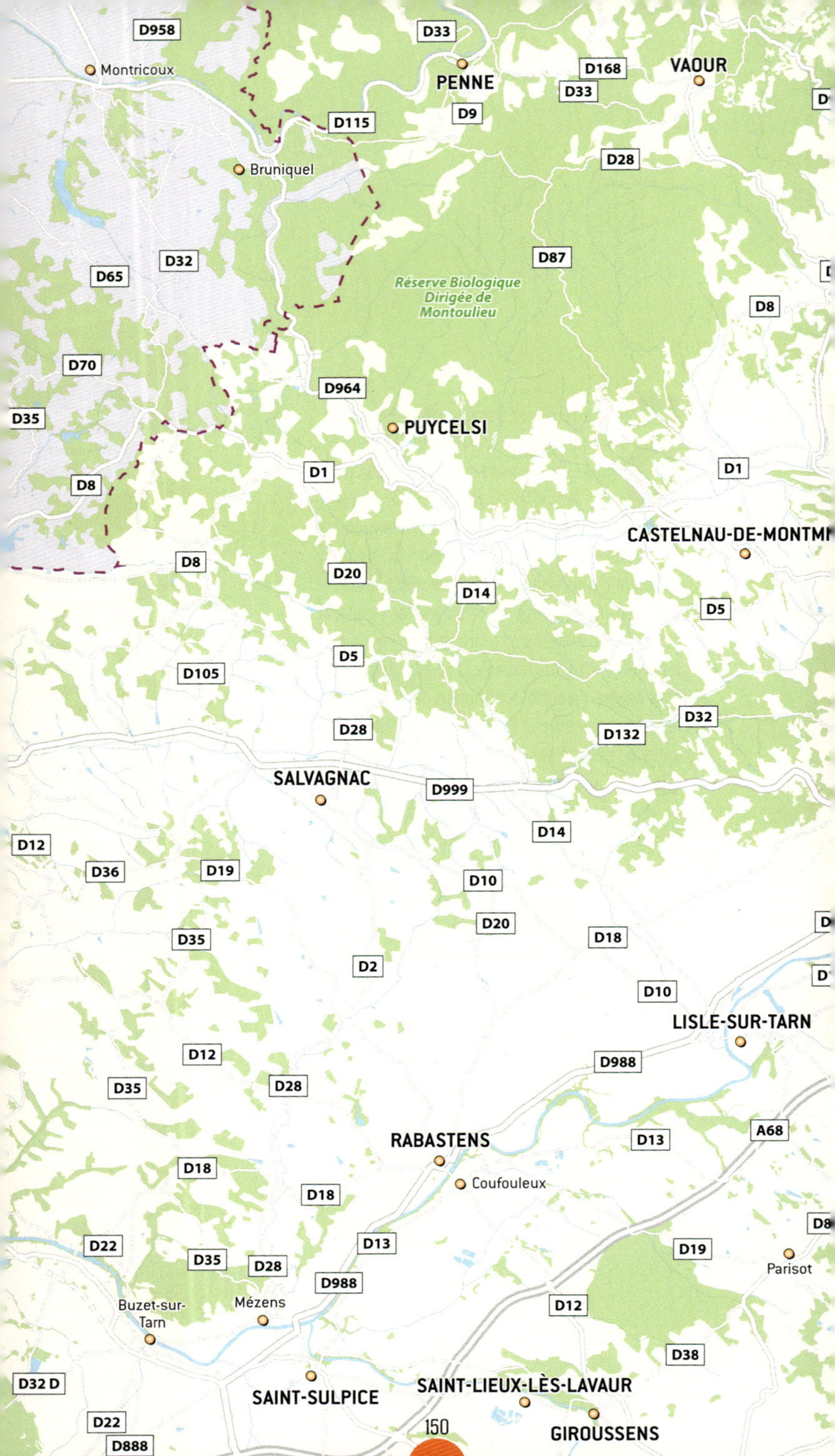
D958
Montricoux
D33
PENNE
D168
VAOUR
D33
D115
D9
Bruniquel
D28
D32
D65
D87
Réserve Biologique Dirigée de Montoulieu
D8
D70
D964
D35
PUYCELSI
D1
D1
D8
D8
D20
D14
D5
D5
D105
D28
D32
D132
SALVAGNAC
D999
D12
D36
D19
D14
D10
D35
D20
D18
D2
D10
LISLE-SUR-TARN
D12
D988
D35
D28
RABASTENS
D13
A68
D18
Coufouleux
D18
D22
D13
D19
Parisot
D35
D28
D988
D12
Buzet-sur-Tarn
Mézens
D38
D32 D
SAINT-SULPICE
SAINT-LIEUX-LÈS-LAVAUR
D22
D888
GIROUSSENS

D30
D8
D922
D27
D72
D7
Les Cabannes
D91
D91
MONESTIÉS
D91
D27
D91 A
CORDES-SUR-CIEL
D25
D7
D73
D8
D107
D600
D33
D922
D27
D25
D30
D3
D25
D25
CAHUZAC-SUR-VÈRE
D1
Cestayrols
D31
D6
D33
D922
D17
D1
Senouillac
D3
Castelnau-de-Lévis
Labastide-de-Lévis
Terssac
D18
D13
D988
Marssac
N88
D200
Le Sequestre
GAILLAC
Lagrave
La Bouyssonade
D13
Carlus
Brens
D87
D23
D31
D124
D4
D6
D22
Montans
Cadalen
D24
D124
D27
D16
D23
D30
D6
D16
D4
D84
D964
D26
D22
D10
D15
Labessière-Candeil
D24
D43
Bastides et vignobles du Gaillac
Laboutarie
Montdragon
D39
GRAULHET
D26
D30
D631

PAGES

●● BASTIDES ET VIGNOBLES DU GAILLAC

153 BASTIDES ET VIGNOBLES DU GAILLAC
153 CASTELNAU-DE-MONTMIRAL
154 CAHUZAC-SUR-VÈRE
156 CORDES-SUR-CIEL ★★★
161 GAILLAC ★
169 LISLE-SUR-TARN
171 PENNE
172 PUYCELSI
173 RABASTENS
175 SAINT-SULPICE
177 SALVAGNAC
179 VAOUR

Promenade dans le village médiéval de Cordes-sur-Ciel.

CASTELNAU-DE-MONTMIRAL

Mont admirable, nom primitif, Castelnau-de-Montmiral - le mont d'où l'on voit - est un formidable point d'observation qui domine une bonne partie du bassin de la Vère, ses vallons, ses collines verdoyantes, ses vignes et ses prairies. La cité médiévale fait partie des Plus Beaux Villages de France et à juste titre ! De passage, les amateurs d'histoire et de récits chevaleresques pourront découvrir légendes et vestiges du passé à travers ses ruelles millénaires. Monuments immanquables, la place des Arcades, bordée de demeures du XVIIe siècle et entourée de couverts, et la porte des Garrics (dite porte des Chênes) du XIIIe siècle, méritent un passage.

ÉGLISE NOTRE-DAME DE L'ASSOMPTION ★

Eglise Notre-Dame de l'Assomption

Toute l'année, tous les jours de 8h à 19h. Accès libre.

Une première église fut construite en 1300 sur l'emplacement de l'église actuelle. Agrandie au XIVe siècle, son clocher et son portail ne furent édifiés qu'au XVe siècle. A l'intérieur se trouvent une statue en pierre polychrome, une Pietà polychrome du XVe siècle et surtout, dans la salle du trésor, la croix reliquaire gemmée, dite «Croix des comtes d'Armagnac», chef-d'œuvre de l'orfèvrerie religieuse du XIIIe siècle comportant plus de 354 pierres précieuses et semi-précieuses.

OFFICE DE TOURISME DE CASTELNAU DE MONTMIRAL

Place aux Arcades © 08 05 40 08 28

www.tourisme-vignoble-bastides.com

Basse saison : mardi 10h-12h et dimanche 14h-17h. Été : 7j/7 10h-12h30/14h-18h. Avril/Octobre : 7j/7 10h-12h/14h-17h.

Lors de vos vacances à Castelnau-de-Montmiral, prenez le temps de vous rendre à l'office de tourisme, au niveau de la place des Arcades. Sur place, vous tomberez sur un accueil souriant et bienveillant, offert par une équipe de locaux qui saura vous recommander les meilleures adresses du villages (restaurants, loisirs, hébergements...). En plus de proposer les brochures adéquates, elle vend des cartes de pêche qui vous aideront à mieux vous aventurer sur les points d'eau du secteur.

DOMAINE LES MIQUELS €€

Les Miquels

© 05 63 40 17 25

www.les-miquels.com

Chambre simple de 80 € à 90 € ; chambre double de 85 € à 95 € ; chambre triple de 95 € à 105 €. Petit déjeuner inclus.

Depuis 2004, Laurence et Dominique ont repris Le Domaine des Miquels, superbe hameau du XVIIIe siècle, au parc de 2 ha ! Ici on se repose dans l'ancien four à pain du hameau, dans l'ancienne bergerie du domaine ou tout bonnement dans un pigeonnier d'époque du XVIIIe siècle. Les anciennes écuries ont aujourd'hui les fonctions de salle à manger, bibliothèque et salon. Le Pigeonnier, classé parmi les « Pigeonniers tours », est idéal pour célébrer une nuit de noces insolite, un anniversaire de mariage ou, tout simplement, pour surprendre votre moitié !

LA MAISON DU CHAI €€

Hameau de Saint-Jérôme © 05 63 33 50 41

www.lamaisonduchai.com

Ouvert toute l'année. 2 chambres (+ 1 gîte). Chambre double de 75 € à 85 €. Petit déjeuner inclus.

Ici on vous accueille chaleureusement dans un ancien chai rénové datant de 1850. Pour un séjour détente et bien-être avec vue sur le vignoble, La Maison du chai est l'endroit idéal. Du vin rouge au blanc, les noms de chambres évocateurs de leurs ambiances tantôt faites de douceur, tantôt de force et de caractère. Vous y trouverez tout le confort moderne, tout comme dans les studios, très bien conçus, entièrement aménagés et équipés. Un gîte est également proposé et tous les hébergements donnent accès à la superbe piscine d'où on a une vue sublime.

LE RELAIS DE LA VÈRE - CHEZ ANNE €€

Lieu dit Lirissou - **LE VERDIER**

© 05 63 33 95 87

Ouvert du dimanche au jeudi le midi ; le samedi soir. Réservation recommandée. Carte : 25€ environ. Terrasse.

Dans leur charmant relais, Anne et Thierry composent des plats maison, principalement axés sur des légumes du jardin et des charcuteries artisanales. Ces délicieuses combinaisons, Anne les réalise au déjeuner, avec sourire et décontraction. Le soir et le week-end le principe diffère quelque peu puisque le dîner est organisé sur annonce, c'est-à-dire que pour conserver leur qualité et leur service, ils ont décidé de proposer le repas du soir sur réservation, alors on n'oublie pas !

CAHUZAC-SUR-VÈRE

Le village de Cahuzac-sur-Vère repose dans un lit de campagne verdoyante, loin de l'agitation de la ville. Ancienne place forte, c'est aujourd'hui un vignoble réputé constellé de jolis domaines. Au sein de la bastide, les curieux apprécieront le musée consacré au souvenir du poète Maurice de Guérin et à sa sœur Eugénie. Cette halte revigorante est également le point de départ de nombreuses randonnées pédestres, cyclables et équestres. On mentionnera notamment le formidable sentier du Cayla, un circuit de randonnée de 2,5 km qui permet de découvrir le château du même nom sous toutes les coutures et contempler la campagne environnante.

LE MÉNAGIER €€€

Place des Arcades
✆ 05 63 42 08 35
lemenagier.com
Ouvert du jeudi au dimanche midi et soir. Réservation recommandée. Menus de 36€ à 72€. Carte : 60€ environ. Terrasse.

« Le bonheur est dans la cuisine », disait Bocuse, et après un passage à la table de Gérard Garrigues, on ne peut que lui donner raison. D'abord parce que les hautes inspirations du chef semblent provenir d'un pur amour de la profession, mais aussi parce que, une fois le repas terminé, l'estomac sourit. Après avoir fait ses preuves à Paris [aux côtés d'Alain Dutournier], à Toulouse, d'abord au Pastel, puis dans deux tables de musée, ce fils du Tarn-et-Garonne voisin a repris une auberge de village sur l'une des plus jolies places du Tarn.

ELSAIL

CAMPAGNAC
✆ 06 62 34 46 59
www.ail-noir.com
Boutique en ligne.

ELSAIL est né d'une passion dévorante pour l'ail noir. Ses super pouvoirs ont séduit Florence Marco qui a souhaité le partager. Considéré comme un super aliment et un super alicament, sa production est gérée avec une grande minutie. L'exploitante souhaite particulièrement valorisée les multiples vertus de ce produit local, notamment au niveau de la santé. Elle recommande d'ailleurs la réalisation de cures régulières, à raison de un à trois mois, deux fois par an. Pour les amateurs du Bio, Elsail propose également un ail noir issu de la Drôme.

BASE DE LOISIRS VÉRE GRÉSIGNE

Pont de la Lèbre ✆ 05 63 33 16 00
base-de-loisirs-vere-gresigne.fr
Horaires en ligne. Restauration. Baignade surveillée et toboggan aquatique. Pédalos. Canoë-kayak. Tennis. Mini-golf.

A 2 km de Castelnau-de-Montmiral, cette base de loisirs comprend un joli plan d'eau de 7 ha. On y pratique des sports nautiques [canoë, kayak, bateau à pédales], des activités sportives [tennis, foot, volley-ball, ping-pong] et de détente [mini-golf, pêche, pétanque, baignade]. La majorité d'entre elles sont payantes et sont sous la surveillance de professionnels. Enfin, une aire de pique-nique avec barbecues se trouve près du lac, à l'ombre, parfait pour un déjeuner convivial.

CHÂTEAU DE MAURIAC

Lieu-dit de Mauriac - **SENOUILLAC**
✆ 05 63 41 71 18
www.chateaudemauriac.com
De Pâques à Toussaint. Adulte 9 €, enfants 4 €. Classé monument historique. Visite guidée. Chambres d'hôte de standing.

Situé sur la route historique du Pastel, cette forteresse du XIVe siècle attire l'œil par son imposante architecture : de grosses tours rondes, une superbe cour Renaissance à laquelle Bernard Bistes, peintre et actuel propriétaire du château, a rendu son luxe. Une quarantaine de pièces ont été restaurées et revisitées par leur hôte, agrémentées au rez-de-chaussée par une exposition permanente de ses œuvres. Vous pouvez aussi séjourner dans l'une des 5 magnifiques chambres d'hôtes du château et dormir dans un somptueux lit à baldaquin.

CHÂTEAU-MUSÉE DU CAYLA

Château-musée du Cayla
ANDILLAC
✆ 05 63 33 01 68
musees-departementaux.tarn.fr
Ouvert toute l'année. Gratuit jusqu'à 18 ans. Adulte : 3 € [5€ avec visite et animation].

Sur une propriété vigneronne de 27 ha se dresse la maison natale du poète romantique Maurice de Guérin, gentilhommière traditionnelle du Languedoc des XVe et XVIIIe siècles. De nos jours, elle abrite un musée départemental dédié à sa vie et à son œuvre tourmentées. Le journal de sa sœur Eugénie évoque le quotidien rural dans le Tarn au XIXe siècle. Chaque année, des manifestations culturelles autour de la poésie, de la littérature et des arts ont lieu au sein du château. Une salle de documentation est ouverte aux chercheurs. Visites guidées. Boutique.

CAMPING LE SOLEIL DES BASTIDES €€

Route de Cordes
✆ 05 63 33 91 94
www.camping-le-soleil-des-bastides.fr
D'avril à octobre. Lodge Safari (4/5 pers.) : de 240 à 510€.

Ce camping 3-étoiles, au cœur du triangle d'or (Albi, Gaillac, Cordes-sur-Ciel), est un havre de nature et de convivialité tranquille. Le camping abrite une belle piscine avec un espace spa et propose à la location plusieurs logements insolites, des lodges (safari ou Victoria), des cabanes suédoises, des kotas finlandais, des tentes, une cabane et même des caravanes relookées. On apprécie le barbecue collectif et l'ambiance toute particulière de ce camping pas comme les autres.

CHÂTEAU LARROZE €€

Roziès
✆ 05 63 33 99 70
chateau-larroze.business.site
2 chambres. Chambre double de 140 € à 160 €. Petit déjeuner inclus. CB non acceptée. Séminaires. Wifi gratuit.

Du sommet de sa colline, ce petit château du XIXe siècle entouré de vignobles et d'arbres centenaires jouit d'un calme absolu. Avec sa tour et son architecture tarnaise, il a un charme fou qui séduira les amateurs de vieilles pierres. Les chambres sont spacieuses et claires, aménagées avec grand goût, mobilier contemporain et exotique. Vous profiterez du jardin avant de plonger dans la superbe piscine chauffée, au bord de laquelle, dès les beaux jours, on savoure un petit déjeuner gourmand. A découvrir également, les vins du château.

LE VAL DE LA GARENNE €€

La Garenne - **SENOUILLAC**
✆ 06 31 96 33 18
www.le-val-de-la-garenne.com
Chambre double de 79 € à 95 €. Petit déjeuner inclus. Lit supplémentaire : 30 €. Gite de 400 à 550€ la semaine.

Charmant petit val dans la campagne tarnaise, caché dans un écrin de nature et de vignes verdoyantes, les trois chambres d'hôte du Val de la Garenne vous accueillent tout au long de l'année dans un cadre enchanteur. Un parc d'un hectare, une magnifique terrasse qui se termine par une grande piscine ensoleillée, ça sent les vacances ! Bain à remous extérieur, massages traditionnels ayurvédiques et délicieuse table d'hôtes complètent les offres. Venez profiter du charme et de la quiétude d'une maison de campagne ouverte sur un jardin à perte de vue.

AUX VENTS D'ANGES €€

Mas des Vignes ✆ 05 63 33 29 95
www.auxventsdanges.eu
Chambre double de 100 € à 120 €. Petit déjeuner inclus. Lit supplémentaire : 30 €. Massages sur réservation.

Cette chambre d'hôtes est abritée dans une propriété viticole datant du XVIIIe siècle. Cette invitation au sein de cette maison de maître, du pigeonnier en passant par la grange, vous fera découvrir chaque recoin à son histoire. La grange de pierres blanches a été transformée afin d'accueillir quatre chambres et une pièce à vivre commune. Les chambres sont superbes, contemporaines et tout confort. Le voyage continue avec la grande piscine d'eau salée et un magnifique jardin. Allongé sur l'un des transats de la terrasse, on se laisse emporter en pays de Cocagne.

LA VIGNERONNE €€

36, Lieu-dit Camp de Jeanne - **SENOUILLAC**
✆ 05 63 34 49 08
www.lavigneronne81.fr
Chambre double de 85 € à 135 €. Petit déjeuner inclus. Lit supplémentaire : 20 €. Chèque Vacances.

Cinq chambres d'hôtes et un gîte tout confort sont à votre disposition. Béatrice et Cyril vous accueillent dans une ancienne exploitation viticole, idéalement placée pour découvrir les richesses du pays des bastides albigeoises. De bon goût et confortable. Des chambres dans un ancien séchoir à tabac. Des richesses qui passent par le vin, mais aussi par la gastronomie ! A cet effet, Cyril vous propose des cours de cuisine dans son atelier et offre une table d'hôtes parfaite avec des menus sans gluten sur demande. Pour vos moments de détente : piscine, spa et sauna.

LA BONNE AUBERGE €

2, rue de l'Eglise
✆ 05 63 33 90 17
Ouvert du dimanche au vendredi le midi. Menus de 13€ à 18€. Chèque Vacances, Chèque Restaurant. Terrasse.

Cet établissement à la bonne franquette et sans fioritures porte bien son nom ! Les plats y sont bons, canailles et copieux. Ils offrent une place de choix aux produits du terroir et influences régionales. A l'ardoise, on découvrira des délices tels que les omelettes aux cèpes, les cuisses de canard confites et les cuisses de grenouille. La salle a fait peau neuve il y a quelques années, elle est aujourd'hui habillée de couleurs plus chaudes. En été, on aime s'installer sur la jolie terrasse ombragée de glycines, à l'image des auberges d'antan.

CLOS ROCAILLEUX

Lieu-dit « Condomines »
ANDILLAC
✆ 06 89 19 25 18
closrocailleux.com
Haute saison : du mardi au samedi 9h-12h/14h-18h. Basse saison : sur rendez-vous. Livraison possible

Margaret et Jack Reckitt ont quitté Londres pour s'installer dans ce vignoble d'Andillac, leur choix s'est porté sur celui qui avait le plus de cépages originaux. Sur ces terres généreuses, le gaillacois avec les braucol, duras, syrah, et mauzac pour le blanc, évoluent dans toute leur richesse. Une très belle cuvée vieille vigne de blanc est produite sur ce plateau calcaire réputé. Une autre originalité du domaine : le duras rosé, qui remporte un grand succès, très clair et épicé sur la finale, parfait pour apéritif par exemple.

CRÉATIONS MISS TERRE

Route de Cordes sur Ciel
✆ 06 12 99 16 81
creationsmissterre.com
Fermé de janvier à mars. Ouvert du mardi au dimanche 10h-13h/15h-19h. Boutique en ligne. Exposition.

Colliers, bracelets, pendentifs, boucles d'oreilles : ici, les perles en céramique de toutes les couleurs se déclinent à l'infini. «Miss Terre», alias Céline, crée ses bijoux selon son inspiration, mais aussi selon vos goûts ; à n'en pas douter, vous trouverez ce que vous désirez en poussant la porte de sa boutique-atelier. Ici s'alignent des pièces uniques, toute une gamme de bijoux qui vous feront craquer. Vous pourrez retrouver toutes ses créations sur les marchés de potiers, salons d'artisanat d'art, foires bio ou encore lors des portes ouvertes de l'atelier.

CORDES-SUR-CIEL ★★★

« Quel nom poétique, et en même temps si juste », se dit-on lorsque l'on aperçoit la cité perchée en haut de son promontoire de roche ! Son nom proviendrait, comme celui de Cordoue en Espagne, de l'industrie des cuirs et du tissage qui y prospéra aux XIIIe et XIVe siècles, car Cordes, fondée en 1222 par le comte de Toulouse, fut une cité prospère, à tel point qu'elle posséda jusqu'à cinq lignes de fortifications. Sa richesse a permis l'édification et la conservation d'un grand nombre de monuments médiévaux, c'est pourquoi on la nomme aussi la « ville aux cent ogives ». La cité vous révélera son histoire et ses trésors au cours d'une balade enrichissante et quelque peu sportive… La raide montée vous guidera auprès des enceintes, portes et ruelles pavées bordées de vieilles maisons historiques. Arrivé à la Grand-rue, devant de hautes et vastes maisons gothiques, uniques en France avec leurs ogives, vous découvrirez leurs sculptures et leurs statues symboliques ou mystérieuses. La cité qui flirte avec le ciel compte également une église de type gothique méridional (classée au titre des monuments historiques en 1922), et surtout des musées, des artistes et des artisans bien inspirés. Cette échappée de caractère permettra de se plonger dans l'histoire mouvementée de la région et de contempler les trésors qui fleurissent encore aujourd'hui dans cet écrin de pierre.

DOMAINE PLAGEOLES

Route des Très Cantous
✆ 05 63 33 90 40
www.vins-plageoles.com
Ouvert du lundi au samedi de 9h à 12h et de 15h à 19h. Livraison.

Le Domaine Plageoles, c'est 7 générations de vignerons, 27 ha et 2 exploitations : le domaine des Très Cantous (Cahuzac-sur-Vère) et le domaine de Roucou-Cantemerle (Castelnau-de-Montmiral). Ils produisent des blancs et des rouges AOC, dont une majorité de vignes blanches. En plus de cultiver le mauzac sous toutes ses formes, Bernard Plageoles a remis au goût du jour des cépages anciens comme l'ondenc ou le prunelart. Sa vinification naturelle donne naissance à de beaux vins pétillants (méthode gaillacoise), liquoreux et moelleux, très caractéristiques.

BASE DE LOISIRS LE GARISSOU

Domaine du Garissou
LES CABANNES
✆ 05 63 56 27 14
www.legarissou.fr
Mini-Golf. Accrobranche. Piscine : les week-ends du 15/06 au 5/07 de 14h-19h et 7j/7 de 10h-19h du 6/07 au 1/09.

Cette base de loisirs dispose d'un cadre magnifique au pied de la cité. Paradis aquatique des petits et des grands, dans un espace ludique, elle impressionne avec ses bassins chauffés, sa pataugeoire, sa rivière et son rapide, sa cascade, son pentagliss, ses toboggans, ses jets massants, et son bain bouillonnant. Un charmant mini-golf est également disponible pour les vacanciers qui souhaitent rester au sec. Des cours de natation et d'aquagym y sont aussi dispensés.

ÉGLISE SAINT-MICHEL ★

22, place Saint-Michel
albi.catholique.fr
Haute saison : 7j/7 de 10h-12h/14h-18h. Basse saison : selon les disponibilités des bénévoles. Visite guidée.

Édifiée au cours de plusieurs campagnes de travaux, entre les XIIIe et XVe siècles, l'église Saint-Michel est typique du gothique méridional. Construite en grès ocre, mauve et gris ainsi qu'en pierre de schiste, elle présente la rosace la plus vaste et la plus fine de l'Albigeois. Une belle Vierge à l'Enfant du XVIe siècle est également exposée dans la vitrine du trésor. Tous ces éléments font que l'édifice est classé au titre des monuments historiques depuis 1922. Gérée par des bénévoles, sa visite nécessite une prise de contact au préalable.

LE JARDIN DES PARADIS ★★

Place du Théron
✆ 07 67 83 09 67
www.jardindesparadis.jimdo.com
Fermé d'octobre à avril. Visite libre uniquement : 3 €. Restauration. Salle d'exposition.

C'est le paradis vert de Cordes-sur-Ciel, luxuriant et pédagogique, pour une promenade insolite sur d'anciennes terrasses enchâssées dans la ville basse. Créé en 1999 par Éric Ossart et Arnaud Maurières, il regroupe plantes orientales et médiévales, ainsi que des variétés plus contemporaines en de subtils mélanges de couleurs et de senteurs. Ce jardin est composé d'une succession d'enclos, chacun marqué par une ambiance, matière ou couleur particulière : enclos de fleurs et fontaines bruissantes, pavillon persan, potager, miroir aux nymphéas...

MUSÉE CHARLES PORTAL ★

1, rue Saint-Michel ✆ 09 72 87 07 95
museecharlesportal.fr
Fermé de novembre à avril. Ouvert du vendredi au dimanche 14h30-18h (du mercredi au lundi l'été). Adulte : 3€.

Au sein de ses sept salles, ce musée retrace l'histoire de la région de la préhistoire au XIXe siècle. Le parcourir, c'est se voir offrir les clés de la cité et de son passé. Ce musée prouve une chose : la meilleure manière de découvrir ce patrimoine exceptionnel, c'est de le visiter. Au cours de la visite, vous passerez sous deux anciennes portes fortifiées, contemplerez des vestiges gallo-romains et mérovingiens, décrypterez le mystère des 113 m du puits de la halle, admirerez les détails de la plus grande maquette du palais de Raymond VII, un vrai plaisir.

MUSÉE D'ART MODERNE ET CONTEMPORAIN ★

39, Grand Rue Raimond VII
✆ 05 63 56 14 79
www.mamc.cordessurciel.fr
Fermé de novembre à mars. Ouvert du mercredi au lundi de 10h30-12h30/14h-18h. Adulte : 4€. Enfant : 2€. Boutique.

La Maison du Grand Fauconnier abrite un musée consacré à la création artistique du XXe siècle. Il vous emmène sur les traces d'Yves Brayer, peintre figuratif installé ici en 1940 et disparu en 1990. Au cours de sa carrière, l'artiste avait créé des costumes d'opéra et illustré des ouvrages de Musset, Rimbaud et Giono. Son parcours fut marqué par la création de « l'Académie de Cordes », un courant artistique étonnant présenté ici grâce aux œuvres de ses amis artistes.

BASTIDES ET VIGNOBLES DU GAILLAC

© PHOVOIR

Vue générale de Cordes-sur-Ciel.

MUSÉE DE LA BRODERIE

4, rue de la Gaudane
✆ 05 63 53 09 82
www.cordessurciel.fr

Ouvert de dévbut avril à fin octobre sur rendez-vous. Participation libre. Visite guidée.

Ville d'artisanat, Cordes fut un centre de broderie à son apogée de 1880 à 1930. Construit en 1881, le bâtiment La Gaudane, ancienne fabrique, abritait 26 métiers à broder. Des décorations pour les vêtements aux insignes pour l'armée, de nombreux éléments furent brodés dans la cité dont le célèbre crocodile des vêtements Lacoste ! Dans le musée privé de la broderie créé par Jacques Roquefere, vous aurez le plaisir de découvrir de belles pièces et de la documentation anciennes. Aujourd'hui l'usine abrite aussi de très beaux appartements où l'on peut séjourner.

MUSÉE LES ARTS DU SUCRE ET DU CHOCOLAT ★

33, Grande-Rue Raymond-VII

Ouvert tous les jours. Gratuit jusqu'à 6 ans. Adulte : 5,50 €. Ateliers. Visite guidée. Boutique. Animations.

Ici, les disciples du célèbre Yves Thuriès travaillent le sucre avec noblesse, le sculptent, l'étirent, le soufflent, le coulent. Ce musée rassemble une centaine d'œuvres d'art en sucre, d'une époustouflante finesse : sucre-rocher, pastillage, scènes médiévales, des légendes, la mythologie, forment des fleurs, des personnages, évoquent l'amour… Avec plus de 15 000 visiteurs par an, ce musée est, après le musée Toulouse-Lautrec d'Albi, le plus visité du Tarn.

OFFICE DE TOURISME DE CORDES-SUR-CIEL

38-42, Grand-rue Raimond-VII ✆ 05 63 56 00 52
www.cordessurciel.fr

Basse saison : du lundi au samedi de 10h30 à 12h30 et de 14h à 16h. Haute saison : tous les jours 10h-13h/14h-17h30.

Si Cordes-sur-Ciel dévoile la majorité de ses trésors au fil de ses ruelles, invitant les promeneurs en vadrouille à sa découverte, certains d'entre eux sont dissimulés à l'ombre de ses impressionnantes bâtisses. Pour ne pas les manquer, il est recommandé de faire un arrêt au bureau de l'office de tourisme. L'équipe vous transmettra des informations sur les bonnes adresses du village et les activités à faire à proximité. Vous serez surpris par la diversité de l'offre !

PETIT TRAIN ★★

Place de la Bouteillerie
✆ 06 14 54 10 73
www.petittrain-tarn.com/cordessurciel

Ouvert d'avril à septembre. Navette : tous les jours, 3€/adulte. Visites guidées : tous les jours, 7€/adulte.

La cité médiévale de Cordes prend son envol au cœur du Tarn. Elle se découvre sous vos yeux ébahis, entre nuages et légendes du passé. Mystique et majestueuse, la bastide repose sur un des reliefs escarpés qui dominent la vallée du Cérou. Pour l'attendre, le petit train-navette semble être la solution idéale. Le convoi prend son départ place de la Bouteillerie, du bas du village de Cordes, et dépose ses voyageurs porte de la Jane. Durant 30 à 45 minutes, un animateur raconte la ville, son histoire, les hommes et femmes du pays, ses richesses…

LA CABANE DU VIGNERON €€

Pérayrols
DONNAZAC
✆ 05 63 48 83 01
www.gites-tarn.com/fiche-G280.html

Gîtes de France (3 épis). Ouvert toute l'année. De 43 à 70 € la nuit. Excursions.

Vous logez dans une ancienne cabane de vigne. Les propriétaires l'ont réhabilitée, avec tout le confort et à base de matériaux écologiques, pour y accueillir des hôtes. Dans ce nid pour deux, situé à proximité de leur propre maison, vous êtes au milieu des vignes, dans un environnement calme et profitez d'une cuisine aménagée. A l'extérieur, vous disposez d'un salon de jardin, d'un barbecue et de grands parasols. Installée à quelques kilomètres de Cordes et Gaillac, cette cabane est un bon camp de base pour de nombreuses balades et découvertes.

CAMMARC €€

Saint-Martin-de-Cammarc - **LIVERS-CAZELLES**
✆ 05 63 48 83 01
www.gites-tarn.com/fiche-G1362.html

Gîtes de France (4 épis). De 490 à 1 950 €/semaine. Piscine. Lave-linge, sèche-linge et lave-vaisselle.

Cette beauté est implantée à proximité de la cité médiévale de Cordes et à quelques kilomètres d'Albi et de Carmaux. Maison de caractère, elle prend les traits d'une ancienne ferme traditionnelle du Pays cordais. Vraisemblablement construite au XIXe siècle, elle conserve - malgré sa récente rénovation - ses caractéristiques d'antan : pierres blanches, charme solennel, extérieur spacieux... Lors de sa réhabilitation, les propriétaires ont fait le choix de privilégier les matériaux écologiques afin de s'inscrire dans une démarche responsable et moderne.

CENTRE DE VACANCES ET DE LOISIRS DES CLAUZELS €€

Le Bourg - **ROUSSAYROLLES**
✆ 05 63 56 37 13
www.clauzels.fr

Gîtes de France (2 épis). Ouvert toute l'année. Capacité : 50 personnes. De 250 à 1 500 €/semaine. Parc. Equitation.

Sur un domaine vallonné de 400 ha, ce centre de vacances possède un confort à la fois simple et satisfaisant. Le gîte abrite plusieurs chambres de 6 à 10 places et des tentes. En gestion libre ou en pension complète c'est un endroit parfait pour des réceptions, séminaires ou mariages ou tout simplement pour se retrouver en famille au grand complet. Cette halte donne également accès à des activités : équitation, location de VTT, escalade... Sans oublier la piscine du centre.

LOGIS SUR CIEL €€

18, grand rue Raymond-VII
✆ 05 63 56 25 87
www.logissurciel.com

Chambre double de 110 € à 125 €. Petit déjeuner inclus. Gîte : de 650 à 800€/semaine. Animaux acceptés.

Logis sur Ciel est une bâtisse du XIIIe siècle, énigmatique, située tout en haut de Cordes, qui cache une magnifique terrasse avec vue panoramique sur la vallée et deux cours intérieures ombragées qui procurent fraîcheur et sérénité même en plein été. Magnifiquement restaurée, chaque chambre possède son balcon ensoleillé ou sa terrasse, offrant de superbes vues sur les environs. Pour vos repas, une belle table d'hôtes est proposée avec des produits locaux et de saison faisant la part belle aux recettes traditionnelles régionales.

LA MAISON AU PUITS €€

20, rue Gargarides
✆ 05 63 60 23 05
www.lamaisonaupuits.com

Fermé en janvier. Chambre double dès 83 €. Petit déjeuner inclus. Table d'hôtes : uniquement sur demande, 32,50 €.

C'est derrière un porche recouvert de glycines que la charmante maison d'hôtes de Christiane et Nico vous attend. Installée dans une bâtisse du XVIIIe siècle entièrement rénovée, c'est aujourd'hui un lieu de vacances paisible et accueillant. A l'intérieur, on découvre des chambres spacieuses et équipées de tout le confort moderne. Ces espaces sont décorés avec des couleurs sobres et épurées, deux d'entre eux disposent aussi d'un coin salon. Un beau jardin pourvu d'une douche extérieure permet de vivre des moments de détente au soleil.

LE PRESBYTÈRE DE CESTAYROLS €€

15, rue de l'Eglise
CESTAYROLS
✆ 05 63 56 57 81
www.lepresbyteredecestayrols.com

Chambre simple de 65 € à 95 € ; chambre double de 75 € à 95 €. Petit déjeuner inclus.

Le Presbytère de Cestayrols est une invitation dans les couloirs du temps. Dans cette ancienne bastide médiévale du XIIIe siècle niché au cœur du triangle d'or Albi-Gaillac-Cordes-sur-Ciel, vous allez dormir dans l'une des cinq chambres d'hôte implantées sur deux étages. Chaque chambre est équipée d'une salle d'eau, d'un coffre-fort et d'un ventilateur. Patrick, Lara et leur petite mascotte, Idéfix, sauront vous accueillir en véritables amis au sein de leur famille.

LE SECRET DU CHAT €€

12, Le Planol ✆ 06 95 48 18 10
www.chambres-cordes-tarn-charme-lesecretdu-chat.com

1 chambre + 1 gîte. Petit-déjeuner inclus. Suite de luxe avec sauna 169 €. Gîte : à partir de 595 €. Restauration.

Mais que cache ce fichu chat qui se balade nonchalant dans les murs de cet ancien atelier de broderie, caché au cœur de la cité médiévale ? Tout simplement un lieu mystérieux et plein de charme, une maison d'hôtes blottie contre les remparts sud du village, la halte idéale pour un séjour loin de tout. Restauré avec élégance et raffinement, tout en conservant minutieusement son charme d'origine. Marie vous accueille en toute sympathie dans sa maison, où elle offre aux voyageurs un séjour raffiné avec tout le confort des bastides bourgeoises.

LES VENTS BLEUS €€€

Route de Caussade - **DONNAZAC** ✆ 05 63 56 86 11
www.lesventsbleus.com

Chambre double de 100 € à 130 €. Petit déjeuner inclus. Gîte «Citrouille» (4 pers.) : 500 à 850€/semaine.

Avec ses allures de cottage anglais, la bâtisse de Florence et Olivier semble tout droit sortie d'une carte postale. Pierres blanches, volets blancs, patio poétique et piscine sont un appel au repos et aux vacances. Le couple a aménagé chambres d'hôtes et gîtes dans cette demeure bâtie en 1844 et tout a été décoré avec goût. Les parties communes sont splendides, à l'image de la très belle salle à manger ou de la terrasse non loin de la piscine. Vous aurez donc le choix pour séjourner ici, en couple pour une escapade romantique ou en famille pour un long séjour.

AUBERGE DE LA HALLE €€

51, place de la Halle
✆ 05 63 56 18 84
www.cordessurciel.fr
Ouvert 7j/7 de 9h à 18h. Été : 7j/7 midi/soir. Formules à 15,90€ et 25€. Plat du jour : 12€. Vin au verre. Terrasse.

Située face à la halle de la cité médiévale, cette brasserie cordaise attire les badauds en balade. Que ce soit le cadre de l'adresse ou son caractère, ici on fait dans le nature et dans le typique. Il en va de même pour la carte ! On ne flâne pas ici avec de la cuisine haute couture ou des propositions insolites, mais plutôt avec des assiettes simples et de la cuisine familiale. À titre d'exemple : cassoulet, magret, salades garnies, frites maison… Pour le coin, les prix sont tout à fait honnêtes mais attention à la qualité du service, souvent aléatoire.

LE CORSICAVEYRON €€

Le Cayrols - **LIVERS-CAZELLES**
✆ 05 63 47 52 71
www.lecorsicaveyron.fr
Ouvert tous les jours le midi et le soir. Carte : 28 € environ. Formule du midi 20 €. Terrasse. Animations.

À 3 km de Cordes-sur-Ciel, voici le mariage original de la Corse et de l'Aveyron, deux territoires de caractère fiers de leurs productions et traditions locales. Dans ce bar-restaurant-club, Alexandra, la Corse, est en cuisine tandis que Pierre, l'Aveyronnais, se charge de la salle. Le duo propose à la carte des planches et des assiettes de terroir telles que la saucisse et son aligot ou le filet mignon sauce Cap Corse. Le soir, le Corsic', comme l'appellent les habitués, s'anime avec des retransmissions sportives, des concerts, des soirées à thème avec DJ…

L'ESCUELLE DES CHEVALIERS €€

87, Grande-Rue Raymond-VII ✆ 05 63 53 14 40
www.lescuelledeschevaliers.fr
Ouvert tous les jours pour les clients en demi-pension et les groupes (sur réservation). Menus de 20 € à 25 €.

Oyez, oyez, gentes dames et gentils *escuyers*, voici un restaurant médiéval au cœur de la cité. Messire Michel et Dame Claude Arquey vous reçoivent en tenue moyenâgeuse. Bannière, heaume et épées ornent les murs et une musique médiévale est diffusée. Vous êtes à Cordes au XIVe ou au XVe siècle. Les plats sont à l'avenant à partir de recettes médiévales. On peut manger avec les doigts ! Et si l'époque vous plait, des chambres d'hôtes vous attendent à l'étage.

HOSTELLERIE DU VIEUX CORDES €€

21, rue Saint-Michel
✆ 05 63 53 79 20
www.hotelcordes.fr
Ouvert du mercredi au dimanche midi/soir. Haute saison : mardi au dimanche midi/soir (7j/7 midi/soir en juillet-août).

Dans cet ancien monastère du XIIIe siècle, cadre authentique et équipements contemporains sont associés afin de créer des moments exceptionnels. Au restaurant, le chef propose une cuisine régionale : foie gras mi-cuit maison, tuile de pain d'épices et ses copeaux de truffe blanche, filet de bar rôti sur un risotto crémeux, gratin de framboises… Les mets sont délicieux, subtils et créatifs, et le cadre est enchanteur, surtout le patio sous les glycines.

AU JARDIN DES SAVEURS €€

1, promenade de l'Autan - **LES CABANNES**
✆ 06 08 14 81 80
au-jardin-des-saveurs.fr
Ouvert du mardi au samedi le soir, du vendredi au dimanche le midi. Menus de 38 à 70 €. Terrasse. Chambre d'hôtes.

Cette maison bourgeoise du milieu du XIXe siècle sert de décor à un logis-gîte-resto à la réputation bien solide. Grande cheminée, nappage, tentures, chandelier en argent sur les tables… Ici on mise sur la classe à l'ancienne ! Depuis trois ans, la demeure est dirigée par Pascal Michel et son épouse Béatrice qui veillent au bon accueil de la maison d'hôtes et à la gourmandise des assiettes envoyées. Dans sa cuisine, le chef Pascal concocte une carte plutôt régionale arrosée de quelques vins bien choisis de Gaillac. Une collection de délices !

LOU CANTOUN €€

4, route d'Albi - **CESTAYROLS**
✆ 05 63 53 28 39
restaurant.loucantoun.fr
Ouvert du jeudi midi au dimanche midi (du jeudi midi au lundi soir en haute saison). Carte : 50 € environ. Terrasse.

D'apparence simple et rustique, un brin désuète, la maison de Bernard Gisquet recèle pourtant d'étonnantes surprises empreintes de charme, d'authenticité et d'un luxe raffiné. Dans sa carte, qui change chaque semaine, une seule promesse : le meilleur ! Des plats signatures pour cet artiste qui est fou des produits de son terroir. Goûtez donc son os à moelle, réduction de vin rouge, radis et lentilles vertes de la maison Fraysse, ses ris de veau du Ségala sautés, raisins des vendanges caramélisés, sa pintade farcie à l'ancienne…

AU VILAIN PETIT CORDAIS €€

5, place de la Halle
✆ 05 31 23 69 82
Basse saison : 7j/7 le midi, du jeudi au samedi le soir. Haute saison : 7j/7 midi/soir (non stop). Terrasse.

Voici une halte toute indiquée dans la vieille ville, un lieu original pour se restaurer. Sur la place des halles, cette table conviviale et sa très belle terrasse panoramique à l'arrière séduisent d'emblée. Doniphane Roney le chef, propose des petits plats soignés. Les touches de créativité vous surprendront dans un mélange de tradition et de fantaisie. Foie gras poêlé, côte de bœuf, foie de veau en persillade, osso-buco ou tête de veau, les assiettes sont bien garnies avec des légumes, purées et frites maison. En journée, on profite de son offre salon de thé.

DOMAINE DE LARROQUE

Larroque - **CESTAYROLS** ✆ 05 63 56 87 63
www.domainedelarroque.fr
Du lundi au samedi de 9h à 19h. Accueil au domaine : du lundi au samedi de 9h à 12h et de 14h à 18h. Gîte (14 pers)

Ce domaine de 18 hectares implanté dans le hameau de Larroque, sur les hauts coteaux argilo-calcaires de la commune de Cestayrols, est exploité par la famille Nouvel depuis plus de 40 ans ; Patrick en est aujourd'hui le digne successeur. Lutte raisonnée, vignes enherbées et effeuillage résument sa philosophie de travail pour une viticulture de qualité. Braucol, syrah et duras expriment caractère et rondeur pour les vins rouges. Pour les vins blancs sec et doux, les vignes de mauzac et de loin-de-l'œil révèlent l'authenticité des cépages traditionnels gaillacois.

DOMAINE GAYRARD

Lieu-dit Capendut - **MILHAVET**
✆ 06 12 09 01 34
www.maison-gayrard.com
Vignobles et Découvertes. Caveau : du lundi au vendredi 10h-18h (le samedi sur rendez-vous). Boutique en ligne.

La Maison Gayrard fait honneur à la terre des Causses, en bordure du célèbre vignoble de Gaillac, depuis déjà 5 siècles. Après une courte reconversion du domaine en culture céréalière, Pierre Fabre a repris la main de cette propriété familiale et y a replanté, avec la complicité de sa femme Laure, les vignes en 2013. Le duo a développé 35 ha en bio sur le terrain de l'arrière-grand-père de Pierre et a construit en quelques années un beau circuit commercial, autour de l'œnotourisme à la propriété et dans les restaurants du Tarn.

GAILLAC ★

Dionysiaque cité millénaire, c'est l'une des plus belles villes du Tarn. Réputée en raison de ses vins de qualité, Gaillac émerveille les curieux grâce à son patrimoine architectural riche et intact. Si on prête attention, ses murs chuchotent mille secrets à ceux qui savent les écouter. Animée et dynamique, la cité a plus d'un tour dans son sac. Au détour de ses venelles médiévales et Grand siècle, de ses jardins à la française, vous découvrirez une ville à taille humaine pleine de charme. Et si ça ne vous suffit pas, partez à la découverte de son terroir le temps d'une dégustation, d'une promenade et d'une poignée de main, vous ne serez pas déçu !

ABBAYE SAINT-MICHEL ★★

Place Saint-Michel
✆ 08 05 40 08 28
www.tourisme-vignoble-bastides.com
Musée. A noter : l'église abbatiale Saint-Michel est actuellement en travaux de rénovation.

Fondée au Xe siècle, l'abbaye est omniprésente dans l'histoire du développement de la ville. C'est en effet la communauté bénédictine, alors installée à Saint-Michel, qui reprit l'exploitation du vignoble qui avait été abandonnée depuis l'époque romaine. Partiellement reconstruite en 1271, l'abbaye s'est successivement vue ajouter un chevet roman en corolle, une nef gothique, une façade occidentale ainsi qu'une superbe chapelle avec clé de voûte armoriée. A voir : un bénitier du XIIIe siècle, les orgues de Cavaillé-Coll du XIXe siècle et bien d'autres merveilles.

BASE DE LOISIRS D'AIGUELÈZE

Mairie de Rivières
RIVIÈRES
✆ 05 63 41 72 65
Haute saison : ouvert tous les jours de 14h30 à 19h.

Sur les rives du Tarn, l'Espace Loisirs d'Aiguelèze (tennis, golf, VTT, activités nautiques, etc.) s'étend sur 60 ha de nature. Le golf et le minigolf sont ouverts toute l'année. On peut choisir une balade sympathique à pied ou en vélo le long du Tarn ou en gabarre jusqu'à Albi. Canoë, bateau à pédales, barque de pêche, école de voile, ski nautique, jeux gonflables, aire de jeux au menu. En été, accès à la piscine naturelle : les activités sont multiples, encadrées ou libres.

Vignoble de Gaillac.

CHÂTEAU ET PARC DE FOUCAUD ★★

Parc Foucaud
✆ 05 63 81 20 20
www.ville-gaillac.fr
Parc : 8h-20h en hiver et 7h-21h30 en été. Musée : tous les jours sauf le mardi (du vendredi au dimanche en hiver).

Construit au XVIIe siècle sur un plan inspiré par la villa d'Este, le château de Foucaud, abrite le Musée des beaux-arts. Librement accessible, son parc arboré de 4 hectares mêle les styles italien et français, avec perspectives, terrasses, fontaines, orangerie et pavillon de fraîcheur. Il est l'un des plus grands jardins du XVIIIe siècle du Midi et surtout l'un des rares à avoir quasiment conservé son plan d'origine. Il reste l'un des plus beaux sites de la ville, avec sa roseraie.

HÔTEL PIERRE DE BRENS ★

Rue de Peyriac
✆ 05 63 81 20 26
www.ville-gaillac.fr
Ouvert toute l'année. Le mardi et le vendredi de 9h30 à 12h et de 14h à 16h. Autres possibilités d'ouverture : sur RDV.

L'Hôtel Pierre de Brens abrite les Archives Municipales de la Ville de Gaillac depuis l'an 2000. Résidence urbaine de la famille Pierre de Brens, du XIIIe au XVe siècle, ce bâtiment a gardé la trace d'ouvertures géminées du XIIIe siècle. Acquis en 1825 par le Département, l'hôtel fut transformé en prison jusqu'en 1850. En 1858, la loge maçonnique de Gaillac en devient propriétaire et y tient ses séances pendant près de 50 ans. Plusieurs organismes y installeront leurs pénates avant que la ville ne s'en porte acquéreur en 1970.

FONTAINE DU GRIFFOUL ★

42, place du Griffoul

Déjà présente au XVIe siècle, cette fontaine est remarquable par le groupe de bronze qui y figure. Il représente quatre personnages surmontés d'un coq : il s'agit de Silène faisant l'éducation de Bacchus. La vasque et les aménagements en marbre rouge de Caunes datent des XVIIe et XVIIIe siècles. En six siècles, elle n'a jamais cessé de couler, faisant partie intégrante du patrimoine et paysage gaillacois. L'œuvre déployée sur la place est une copie de la fontaine d'origine, celle-ci est conservée au musée pour des raisons de préservation.

MUSÉE DE L'ABBAYE ★★

Place Saint-Michel
✆ 05 63 57 14 65
www.ville-gaillac.fr
Ouvert du mercredi au dimanche de 10h à 12h30 et de 14h à 18h30. Adulte : 2,50 €. Visite guidée.

Les alchimistes se cachaient naguère dans ces caves pour œuvrer. Ici, dans les superbes salles voûtées de l'abbaye Saint-Michel, ce musée original à l'ambiance particulière plonge le visiteur au cœur de l'univers fascinant des métiers de la vigne. D'autres mondes sont valorisés dont l'art sacré, le compagnonnage, l'archéologie, la navigation sur le Tarn et les arts et traditions populaires. Une anecdote intéressante : la Vierge à l'Enfant datée du XIIIe siècle, volée dans l'église Saint-Michel, fut retrouvée et rapatriée d'Italie jusqu'au musée.

MUSÉE DES BEAUX-ARTS ★

Avenue Dom-Vayssette ✆ 05 63 57 18 25
musees-occitanie.fr/musees/musee-des-beaux-arts-de-gaillac
Basse saison : ouvert du vendredi au dimanche 10h-12h/14h-18h. Haute saison : du mercredi au lundi 10h-12h/14h-18h.

Le Musée des Beaux-Arts est implanté au sein du superbe château de Foucaud (XVIIe siècle). Le monument, ceint de magnifiques jardins à la française et à l'italienne surplombant le Tarn, abrite des expositions permanentes sur deux niveaux. Le fonds de peinture comprend des portraits et paysages des XIXe et XXe siècles représentatifs des divers courants : classique, romantique, postimpressionniste, expressionniste et nabi. Une autre salle est réservée aux sculptures de Pendariès, élève de Mercié. Des expositions temporaires sont régulièrement organisées.

MUSEUM D'HISTOIRE NATURELLE PHILADELPHE THOMAS ★

2, place Philadelphe-Thomas ✆ 05 63 57 36 31
www.ville-gaillac.fr/culture/museum-dhistoire-naturelle-philadelphe-thomas
Fermé en janvier. Basse saison : ouvert du vendredi au dimanche 10h-12h/14h-18h (du mercredi au lundi en haute saison).

Ce musée, unique dans la région, présente de belles collections de zoologie (dont un ensemble de 700 oiseaux et 10 000 insectes), de paléontologie, de botanique, de géologie et de préhistoire. Sa bibliothèque scientifique compte plus d'un millier de livres datés du XVIIe au XIXe siècle, consultables sur rendez-vous. A noter : un passeport vous permettra de visiter, en sus, le musée des Beaux-Arts et le musée de l'abbaye, consacré aux arts et traditions populaires.

PETIT TRAIN DE LA PORTANELLE ★

4, rue du Boutgé ✆ 06 82 40 13 01
www.trainportanelle.unblog.fr
Ouvert toute l'année. Visites sur RDV. Gratuit jusqu'à 4 ans. Adulte 2,50 €. Groupe (10 personnes) 1,50 €.

C'est au pied de l'abbaye que cette association de modélisme présente sa passion. A sa tête, Michel Azemar reproduit la magie de l'ancien en utilisant un savoir-faire des plus impressionnant. Ce modéliste ferroviaire et l'association ont mené la construction d'une reproduction unique au monde ! La maison de Michel est devenue un véritable musée du chemin de fer miniature, le circuit passant d'une pièce à l'autre par d'étroits passages dans les murs au milieu de décors surprenants.

OFFICE DE TOURISME BASTIDES ET VIGNOBLE DU GAILLAC

Place Saint-Michel ✆ 08 05 40 08 28
www.tourisme-vignoble-bastides.com/magasin/office-de-tourisme-accueil-de-gaillac-liberation-gaillac
Ouvert du mercredi au dimanche 10h-12h/14h-17h (jusqu'à 18h en été). Avril à juin et septembre : 7j/7 10h-12h30/14h-18h.

Vous êtes en quête d'une activité fun pour toute la famille ? A la recherche d'un restaurant au bon rapport qualité-prix ? Motivé par l'idée de découvrir les différents visages de Gaillac ? Prenez donc le temps de vous arrêter à l'office de tourisme de la ville ! Sur place, vous trouverez toutes les brochures thématiques ainsi qu'une équipe dynamique et souriante. Elle vous guidera à travers sa documentation, les points d'intérêt de Gaillac et son agenda.

HÔTEL-RESTAURANT DU LION D'OR €

8-10, place de la Vie
✆ 05 63 57 10 68
www.hotel-restaurant-gaillac.fr
Chambre double de 44 à 56 €. Pension complète de 55 à 77 €. Petit déjeuner : 6 €. Restauration du lundi au vendredi.

Ouverte en 1944, cette petite pension de famille est aujourd'hui tenue par Didier Domenech. Il a repris l'affaire familiale avec un credo : maintenir le rapport qualité-prix malgré le contexte économique morose. Il y parvient grâce à sa ténacité et la convivialité qu'il installe au sein de ses murs. Les clients le disent : ils reviennent pour le confort et la situation mais aussi - et surtout - pour l'accueil. L'hôtel est simple mais confortable.

BLEU PASTEL €€

15, rue Aristide-Briand ✆ 06 09 77 86 03
www.bleupastel.org
Gîtes de France (3 épis). 3 chambres. Chambre double à partir de 65 €. Petit déjeuner inclus. Lit supplémentaire : 20 €.

Dans cette maison de ville bourgeoise datant de la fin du Second Empire, vous serez surpris par le charme insoupçonnable de la décoration dans l'esprit gustavien. Elle est agrémentée d'un magnifique jardin romantique dans lequel on prend le temps de se promener et de se détendre, chose rare à deux pas du centre-ville de Gaillac. A l'étage, vous découvrirez deux belles chambres qui peuvent accueillir une à quatre personnes. Le matin, vous prendrez des forces avec un petit déjeuner copieux avant de vous lancer dans la découverte de la ville et de son patrimoine.

CAMPING MUNICIPAL DES SOURCES*** €€

9, avenue Guynemer
✆ 05 63 57 18 30
www.camping-gaillac.fr
Fermé du 1er octobre au 31 mars. 39 emplacements (+ 9 chalets ouverts toute l'année). Emplacement dès 13 €. Piscine.

A 10 min à pied du centre-ville, ce camping présente les avantages d'être installé à la fois dans un cadre bucolique et à proximité de toutes les commodités. Une ambiance familiale règne en ses murs et vous pourrez aller jeter un œil à la zone commerciale qui se trouve à deux pas pour effectuer vos achats. En plus de proposer des emplacements pour vos tentes et camping-cars, le camping met à disposition des chalets toute l'année (dont un aux normes Handicap).

LE FAMILY POD ET SPA €€

4, rue laperouse - **RIVIÈRES** ✆ 06 09 99 93 44
www.terrassesaigueleze.fr
Ouvert toute l'année. Pod pour 4 personnes : 115-125 €/nuit 210-230 €/week-end. Planche de tapas : 15 € par personne.

A deux pas du port de plaisance, du centre de loisirs et de nautisme, entre calme et nature sauvage, au rythme paisible de la rivière, les Terrasses d'Aiguelèze proposent des chambres d'hôtes et avec le family pod, un hébergement Insolite. Il s'agit d'une cabane totalement construite en bois, aux formes arrondies, petit nid douillet pour accueillir 2 adultes et 2 enfants. Le family pod dispose de sa terrasse privée sous tente toute l'année. Vous avez accès à l'espace détente avec la piscine, la paillote et le bain à remous... Un superbe petit déjeuner est inclus.

DOMAINE DE PERCHES €€

2083, route de Laborie ✆ 05 63 56 58 24
www.domainedeperches.com
Chambre double de 175 € à 195 € ; suite de 225 € à 245 €. Petit déjeuner inclus. Restauration (50 € vins et apéritif).

« Luxe » est la plus parfaite définition de ce magnifique domaine du XVIIe siècle perdu au milieu des vignes. La demeure aux pierres apparentes et volets blancs s'ouvre sur un intérieur d'une élégance et d'un charme sans nom. De grands salons y sont décorés avec goût. Les pièces sont spacieuses, et empreintes de douceur. Les chambres sont raffinées, aménagées avec confort et dotées d'une vue imprenable sur le vignoble. Leur décoration est très chaleureuse et les suites possèdent des salons. Et bien plus qu'une table d'hôtes, vous apprécierez de dîner au Domaine.

HÔTEL DELGA - MAISON D'HÔTES €€

28, rue des Frères-Delga
✆ 06 77 24 65 66
www.maison-hotes-delga.com
4 chambres. Chambre double de 80 € à 110 € ; suite de 100 € à 170 €. Petit déjeuner inclus.

Marie vous accueille dans cette maison de maître du XVIIIe siècle. Cet hôtel particulier réserve de nombreuses surprises. Côté hébergement, deux chambres d'hôtes sont aménagées dans l'aile ouest de la bâtisse, respectivement au premier et second étage, elles vous permettront d'admirer une vue des toits du vieux Gaillac. Les deux autres, plus grandes, se trouvent dans le corps du bâtiment principal, au premier étage. Vous pourrez profiter de la superbe piscine dans un écrin.

DOMAINE DU BUC €€

Route de Lagrave - **MARSSAC-SUR-TARN**
✆ 05 63 55 40 06
www.domainedubuc.com
Chambre double de 130 € à 150 €. Petit déjeuner inclus. Lit supplémentaire : 30 €. Séminaires. Réceptions et mariages.

Se sentir comme chez soi dans un petit château du XIXe siècle, c'est ce que propose Brigitte, votre hôtesse. Dans son manoir du XIXe siècle, elle vous emmène en balade dans les couloirs du temps. Les cinq chambres d'hôtes avec salle de bains privative ont été entièrement décorées dans un style des plus élégants, très féminin, tout en conservant le charme désuet du début du siècle : planchers en parquet 1900 et tomettes d'époque, lits à baldaquin, placards secrets... Dans ce lieu hors du commun qui a servi de décor de films, on s'offre une parenthèse hors du temps.

MAS DE SUDRE €€

142, chemin du Mas-de-Sudre
✆ 05 63 41 01 32
www.masdesudre.fr
Chambre double de 55 € à 80 € ; chambre triple à partir de 105 €. Lit supplémentaire : 25 €.

Dans un corps de ferme du XVIIIe siècle, au milieu d'un grand parc, Phillippa vous accueille dans ses 5 chambres d'hôtes aménagées avec goût pouvant accueillir jusqu'à 10 personnes. Trois sont situées dans la maison principale, et deux dans des dépendances pour plus d'intimité. Vous serez sous le charme du grand salon avec ses tomettes, ses poutres apparentes, les parquets lustrés et la cheminée. Un gîte bien équipé est également proposé. Les activités extérieures ne manquent pas : piscine, barbecue, jardin, terrain de jeux...

© DR

© RAYNAUD PHOTO

© DR

VILLE DE GAILLAC

70, place d'Hautpoul
✆ 05 63 81 20 20
www.ville-gaillac.fr

Ouvert du lundi au vendredi de 8h30 à 12h et de 13h30 à 17h30 ; le samedi de 9h à 12h. Label Tourisme & Handicap.

Au-dessus la rivière Tarn, la ville de Gaillac occupe une place importante dans la vie départementale. Ville label d'art et d'histoire, un vignoble de premier plan, une ville ancienne, des ruelles à découvrir en même temps une ville nature avec ses parcs et jardins. Que ce soit au niveau institutionnel ou culturel, la ville via son terroir et ses vignerons rayonne dans toute l'Occitanie. Son site internet pédagogique, permettra à chacun de se renseigner sur les démarches à effectuer et l'agenda des manifestations culturelles de la commune.

© INFINITY GRAPHIC

© DR

LE NID DE L'ÉCUREUIL €€

2, chemin de Vitrac - **BRENS**
✆ 06 67 00 48 56
www.niddelecureuil.sitew.com
Chambre simple de 59 € à 62 € ; chambre double de 65 € à 68 €. Petit déjeuner inclus. Lit supplémentaire : 21 €.

Ce nid, composé de trois chambres, est installé sur un terrain arboré de 2 500 m². Au rez-de-jardin, la bâtisse possède une pièce équipée de tout le nécessaire de cuisine, elle est poursuivie par un superbe jardin où les clients sont invités à prendre le petit-déjeuner aux beaux jours. La jolie terrasse offre la possibilité de faire des barbecues et un boulodrome vous permettra de passer de joyeuses après-midi. Au 2e étage, trois chambres, climatisées et parfaitement équipées, portent de doux noms tels que Végétale, Marocaine et Authentique.

CHÂTEAU DE TAUZIÈS €€€

1850, route de Cordes
✆ 05 63 41 26 80
www.chateaudetauzies.com
The Originals. Suite à partir de 95 €. Plateau de courtoisie. Cave et épicerie. Location de vélo. Climatisation. Parc.

Ce sublime domaine viticole du XIXe siècle a été repris par Nathalie Deschamps et Jacques Tranier en 2018. Après plusieurs travaux de réhabilitation, le duo en a fait un lieu de réception et d'hébergement de charme, alliant à merveille l'authenticité de ce patrimoine et le confort de la modernité. Au sein de leurs suites luxueuses, les clients pourront profiter d'équipements dernier cri, d'une décoration de caractère et d'une vue superbe sur les alentours. Le château, également domaine viticole, est un arrêt intéressant pour les passionnés d'œnologie.

LE CAFÉ DES SPORTS €€

54, place de la Libération
✆ 05 63 57 10 94
cafe-des-sports-gaillac.fr
Ouvert tous les jours le midi de 7h30 à 20h. Menu enfant : 7,60 €. Formule : 21 €. Vin au verre. Terrasse. Animations.

Depuis près de 70 ans, ce bar fait figure de référence à Gaillac. Ludovic Camboulive vous accueille dans un cadre de charme, à la décoration vintage et patinée, et sur sa jolie terrasse. A l'ardoise, il propose une cuisine maison articulée autour de produits de terroir. A titre d'exemple : foie de veau, andouillettes, tartare, tendron de veau, hamburger campagnard, grillades… Le passionné fabrique également son pain tous les jours, il peut être aromatisé au coco, basilic ou tomates séchées. Tous les appétits trouveront leur bonheur !

CHEZ FERNAND €€

Route de Saurs ✆ 05 63 40 06 71
www.restaurant-fernand-gaillac.fr
Ouvert du lundi au samedi de 12h à 14h30, du mardi au samedi de 19h à 23h. Carte : 25 € environ. Terrasse.

Logé dans une zone dénuée de tout charme, Chez Fernand apparaît comme une oasis gourmande qu'on ne s'attendait pas à trouver... Et la promesse est tenue ! Depuis leur arrivée dans cette brasserie en 2007, Jennifer et Fernand accueillent les affamés avec bonne humeur. Sur leur terrasse et dans leur salle contemporaine, on dévore des plats généreux, à l'image de l'escalope milanaise et de l'entrecôte, et des desserts gourmands, tels que la tarte Tatin et le tiramisu. Des spécialités portugaises et espagnoles sont régulièrement mises en avant à la carte.

CHEZ GERMAINE €€

91, rue de la Madeleine
✆ 05 63 34 61 99
chezgermaine.eatbu.com
Ouvert le mardi midi, du mercredi au vendredi midi et soir, ainsi que le samedi soir. Carte 20 € environ.

Chez Germaine, c'est le bar à vins tendance de Gaillac. Dans ce bar-bistrot à la tarnaise, l'équipe vous accueille dans une salle voûtée et conviviale. Des chaises hautes côtoient les tables d'usage ainsi qu'un bar armé de bières made in Gaillac, de whisky, de rhums, et d'apéritifs et digestifs en tout genre. Le midi, plusieurs assiettes-repas et salades gourmandes permettent de satisfaire les appétits. Le soir venu, une quarantaine de tastous (« goûte à tout » en occitan) est proposée : charcuteries, légumes, poissons, viandes, fromage, desserts...

L'ISPIENS €€

Lieu-dit Les Brisses
✆ 05 63 33 56 81
www.ispiens.com
Ouvert du mardi au samedi le midi et le soir ; le dimanche midi. Réservation recommandée.

Les deux grandes salles de 130 m² possèdent une décoration contemporaine et la cuisine - ouverte sur la salle - repose sur une carte simple et conviviale. On y vient pour manger de belles assiettes, une cuisine de terroir, mais pas que puisque la carte évolue au gré des saisons avec, le soir, la suggestion du chef. On retrouve les grillades et seiches à la plancha, le burger de l'Ispiens (charolais, fromage raclette, oignons frits, sauce tartare), ris de veau, le magret rôti sauce cèpe... Un concept original dans le paysage gaillacois.

LA TABLE DE BIOAZUR €€

Route de Saurs
✆ 05 63 79 22 00
Ouvert du lundi au samedi le midi, du mardi au samedi le soir. Formules du midi : 16, 18 et 21 €. A emporter.

En boutique, l'enseigne spécialiste du bio met en vente plus de 12 000 références en stock, des produits de qualité qu'on retrouve dans les assiettes de la table voisine. Dans la salle plutôt élégante de l'établissement, les clients ont la possibilité de consommer sur place ou à emporter des plats uniquement réalisés à base de produits frais. La cuisine est inspirée, saine, équilibrée, et son rapport qualité-prix est convaincant. Au déjeuner, trois formules en self-service sont proposées, au dîner ça se passe à la carte et les assiettes sont plus recherchées.

LES CHOCOLATS YVES THURIÈS

ZA de la Vialette
MARSSAC-SUR-TARN
✆ 05 63 56 02 40
yvesthuries.com
Liste des boutiques disponibles sur le site internet. E-boutique. Livraison possible.

Cet enfant du pays et businessman des temps modernes, à la fois cuisinier-pâtissier-chocolatier, membre de l'Académie culinaire de France, élu 2 fois Meilleur Ouvrier de France (pâtissier-chocolatier-confiseur et glacier), a installé son siège social dans la commune de Marssac. Ce gigantesque atelier est le théâtre de la fabrication de milliers de chocolats. Ils sont à découvrir en magasin ou à travers les commandes en ligne proposées sur le site internet.

CHÂTEAU DE RHODES

Lieu dit Boissel
✆ 05 63 57 06 02
www.chateau-de-rhodes.com
Ouvert du lundi au vendredi 9h-12h/14h-17h. Il est conseillé de prévenir de votre venue avant tout déplacement.

Passionné de vins, Eric Lépine est propriétaire du domaine de Rhodes et responsable commercial depuis 2002. Œnologue de métier, il presse, écoule, soutire, étiquette et expédie ses bouteilles avec grand soin. Sur son domaine de plus de vingt hectares, composé de vignes âgées de 20 à 60 ans, et exposées Sud-Sud-Ouest, il concocte des vins issus de l'agriculture biologique depuis 2008, grâce à un travail raisonné. Duras et syrah, complété d'une touche de Braucol, Loin de l'Œil et Muscadelle... Nul doute, vous êtes bien en terres gaillacoises.

CHÂTEAU BALSAMINE

365, chemin de Téoulet
✆ 06 11 28 12 99
www.chateaubalsamine.fr
Ouvert du lundi au samedi 9h-12h/14h-19h (les dimanches et jours fériés sur rendez-vous). Ateliers dégustation. Vente.

© CHÂTEAU BALSAMINE

Ce domaine de 20 ha de vignes et d'oliviers fournit des nectars depuis environ une quinzaine d'années. Tout commence avec l'arrivée de Christophe Merle, charentais, à Gaillac. Cette région, particulièrement réputée pour ses vignobles, semblait tout à fait adaptée à ce professionnel afin qu'il exprime sa passion. En 2006, lui et sa femme, Christelle, ont donné naissance à ce domaine de choix dont la première cuvée sortira dès l'année suivante. Depuis, le Château Balsamine s'est fait régulier sur les tables des gourmets et des restaurateurs.

DOMAINE DE CANTO PERLIC

2210, route de la Ramaye ✆ 05 63 57 25 56
www.cantoperlic.com
Ouvert tous les jours de 14h à 18h. Il est conseillé de prévenir de votre venue. Vente. Dégustation.

Perché sur les collines douces qui longent le nord de la vallée du Tarn, à seulement 6 km de Gaillac, Ursula et Sune Sloge ont souhaité préserver les méthodes traditionnelles vigneronnes. A titre d'exemple, dans leur domaine viticole, une partie du vignoble est toujours vendangée à la main. Les poètes seront ravis d'apprendre que le nom du domaine signifie « *chant de perdrix* » en occitan, perdrix que vous reconnaîtrez notamment sur les étiquettes de la cuvée Caprice, un vin pétillant AOC, méthode champenoise, sans ajout de sucre.

LA CAVE DE GAILLAC - CHÂTEAU VIGNÉ-LOURAC

103, avenue Foch
✆ 05 63 81 21 11
www.cave-gaillac.fr
Fermé le 25 décembre et le 1er janvier. Ouvert tous les jours et les jours fériés de 9h30 à 12h30 et de 14h30 à 19h.

© LA CAVE DE GAILLAC

Du côté de Cahuzac-sur-Vère, le château Vigné-Lourac est une référence. Les vins de pays plairont à tous ceux qui aiment les parfums frais et de caractère : le rouge, élaboré à partir d'assemblages locaux (syrah, duras, braucol), le blanc sec ou doux, ou encore le rosé, qui donne une bouche de fruit. Sur l'avenue Foch, Alain Gayrel a ouvert la Cave de Gaillac en 1997 où vous pourrez déguster ses vins, mais aussi une sélection des meilleurs crus de Gaillac et du Sud-Ouest.

DOMAINE DE LABARTHE

Lieu-dit Labarthe - **CASTANET**
✆ 05 63 56 80 14
www.domaine-labarthe.com
Ouvert du lundi au samedi de 9h à 12h et de 14h à 19h. Dégustation gratuite, visite de cave sur rdv. Livraison.

Le domaine de Labarthe allonge ses 63 hectares sur les coteaux dominant la rive droite du Tarn. Ce vignoble ancestral, travaillé de père en fils depuis le XVIe siècle, est tenu par la famille Albert. Elle perpétue la tradition et le savoir-faire qui fait la renommée des vins du Gaillacois. Les nouvelles techniques de viticulture sont ici employées, et font de ce domaine en agriculture biologique, une référence en matière de primeur notamment. Jean-Paul et son fils Thibault œuvrent à maintenir le niveau d'exigence des cuvées assemblées avec soin.

LA HALLE AUX TERROIRS

143, avenue Charles de Gaulle
✆ 05 63 57 01 30
www.lahalleauxterroirs.com
Ouvert du mardi au samedi 9h-12h/14h30-18h30 (ouvert les lundis de juillet, août et décembre). Epicerie. Cave. Ateliers.

A la sortie de Gaillac en direction d'Albi, on ne peut pas manquer cette boutique unique en son genre dédiée à la bonne chère et aux traditions gustatives du pays tarnais. Ici, on met un point d'honneur à faire découvrir les producteurs de la région ! Dans un style halles de marché à l'ancienne, on trouve différents produits du Tarn, que ce soit en épicerie fine, en conserverie, en cave à vins... La partie caviste fait une place de choix aux vins de la cave de Labastide, tandis que le secteur épicerie fine met en valeur des spécialités locales.

MAISON DES VINS DE GAILLAC

Place Saint-Michel ✆ 05 63 57 15 40
www.vins-gaillac.com/maison-des-vins
Basse-saison : lundi-samedi 10h-12h/14h-18h, dimanche 10h-13h. Haute-saison : tous les jours 10h-13h/14h-19h.

Située dans une ancienne abbaye, la Maison des Vins sert de vitrine au vin de Gaillac, classé parmi les appellations AOP et IGP, avec une centaine de vins à déguster. Une visite où vous comprendrez les nuances entre les secs et les perlés, les vins primeurs ou issus de vendanges tardives, les méthodes ancestrales ou traditionnelles. Des initiations à la dégustation sont proposées, ainsi que des séances à thèmes autour du vin et du chocolat ou du fromage. Sur réservation impérativement.

MARCHÉS DE PLEIN VENT

Halles et places de la ville
www.ville-gaillac.fr/decouvrir-gaillac/marches-de-plein-vent
Vendredi, mardi soir et dimanche matin.

Tous les vendredis matin, place au marché principal, où se mélangent Gaillacois et touristes. Tous les mardis soir, de 16h à 19h30, le marché *Noctambio*, marché de produits essentiellement bio, débarque place du Griffoul. Vous y trouverez des produits locaux de saison labellisés Agriculture biologique et/ou Nature & Progrès. Enfin, le dimanche matin est l'occasion de découvrir le petit marché traditionnel. Aux trois marchés hebdomadaires s'ajoutent des petits marchés ponctuels, notamment en été, et des marchés de nuit organisés par l'association de commerçants.

SENTIER « SUIVEZ LE COQ »

Office de Tourisme Bastides et Vignoble du Gaillac
Accès libre.

Ce sentier urbain d'environ 5 km permet de découvrir différents aspects de la ville de Gaillac. De l'abbaye Saint-Michel, il descend vers la rivière pour suivre les berges du Tarn ; la ville paraît alors bien loin ! Le quartier de l'Hortalisse et son dédale de sentes qui cheminent de jardin en jardin racontent l'histoire des maraîchers qui, jusqu'à la moitié du XXe siècle, alimentaient les marchés alentour. La balade se termine au niveau du Tarn et de l'ancien port prospère.

L'ARCHÉOSITE ★

33, avenue Elie-Rossignol - **MONTANS**
✆ 05 63 57 59 16
www.archeosite.ted.fr
Ouvert du mercredi au vendredi 10h-12h, du mercredi au dimanche 14h-18h (du mercredi au vendredi hors saison).

Depuis l'époque gallo-romaine, Montans a fait de la terre sa spécialité. Dans les vitrines, on découvre des pièces rares et précieuses telles que des poteries gauloises gris cendré, des céramiques, des bijoux, des céramiques sigillées et des céramiques rouges vernissées exportées dans tout l'Empire romain ! L'archéosite abrite également une reconstitution grandeur nature façon Pompéi d'une rue gallo-romaine. Unique en France, elle est remarquable de fidélité. Des animations, stages et vente de produits gallo-romains sont proposés.

LISLE-SUR-TARN

Situé entre Gaillac et Albi, le Pays Lislois abrite l'un des plus vieux vignobles de France, planté au Ier siècle de notre ère. Enfermés dans des amphores fabriquées à Montans, les vins étaient emportés sur des gabarres vers Bordeaux via le Tarn et la Garonne. Si la vigne prédomine encore dans les environs de Lisle-sur-Tarn, constituant en cela un pôle d'attraction autonome, la bastide elle-même, datée du XIIIe siècle, mérite tout votre intérêt. Ne manquez pas sa place couverte, ses pountets, l'ancien port, son palais, ses hôtels particuliers, l'église Notre-Dame-de-la-Jonquière et son musée dédié à Raymond Lafage, dessinateur du XVIIe siècle.

MUSÉE ART DU CHOCOLAT ★

13, place Paul-Saissac
✆ 05 63 33 69 79
www.chocolat-tarn.fr
Basse saison : du mardi au dimanche de 10h à 12h30 et de 14h à 18h. Haute saison : 7j/7 de 10h à 12h30 et de 14h à 19h.

Ce musée gourmand est une sortie incontournable pour les familles et les amateurs de cacao. Tout au long de l'année, ils admirent les sculptures et œuvres d'art en chocolat, découvrant salle après salle ce qui fait la richesse de la fève. Que vous participiez ou non aux ateliers des lieux, vous repartirez avec de nouvelles connaissances : les secrets de la fabrication du chocolat, de la plantation de cacaoyers, la réalisation du produit fini, les techniques de sculpture, etc. Vous souhaitez poursuivre l'apprentissage ? Participez aux ateliers !

Lisle-sur-Tarn.

MUSÉE RAYMOND LAFAGE ★

10, rue Victor-Maziès
✆ 05 63 40 45 45
museeraymondlafage.wifeo.com
Ouvert du mercredi au dimanche de 14h à 18h (uniquement sur rendez-vous le week-end). Adulte 4 €.

Ce passionnant musée abrite plus d'un univers et de nombreuses collections. A l'origine, il tient son nom du dessinateur Raymond Lafage, né à Lisle-sur-Tarn en 1656. Ses œuvres inspirées de la mythologie et de la religion sont exposées sur place. En parallèle, le musée présente des peintres des XIXe et XXe siècles, dont Victor Maziès, et consacre une partie de son espace à l'histoire de la bastide, à des collections locales d'archéologie et à des pièces issues des verreries installées dans la forêt de Grésigne jusqu'à la fin de l'Ancien Régime.

OFFICE DE TOURISME DE LISLE-SUR-TARN

21, place Paul-Saissac ✆ 08 05 40 08 28
www.tourisme-vignoble-bastides.com/magasin/office-de-tourisme-accueil-de-lisle-sur-tarn-lisle-sur-ta
Ouvert du mardi au samedi 14h-17h, dimanche 10h-12h30. Eté : 7j/7 10h-12h30/14h30-18h (uniquement le matin le dimanche)

Rendez-vous sous les arcades de Lisle-sur-Tarn, au cœur du village, pour recevoir tous les conseils de l'équipe de l'office de tourisme. Elle vous fournira toutes les informations qui contribueront à la réussite de votre séjour : offres d'hébergement et de restauration, activités à proximité, plans, etc. Ses membres vous transmettront également de la documentation propre à vos recherches et à vos besoins. Un passage utile qui facilitera vos vacances.

LA FRÉJADE €€

652, impasse de la Fréjade - **MONTANS**
✆ 06 88 84 39 67
www.lafrejade.com
3 chambres. Suite 110 €. Petit déjeuner inclus. Restauration (table d'hôtes à 35€).

La Fréjade permet d'allier découvertes locales et repos. Les propriétaires mettent à disposition un gîte et trois suites de charme et proposent de partager avec eux le charme et la douceur de vivre de leur demeure. Le parc aux multiples essences, la piscine sécurisée et le pool house aménagé sont autant de lieux qui feront de votre séjour un moment intense et inoubliable. Chantal vous invite à partager sa table d'hôtes avec une cuisine terroir, gourmande et colorée, quand Bertrand se fera un plaisir de vous présenter les vins de Gaillac, AOC, vignoble millénaire.

LE PRINCINOR €€

Chemin de la Noyère
✆ 05 63 33 35 44
Chambre double de 62 à 82€ la nuit petit déjeuner inclus. Table d'hôtes sur réservation. Service en chambre.

Cette bastide du XIIIe siècle invite à la détente et la découverte, et c'est une halte séduisante pour les vacanciers à la recherche de séjours authentiques. En plus de bénéficier d'un excellent emplacement, cette demeure avec jardin est tenue par un propriétaire de formidable compagnie. Il se pliera en quatre afin d'améliorer au maximum votre séjour et sera de bons conseils concernant les activités de la région. Vous n'aurez même pas besoin de sortir de vos chambres douillettes et bien décorées, car ici on propose le service en chambre !

CANTINA CHEZ ETCHE €€

15, place Paul-Saissac
✆ 05 63 40 31 50
www.restaurant-cantinachezetche.com
Fermé lundi et mardi. Vin au verre. A midi menu du jour autour de 14 €. Terrasse. Partenaire Gourmet Bag.

La Cantina Chez Etche, c'est l'enclave basque du Tarn. Dans une ambiance familiale et conviviale, Sandrine, Christophe et leur équipe régalent les alentours avec leur joie de vivre et des assiettes généreuses. Hors saison, la carte propose des pizzas aux garnitures variées. C'est leur grande qualité qui a conféré à l'établissement ses lettres de noblesse. Ingrédients de qualité et originalité font la différence. Aux beaux jours, la Cantina propose une carte enrichie de spécialités basques, régionales et de plats d'horizons divers.

LE ROMUALD €€

6, rue du Port
✆ 05 63 33 38 85
www.restaurant-leromuald-lislesurtarn.fr
Ouvert le mardi et le dimanche le midi, du mercredi au samedi midi et soir. Carte : 32 € environ. Menu 27 €. Terrasse.

Cette belle demeure du XVIe siècle à colombages abrite deux salles du restaurant et un joli patio, à l'ombre du chevet de Notre-Dame-de-la-Jonquière. Pendant que le lieu charme votre esprit, la cuisine de Marie et de Patrick envoûte le palais. Ici, la carte change régulièrement. Avec de la chance, vous pourrez goûter au foie gras mi-cuit au gros sel, au pavé de sandre sauce au beurre rouge, au barouet de pigeonneau farci aux figues et au foie gras, aux grillades cuisinées dans la cheminée d'époque, au clafoutis surprise... A conserver dans ses petits papiers !

LES MIRLIFLORES

52, rue de la Guillemette
MONTANS
✆ 05 63 53 47 74
https://lesmirliflores.fr
Fabrication artisanale. Possibilité de biscuits personnalisés.

Découvrez la première collection de biscuits historiques. Leur recette ? Des matières premières locales et des connaissances historiques. Aux fourneaux : Élisa et Gwenaëlle, installées dans une ancienne ferme. Leur biscuiterie des Mirliflores produit des gourmandises Moyen Age, Renaissance ou XVIIIe siècle : boules de poilus, à la noisette et à la fleur d'oranger, massepains au chocolat, brivadeaux à la violette, biscuits de la joie, à la farine d'épeautre, cannelle et éclats d'amande. Et dans la boîte, il y a un livret sur la pâtisserie à travers les siècles.

DOMAINE DE SANBATAN

Domaine de Sanbatan - **MONTANS**
✆ 05 63 57 25 48
www.domainesanbatan.fr
Ouvert tous les jours (sauf le dimanche en basse saison). Il est conseillé d'appeler avant de se déplacer. Visites.

Vignerons récoltants, Régine et Jacques Crayssac aiment leur métier et sont intarissables sur les produits de leur chai, dont ils révèlent quelques-uns des secrets avec bonne humeur : la cuvée antique pour gibiers et fromages, le gaillac rouge AOC fruité et épicé, la Cuvée des graves (gaillac AOC) pour les civets, aux reflets bruns/pourpres, le vin de pays Côtes du Tarn rosé... Nous recommandons particulièrement le blanc doux muscadelle, dont la couleur jaune-vert offre des finales fluides équilibrées, idéal pour le foie gras, le roquefort ou le dessert.

DOMAINE DU CHATEAU LASTOURS

Chateau Lastours
www.chateau-lastours.com
Visites 7,50€ sur rdv. Du lundi au samedi de 9h à 12h30 de 13h30 à 18h.

Implanté entre Gaillac et Lisle-sur-Tarn, au niveau de la RD988, ce château du XVIIe siècle est un site de production de vin de qualité. Transmis de génération en génération au sein de la famille Faramond, il est aujourd'hui aux mains de Louis, ingénieur agronome, qui se charge de pérenniser le patrimoine de ses ancêtres. Au sein de ses 60 hectares de vignes, il produit une gamme de vins rouges, blancs et rosés réputée et régulièrement médaillée lors de concours nationaux et régionaux.

LE LAC DE BELLEVUE

Accès libre.

Le plan d'eau de Bellevue et ses abords directs offrent de nombreuses options de loisirs pour les grands et les petits : pêche loisirs, parcours santé, promenade en direction de la belle forêt domaniale de Sivens, tennis, aire de jeux pour enfants... Pratique, le lieu possède des toilettes, des tables de pique-nique et une aire de camping-cars. Sa végétation crée également un cadre de choix pour de longues siestes au bord de l'eau. C'est aussi un formidable point de vue lorsqu'arrive la belle saison des spectacles pyrotechniques.

PENNE

Surnommée la Citadelle du vertige, Penne se dresse telle une sentinelle muette au-dessus des Gorges de l'Aveyron. Les ruines de son château s'apparentent à une énorme proue découpant une silhouette ocre dans le ciel, semblent faire corps avec la roche mère. Le village est constitué de venelles étroites et les sculptures étranges s'extirpant de la pierre donnent une âme particulière à ses ruelles tortueuses. Si le château offre un intérêt colossal, prenez le temps de contempler la beauté de la campagne environnante. D'ailleurs, les amoureux de la nature trouveront ici des points de départ pour des randonnées au cœur de la nature tarnaise.

LA FERME DE VALEYRES

Valeyres
✆ 05 63 33 11 87
www.valmohair.com
Ouvert toute l'année. Ouvert tous les jours de 9h à 12h et de 14h à 18h. Visites à 10h, 11h, 14h, 15h, 16h et 17h.

Venez découvrir cet élevage de chèvres angora, à toison longue sur le magnifique site de Natura 2000. Au cours d'une visite d'une heure environ, passionnante, on découvre en quoi consiste l'élevage, sa principale raison d'être à savoir la production de mohair, ainsi que les techniques de tonte et la transformation des toisons, déclinées en pulls, écharpes, gants et couvertures. Les amateurs de marche trouveront un très beau sentier de petite randonnée en boucle au départ de la métairie des Pauvres, vallée de la Vère, traversant la ferme et reliant les Abriols.

FORTERESSE DE PENNE ★

Rue du Château ✆ 05 63 55 71 09
www.chateaudepenne.com

Fermeture de novembre à février. Ouverture toute l'année pour les groupes sur réservation. Horaires en ligne. 5€/adulte.

Elle s'élève, impérieuse, majestueuse, présidant avec puissance les gorges de l'Aveyron, les vignobles de Gaillac et le village de Penne dont elle est le joyau. Elle, c'est la Forteresse de Penne ! Nichée au sommet d'un pic, elle est un témoignage de l'histoire de la région. Ce chef-d'œuvre d'architecture médiévale est ouvert au public depuis 2010 et a fait l'objet de nombreux travaux de rénovation et de conservation. Un circuit d'interprétation et des visites guidées sont organisés afin d'accompagner le public. Des fêtes médiévales sont régulièrement programmées.

LA TERRASSE €€

Le Bourg
✆ 05 63 56 35 03
www.restaurant-terrasse-tarn.fr

Haute saison : ouvert tous les jours le midi, du mardi au dimanche le soir. Carte : 25€ environ. Terrasse. Animations.

Cet établissement porte bien son nom ! Pendant la belle saison, sa terrasse de pierre blanche offre un panorama exceptionnel sur la vallée, le château et les gorges de l'Aveyron. A l'extérieur comme dans la salle, la cuisine authentique est au centre de la table. Dans un décor « couleurs et pierres » d'une rusticité réelle (tête de sanglier, cheminée...), le service envoie des plats de très bonne facture et copieux : magret de canard aux pommes, faux-filet de bœuf grillé, saucisse grillée et son aligot... Parfait pour combler les estomacs et les envies de terroir.

BUREAU D'INFORMATION TOURISTIQUE DE PENNE

Le Village
✆ 05 63 56 36 68
www.cordessurciel.fr

Horaires d'ouverture variables selon les saisons : voir site Internet de l'office.

Vous êtes venu à Penne pour admirer les contours de la forteresse et vous ne savez pas où et comment prolonger votre séjour ? Rendez-vous au bureau d'information touristique du village pour mieux découvrir tout ce que cette cité ancestrale a à offrir. Restaurants, hébergements, activités : les membres de l'équipe pourront vous renseigner sur tous les sujets. A vous de voir ce qui vous attire ! Plusieurs brochures consacrées au territoire sont disponibles.

PUYCELSI

Située au pied de la forêt de Grésigne, cette ancienne place forte, fondée avant l'an mille, a remarquablement bien conservé les traces de son passé et ce, malgré les assauts répétés de Simon de Montfort (par trois fois), des pastoureaux, des Anglais et même des huguenots dont elle fut l'objet aux XIIIe et XIVe siècles. Aujourd'hui, ce village haut perché - qui veille à la fois sur la forêt et la vallée de la Vère - fait partie des Plus Beaux Villages de France. Avec ses nombreuses maisons médiévales, ses 800 m de remparts, son château du capitaine gouverneur, ses jardins, son église du XIVe siècle... C'est une distinction amplement méritée.

LE NID PENNOL €€

Saint-Paul-de-Mamiac
✆ 06 52 46 56 13
www.lenidpennol.com

Gîtes de France (4 épis). Chambre double à partir de 70€. Petit déjeuner inclus. Restauration. Piscine. Jardin.

Ce gîte confortable et chaleureux a été conçu avec amour par Muriel et Gilles à proximité de l'étonnant village de Penne, particulièrement visité pour son château insolite. Au cœur du petit hameau de Saint-Paul de Maniac, ils ont composé avec goût leur gite rural et leur trois chambres d'hôtes. La bâtisse, une belle longère en pierres du 19e siècle, repose au sein d'un jardin spacieux et d'une nature préservée. L'extérieur est doté d'une immense piscine à partager et d'une superbe vue sur les Causses environnants et le Quercy.

CONSERVATOIRE D'ESPÈCES FRUITIÈRES ET DE VIGNES ★

Les Horts
✆ 05 63 33 19 41
www.tourisme-tarn.com/producteur/conservatoire-despeces-fruitieres-et-de-vignes-anciennes

Sur rendez-vous uniquement : du lundi au jeudi de 8h à 12h et de 13h à 16h. Boutique. Animations.

Créé par le conseil général du Tarn en 1986, ce conservatoire a pour objectif de sauvegarder, évaluer et valoriser sur un plan pédagogique, économique et scientifique des espèces fruitières et de vignes en voie de disparition. Implanté sur 7 hectares de parcelles, il héberge aujourd'hui plus de 750 introductions de fruitiers et 102 cépages. Ses animateurs organisent régulièrement des visites avec dégustation et des stages d'initiation à la taille et au greffage.

OFFICE DE TOURISME - ACCUEIL DE PUYCELSI CHAPELLE

Chapelle Saint-Roch ✆ 08 05 40 08 28
www.tourisme-vignoble-bastides.com/magasin/office-de-tourisme-accueil-de-puycelsi-chapelle
Haute saison : tous les jours de 10h à 13h et de 15h à 18h. Du 17/06 au 30/06 : du mercredi au dimanche de 15h à 18h.

Après un passage à l'office de tourisme, Puycelsi n'aura plus aucun secret pour vous ! Que vous soyez à la recherche d'un endroit où manger, dormir ou sortir, vous trouverez les réponses à vos questions. Si vous êtes en quête d'inspiration, les membres de l'équipe seront également d'une grande aide puisqu'ils connaissent les environs comme leur poche. N'hésitez pas à demander de la documentation pour repartir les bras chargés d'idées originales et motivantes.

CHAMBRES D'HÔTES LA PREMIÈRE VIGNE €€

Les Pradelles
✆ 09 75 30 06 13
www.lapremierevigne.com
Fermé du 1er janvier au 30 avril. Chambre double de 80 € à 90 €. Petit déjeuner inclus. Lit supplémentaire : 25 €.

Les Pradelles est un véritable havre de tranquillité. Francis vous y accueille dans quatre chambres d'hôtes tout confort, spacieuses et modernes, alliant la vieille pierre à des couleurs chatoyantes. Chaque chambre possède sa propre salle de bains et offre une vue sur la nature environnante et les animaux qui l'habitent. Le petit déjeuner est fait maison à partir de produits locaux et biologiques. Pour vous détendre, vous profiterez d'une grande piscine.

CHEZ DELPHINE €€

Le Bourg
✆ 05 63 33 13 65
www.chezdelphine.com
Chambre simple de 55 € à 60 € ; chambre double de 75 € à 85 € ; chambre triple à partir de 95 €. Petit déjeuner inclus.

Dans une demeure de prestige du XVIIe siècle à l'architecture régionale, avec poutres apparentes et de très grandes pièces, Delphine propose des chambres particulièrement confortables et décorées avec goût. Elles disposent d'une salle d'eau avec toilettes et de la TV. De copieux petits déjeuners, servis dans la superbe salle à manger d'époque, vous permettront de bien débuter la journée avant que vous ne piquiez une tête dans la piscine, ou de vous détendre dans la partie à l'ombre du tilleul pour lire dans le hamac, prendre l'apéro.

AU CABANON DE PUYCELSI €€

Place du Château
✆ 05 63 33 11 33
Ouvert de mai à octobre. Ouvert du jeudi au lundi midi et soir, le mercredi midi. Menu du jour : 25,50 €.

Un Cabanon voyageur pour une excellente table de terroir qui intègre quelques influences venues d'ailleurs, du Japon par exemple, tout en restant fidèles aux producteurs locaux. Le Cabanon de Puycelsi, c'est un petit restaurant tenu par un couple de passionnés de gastronomie et de voyages. Au menu, des produit frais, de saison et locaux, le tout cuisiné maison avec passion et inspiration. Chaque hiver le chef voyage pour son plaisir et pour vous ramener de nouvelles associations savoureuses. Les amateurs apprécieront le menu végétarien et néanmoins bistronomique.

FERME-AUBERGE LES CHÊNES €€

172, chemin de Peyre Blanque - **LARROQUE**
✆ 05 63 33 10 92
ferme-auberge-les-chenes.fr
Sur réservation les week-ends de février aux vacs de Noël. Été : mercredi midi au dimanche midi. Carte : 25€ environ.

Sur le circuit des Bastides, entre Larroque et Bruniquel, Cécile et Serge Cazeaux vous accueillent pour une escale gourmande au cœur de la forêt de Grésigne. Le cadre bucolique et authentique de leur propriété se prête à toutes les saisons : on s'installe près de la cheminée en hiver et on se détend en terrasse, avec une superbe vue sur la vallée de l'Aveyron, en été. En cuisine, ils concoctent des plats autour de produits fermiers élevés et transformés par leurs soins : foie gras, civet de biche, carré gascon, magret de canard, rillettes, pâté de canard...

RABASTENS

Influente à l'époque médiévale, Rabastens était placée sous la protection des comtes de Toulouse avant d'entrer dans le giron royal. Ces appuis ont mené le village à la prospérité, comme en témoignent encore les hôtels particuliers et les venelles qui peuplent son centre. Habillée de briques roses, la cité présente des remparts abîmés par les guerres de religion et ses guides racontent avec passion son histoire. Le village tire également une grande fierté de son artisanat et de ses trouvailles archéologiques, on peut les apercevoir du côté de l'église Notre-Dame-du-Bourg, de la chapelle Saint-Pierre-de-Bracou et de la chapelle Saint-Waast.

CHAPELLE NOTRE-DAME-DE-GRACE ★

Notre-Dame de Grâce

Cette modeste chapelle conserve le souvenir à peine perceptible d'une messe célébrée en 1600 par Vincent de Paul, qui n'était encore qu'un jeune curé. A la Révolution, la chapelle est fragilisée, mais elle est sauvée grâce à l'intervention d'une famille voisine. En 1825, le culte de saint Vincent (canonisé en 1737) à la chapelle est inauguré. En 1842, une mobilisation permet de réparer le monument et l'agrandir par l'ajout de deux chapelles consacrées au grand saint.

ÉGLISE NOTRE-DAME-DU-BOURG ★

12, rue du Pont-del-Pâ

✆ 05 63 33 80 03

www.tourisme-vignoble-bastides.com

Accès libre. Visite guidée.

Édifiée par les moines bénédictins de Moissac, l'église s'élève au cœur de la ville basse. Abîmée lors du passage de la croisade albigeoise, on lui adjoint un vaste chœur au début du XIVe siècle. Les guerres de Religion et la Révolution ont participé à son dépouillement. Il faudra attendre 1856 pour que soit entreprise sa restauration. C'est à cette occasion que sont redécouvertes les peintures murales qui ont encouragé son inscription sur la liste du patrimoine mondial de l'Unesco.

MUSÉE DU PAYS RABASTINOIS ★

2, rue Amédée-Clausade

✆ 05 63 40 65 65

Ouvert du mardi au dimanche de 10h à 12h30 et de 14h30 à 18h. Gratuit. Chèque Vacances. Animations.

Hébergé au sein d'un hôtel particulier du XVIIe siècle, ce musée municipal contient plusieurs univers : archéologie, mosaïque, art sacré, broderie, sculpture, peinture... Si son rez-de-chaussée est principalement consacré aux poteries de Giroussens, une autre pièce rassemble des chefs-d'œuvre de charpenterie du Compagnon Roger Bellegarde. Un espace voisin accueille les œuvres de Jane Atché, affichiste de la fin du XIXe siècle et native de Rabastens.

OFFICE DE TOURISME DE RABASTENS

2, rue Amédée-Clausade ✆ 08 05 40 08 28

www.tourisme-vignoble-bastides.com/magasin/office-de-tourisme-accueil-de-rabastens-rabastens

Basse saison : du mardi au samedi 10h-12h/14h-17h (18h en mai et juin). Été : du mardi au dimanche 10h-12h30/14h30-18h.

Entre ses monuments prestigieux, ses restaurateurs inspirés et ses gîtes accueillants, Rabastens regorge de plaisirs. Pour trouver chaussures à votre pied, le mieux est encore d'aller interroger l'équipe de l'office de tourisme. En plus des brochures thématiques, ils vous transmettront leurs propres conseils en la matière. Comme ce sont dans la grande majorité des locaux, vous êtes sûr de pouvoir leur faire confiance. La halte à faire pour séjourner l'esprit léger.

CHÂTEAU DE FONCOUSSIÈRES €€

Lieu-dit Foncoussières

✆ 06 14 01 23 40

www.chateaudefoncoussieres.com

Fermé de novembre à avril. Chambre double de 95 à 105 € (petit déjeuner inclus). Piscine ouverte de juin à septembre.

Bâti par la famille de Chastenet de Puysegur, ce château du XVIIIe siècle a été le témoin de l'histoire de Rabastens. Modernisé, l'espace est préservé et a sauvegardé les meubles anciens qui équipaient la propriété. Élégance, confort, tranquillité, la demeure possède une multitude d'atouts. Les chambres suivent les mêmes caractéristiques et contiennent chacune un boudoir et une vue sur le parc arboré. L'espace extérieur est propice à la détente et au bain de soleil, entre piscine et vergers voisins, c'est un cadre idyllique.

HÔTEL-RESTAURANT DE LA POSTE €€

9, place Saint-Michel ✆ 05 63 33 57 17

sarlchipiron.wixsite.com/hoteldelaposte

Chambre double à partir de 49 €. Pension complète et demi-pension. Petit déjeuner 5,50 €. Restaurant.

C'est en plein cœur du village, au sein d'un ancien relais de poste, que les propriétaires ont aménagé leur établissement. Simple et accueillant, celui qu'ils ont baptisé l'Hôtel de la Poste possède un ensemble de chambres rénovées. Propres, équipées de télévision et munies de salles de bains privatives, elles offrent le confort nécessaire pour se sentir à l'aise. On s'y sent tellement bien qu'on n'hésite pas à opter pour un séjour en demi-pension ou en pension complète.

BRASSERIE LA RENAISSANCE €€

40, promenade des Lices ✆ 05 63 33 88 07

Ouvert du mardi au jeudi de 7h30 à 19h, vendredi et samedi de 7h30 à 23h. Carte 28 € environ. Terrasse. Animations.

Tel un phénix qui renaît de ses cendres, cette belle brasserie de Rabastens vit un second souffle depuis sa reprise en 2017. Si bien que l'établissement ne désemplit pas depuis sa réouverture et fait désormais figure d'incontournable dans la ville. Attablés sur la terrasse ensoleillée ou dans la salle ouverte, habitués et clients de passage dégustent une cuisine de saison entièrement faite maison. De l'entrée au dessert, en passant par les vins servis, la maison fait dans le bon, le beau et l'abordable. Adoptez-la sans hésitation !

AUX PETITS CHEFS GOURMANDS €€

La Rive ✆ 05 63 40 60 88

www.auxpetitschefsgourmands.fr

Ouvert du jeudi au mardi midi et soir. Menus de 17 à 28 €. Menu enfant 10 €. Formule du midi 15 €. Terrasse.

Aux Petits Chefs Gourmands, c'est l'histoire de David et Mariette, amoureux dans la vie comme aux fourneaux. Restaurateurs de métier, ils s'expriment au sein de leur espace culinaire de Rabastens, rendant un petit hommage à leurs deux fils, Quentin et Léo, les « petits chefs » en question... Mais avant que l'un d'eux ne reprenne le tablier, David œuvre en cuisine, habité par la passion des bons produits et l'amour de la cuisine française, pendant que Mariette s'active en salle.

VINOVALIE - CAVE DE RABASTENS

33, route d'Albi

✆ 05 63 33 66 95

www.vinovalie.com

Ouvert du lundi au samedi de 10h-12h30/14h30-19h, le dimanche de 10h-12h30. Boutique en ligne. Livraison possible.

La cave de Rabastens est née en 1953, à la croisée des routes de Toulouse et d'Albi. Spécialisée dans la conception de vins aux profils accessibles et gourmands, tels que le Tarani, elle est portée par les valeurs de Vinovalie, l'union de vignerons du pays d'Ovalie, fondée en 2006. De nos jours, cette cave rassemble 1 300 ha de vignes et des dizaines de vignerons qui produisent chaque année des nectars de qualité. Ils sont accessibles au caveau et en livraison.

LAC DES AUZERALS

Le Barrage

✆ 05 63 33 64 00

www.tourisme-tarn.com

Toute l'année de 7h à 22h. Baignade interdite. Accès libre.

C'est en direction de Grazac, sur les hauteurs de Rabastens, que l'on peut découvrir la beauté et la richesse de ce lac artificiel. Apprécié par les promeneurs et les amateurs de pique-nique, il séduit particulièrement les pêcheurs qui peuvent y attraper des truites, des gardons et des tanches en grand nombre. Son cadre bucolique lui donne un très joli aspect et offre une échappée tranquille à seulement 3 km de la ville. Si la baignade est malheureusement interdite, c'est un spot de choix pour se détendre, notamment pour une sieste à l'ombre de la végétation.

SAINT-SULPICE

A la croisée des axes Toulouse–Albi–Rodez et Castres–Montauban, Saint-Sulpice-la-Pointe, bastide du XIIIe siècle, est depuis toujours un important lieu de passage. La découverte de nombreux vestiges romains sur ce territoire tarnais atteste du poids déjà stratégique de la cité à l'époque gallo-romaine. Petite commune en pleine expansion, elle a su préserver son passé historique en restaurant les ruines de l'ancien château du Castela (XIIIe siècle) et son souterrain médiéval attenant. Cette cité intéressante livre ses vieilles rues, ses maisons à colombages, son église du XIVe siècle et son écomusée (vieux métiers et arçonnerie) aux curieux en balade.

ÉGLISE DE SAINT-SULPICE ★

Place André Blanchard

✆ 05 63 41 89 50

www.tourisme-tarnagout.com

Accès libre.

Ne quittez pas la ville sans avoir admiré l'impressionnant clocher-mur (ou clocher-donjon) de l'église ! De type gothique du Midi languedocien, il culmine à 40 mètres de hauteur. Son édification, amorcée en 1381 sous la seigneurie de Gaston Phoebus, fut stoppée à mi-hauteur par le duc de Berry qui ne souhaitait pas que le clocher dépasse son château… Ce n'est qu'après sa disgrâce que les travaux reprirent. Rehaussé selon les plans d'origine, le clocher fut achevé en 1447. De nos jours, il reste le plus haut et un des plus beaux du genre dans le Tarn.

ESPACE DES MÉTIERS D'AUTREFOIS

Rue du 3-Mars-1930
✆ 06 16 27 98 49
www.tourisme-tarnagout.com
Basse saison : mardi et du jeudi au samedi 14h-17h, mercredi 10h-12h/14h-17h. Haute saison : 7j/7 9h30-12h30/14h- 18h30.

Installé dans les locaux de l'office de tourisme, ce musée permet de découvrir les métiers qui faisaient autrefois vivre Saint-Sulpice. Parmi eux : l'arçonnerie, la brosserie, la vannerie, la menuiserie, la ferronnerie... Une impressionnante collection d'outils est visible dans les vitrines, elle témoigne de l'ingéniosité de ces artisans du passé. Un espace du musée est consacré à Armand Guibert, célèbre traducteur, poète et écrivain mort à Saint-Sulpice en 1990.

LE SOUTERRAIN DU CASTELA ★

Point de départ et billetterie à l'Office de tourisme
✆ 05 63 41 89 50
www.tourisme-tarnagout.com/decouvrir-et-visiter/le-souterrain-du-castela
Été : du mardi au samedi toute la journée et le dimanche après-midi. Basse saison : mercredi et week-end l'après-midi.

Particulièrement bien conservé, ce souterrain de 142 m est l'unique lieu de ce type ouvert à la visite dans le Tarn. Il se compose de quatre salles creusées au pic de fer qui servaient de refuge et de réserve pendant les périodes de danger au Moyen Age. Le guide accompagnateur livrera tous les secrets du tunnel, notamment la cache du conduit auditif qui servait autrefois à dire le mot de passe, mais aussi d'autres spécificités telles que les silos à grains ou les bassins à eau. Pour l'anecdote, c'est ici que « la faussaire de Saint-Sulpice » se réfugia en 1418.

LE PONT SUSPENDU ★

Le Pont suspendu
✆ 05 63 41 89 50
www.tourisme-tarn.com
Accès libre.

Commencé en 1847, cet ouvrage relie les communes de Rabastens, Couffouleux et Saint-Sulpice. Ce sont des nobles de ces trois communes qui l'ont fait construire et qui ont établi un système de péage en compensation. Cette perception explique la présence d'une maison d'octroi à chaque extrémité du pont. Construit initialement en bois, il ne résista pas à la crue de l'Agout de mars 1930. Il fut donc reconstruit l'année suivante en métal et béton. Les dernières rénovations se sont terminées en 2000. C'est l'un des derniers ponts de cette génération.

OFFICE DE TOURISME DE SAINT-SULPICE

Rue du 3-Mars-1930
✆ 05 63 41 89 50
www.tourisme-tarnagout.com
Ouvert du mardi au samedi en basse saison et du mardi au dimanche en haute saison. Horaires en ligne.

Si vous êtes de passage à Saint-Sulpice, rendez-vous donc à l'office de tourisme pour découvrir comment occuper votre temps. Entre monuments, loisirs et balades, vous aurez rapidement l'embarras du choix. Si vous restez un peu plus longtemps, vous aurez la possibilité de contempler la vie secrète de cette cité ancestrale, notamment son intrigant souterrain médiéval. Dans tous les cas, l'équipe vous renseignera sur tous les sujets qui vous passionnent.

LES RUINES DU CASTELA ★

Castela
✆ 05 63 41 89 50
www.tourisme-tarnagout.com
Ouvert toute l'année. Visite guidée.

Édifiée sur une motte féodale par Sicard d'Alaman, alors seigneur de Saint-Sulpice, cette ancienne forteresse du XIIIe siècle conserve peu de traces de son histoire féodale. Si la violence des guerres de Religion a eu raison de ses nombreux bâtiments, les ruines gardent l'empreinte de son architecture, dont une partie de la chapelle et du donjon, et surtout l'important souterrain creusé au milieu du Moyen Âge. On aime entendre les hôtesses de l'office de tourisme rappeler les heures de gloire de ce puissant château, ancien lieu d'influence.

HÔTEL LE COCAGNE** €€

1, avenue Rhin-et-Danube
✆ 05 63 41 10 90
www.hotel-cocagne.fr
Chambre simple dès 53 €, double dès 67 € et triple dès 78 €. Petit déjeuner 10 €. Terrasses privées ou communes.

En plein cœur du village, cet établissement dispose de nombreux arguments pour encourager votre venue, le plus important d'entre eux étant qu'il est facile d'accès. Seize chambres confortables et simples sont à votre disposition pour un séjour au calme dans un hôtel de taille humaine. La décoration est basique et sobre, les propriétaires ont fait le choix de miser sur l'authenticité et de réchauffer les lieux avec leur sourire plutôt qu'avec des couleurs pétantes. De l'établissement vous pourrez visiter les nombreux points d'intérêt des lieux alentour.

HÔTEL DOMAINE D'EN FARGOU**** €€€

Côte d'En Fargou ✆ 05 63 58 90 14
www.domaine-denfargou.com/fr/homepage
Chambre double 108 €-188 €. Petit déjeuner : 12 €. Service de ménage. Restauration. TV satellite. Bain bouillonnant.

Avec ses couleurs chaudes et son style si particulier, la demeure attire les regards avant même la porte passée. Logé au cœur de 2,5 ha de verdure, le domaine mêle avec brio authenticité et look contemporain. Derrière ce beau visage de façade, onze chambres attendent les clients des lieux, toutes possèdent leur propre caractère, leur identité. Personnalisées, elles jouent sur plusieurs ambiances : verrière atelier, couleurs naturelles, lumières chaudes, couleurs tendance...

L'AUBERGE DE LA POINTE €€

108, route de Toulouse
✆ 05 63 41 80 14
www.aubergedelapointe.fr
Ouvert du mercredi au dimanche le midi et du mercredi au samedi le soir. Carte : 42 € environ. Terrasse. Jardin.

Il a quelques années, le passionné Patrick Martin a pu réaliser son rêve et reprendre cet ancien relais de poste de Saint-Sulpice. Aujourd'hui, il en a fait une auberge gastronomique de haut niveau. Dans un cadre entièrement rénové, son équipe et lui vous reçoivent sur la terrasse ombragée en été et au coin de la cheminée en hiver. A table, il vous propose une cuisine raffinée et pleine de saveurs. Les thématiques culinaires gravitent autour de la terre, de la mer, mais surtout, autour du canard. L'ardoise est renouvelée au gré des saisons.

LE CARPODROME DU TARN-AGOUT

Base de loisirs de Ludolac
✆ 05 63 35 55 56
Ouvert toute l'année. Carte : 10 €, sans limite de validité.

Qu'est-ce qu'un carpodrome ? Il s'agit d'un lieu principalement dédié à la pêche à la carpe. Depuis 2007, le département du Tarn dispose de son carpodrome à l'initiative de la Communauté de communes Tarn-Agout, propriétaire des lieux. Celui-ci est organisé autour un étang de plus de 10 ha. On y pêche principalement à la canne au coup, à l'anglaise. On y accède toute l'année par le grand portail de l'entrée principale, au moyen d'une carte perforée.

LES RANDONNEES

✆ 05 63 41 89 50
www.tourisme-tarnagout.com
Accès libre.

Saint-Sulpice est embrassé par une mosaïque de paysages qui n'attendent qu'à être découverts. Ils sont sillonnés par de nombreux sentiers de randonnées balisés qui permettent d'approcher ses trésors naturels et patrimoniaux. Le Petit Futé a eu deux coups de cœur :

- **le sentier des Pays d'en haut** : il couvre 15 km et passe par Lugan, Azas et Saint-Sulpice
- **le sentier des plaines de l'Agout** : long de 6 km, il traverse Saint-Lieux-lès-Lavaur et la base de loisirs Ludolac

Toutes les informations sont disponibles à l'office de tourisme.

SALVAGNAC

Établi sur le circuit des Bastides, le pays salvagnacois sert d'écrin à huit communes paisibles : Montvalen, Tauriac, La Sauzière-Saint-Jean, Montgaillard, Saint-Urcisse, Beauvais-sur-Tescou, Montdurausse et, bien sûr, Salvagnac. Cette terre aux blés réputés, aux vignobles célèbres, aux lacs aménagés et aux chapelles dispersées, anciens lieux de rassemblement vers Saint-Jacques-de-Compostelle, recèle de trésors à découvrir et contempler. Adossée aux forêts de la Bouysse, de Sivens et de Grésigne, elle offre ses sites variés et pittoresques, et de nombreux sentiers de randonnées pédestres, équestres ou cyclistes, toujours très agréables.

CONSERVATOIRE DE L'OUTILLAGE DU PAYS DES BASTIDES

Les Barrières
✆ 05 63 33 55 07
Ouvert toute l'année sur rendez-vous et de mi-juin à mi-septembre tous les jeudis, samedis et dimanches de 14h30 à 18h.

Créé en 2002, ce musée a pour but de préserver la survie des ustensiles obsolètes ou encombrants mais témoins et mémoire de la vie de la campagne tarnaise. Outils agricoles, artisanaux, objets de la vie quotidienne et une évocation de l'école d'autrefois composent ce conservatoire implanté sur deux sites. Un brin de nostalgie et la redécouverte de gestes et de métiers perdus ceux d'agriculteurs, de tonneliers, de vignerons, de menuisiers, forgerons ou sabotiers.

OFFICE DE TOURISME DE SALVAGNAC

Le village ✆ 08 05 40 08 28
www.tourisme-vignoble-bastides.com/magasin/office-de-tourisme-accueil-de-salvagnac
Ouvert du 01/07 au 31/08 : du mardi au samedi de 10h à 12h et de 15h à 18h, le dimanche de 10h à 12h30.

Entre activités nature, sportives et culturelles, Salvagnac a beaucoup à offrir. Que vous séjourniez dans l'un de ses hôtels et gîtes ou simplement de passage, c'est une halte qui vous procurera son lot de sensations. Prenez le temps de découvrir ses paysages, ses espaces consacrés aux traditions locales, ses tables de qualité et ses producteurs, les véritables ambassadeurs des atouts gustatifs de la région. Pour ne rien oublier, rendez-vous à l'office de tourisme !

HÔTEL-RESTAURANT LE RELAIS DES DEUX VALLÉES** €

Grand-Rue ✆ 05 63 33 61 90
www.lerelaisdesdeuxvallees.fr
Chambre double de 55 € à 71 €. Demi-pension. Petit déjeuner : 8 €. Soirée-étape : 68 €. Restaurant.

C'est au cœur de ce village élu parmi les plus beaux de France que cet établissement vous accueille. Fort d'une longue expérience en cuisine gastronomique, Philippe Fermier est aux fourneaux. Il concocte des plats terroir pleins de bons produits. En salle, c'est son frère qui gère la valse des clients. Dans les étages, les dix chambres au mobilier rustique offrent, pour moitié, une vue imprenable sur les coteaux ou sur les Pyrénées. La grande terrasse dominant la vallée est magnifique.

DOMAINE LAGARRIGUE €€

462, route de Saint-Martin
✆ 05 63 57 20 35
www.domaine-lagarrigue.fr
Chambre double de 75 € à 85 € ; chambre triple de 95 € à 105 €. Gîte (en juillet/août) : de 2 300 à 2 700 € la semaine.

Ici, tout est axé sur votre confort : des chambres spacieuses aux couleurs chaudes et apaisantes, aménagées dans un style campagnard, offrent le confort nécessaire à votre repos. Un espace bien-être est situé dans une ancienne étable est accessible. Vous y profiterez de bains bouillonnants, de massages et de gommages corporels, ainsi que de nombreux soins énergétiques. Vous apprécierez aussi la tranquillité du jardin dans lequel on peut prendre le délicieux petit déjeuner, la fraîcheur de la piscine et l'ombre des arbres centenaires.

LA GUINGUETTE €€

Lac Les Sourigous
✆ 05 63 58 69 84
Ouvert toute l'année. Fermeture mardi et mercredi. Chèque Vacances, Chèque Restaurant. Terrasse. Animations.

Avec ce nom évocateur, vous ne serez pas surpris de découvrir sur les rives du lac Les Sourigous une adresse animée et conviviale. Les pieds dans l'eau, La Guinguette est l'établissement idéal pour un moment de détente bucolique. On s'installe sur la terrasse sur pilotis ou dans la belle salle vitrée ouverte sur le lac pour grignoter pizzas et tapas ou un menu complet. Il y a des oiseaux qui chantent, des poissons qui sautent de temps en temps, des cavaliers au loin... Et les vendredis et samedis soir, à La Guinguette c'est *dance floor*.

BRASSERIE OXIT

ZA La Rivière - **BEAUVAIS-SUR-TESCOU**
✆ 05 63 40 81 01
www.oxit.fr
Ouvert du lundi au samedi 9h30-12h30/14h30-18h30 (fermeture à 19h en haute saison). Vente. Espace bar et afterwork.

En 2021, Émilie et Damien ont célébré les quinze ans de leur brasserie tarnaise. Cette belle réussite du département est l'ambassadrice parfaite du savoir-faire local et de l'amour des bonnes choses. Blonde, blanche, ambrée brune, triple, IPA, bières de saison, il y en a pour tous les palais ! Depuis 2014, la brasserie propose également des gammes de boissons non alcoolisées (limonades artisanales, cola, thé pêche). En 2018, Oxit a déménagé dans des locaux plus adaptés à son succès. Ce nouvel espace accueille d'ailleurs une partie bar et afterwork.

BASE DE LOISIRS DES SOURIGOUS

Lac des Tasconis
✆ 05 63 33 57 84
Ouvert toute l'année. Accès gratuit.

Le lac des Tasconis est un espace naturel de détente et de loisirs où vous pourrez pêcher (cartes disponibles au bureau de tabac), pique-niquer, camper sur une aire naturelle, faire une partie de pétanque, jouer au volley, faire une randonnée, et profiter de l'aire de jeux pour les enfants. Le lac est aussi le départ de nombreuses randonnées équestres. Une guinguette avec terrasse sur le lac est ouverte tous les jours de mai à octobre. Attention, la baignade est interdite !

VAOUR

Développé entre les gorges de l'Aveyron et la vallée de la Vère, le village de Vaour mérite un arrêt. Connue pour son festival du rire, qui attire son lot de joyeux drilles, la cité possède une histoire intéressante qui a véritablement débuté au XIIe siècle avec sa création par les chevaliers du Temple. Les moines soldats furent séduits par son positionnement au milieu des voies de Saint-Antonin-Noble-Val à Gaillac et de Penne à Albi. De là, ils pouvaient aussi bénéficier d'un panorama couvrant les monts d'Auvergne, les Pyrénées, les Cévennes et les plaines de l'Albigeois. A voir : les ruines d'une commanderie templière et le dolmen de Peyrelade.

ANCIENNE COMMANDERIE DES TEMPLIERS ★

Ancienne commanderie ✆ 05 63 56 36 68
www.tourisme-tarn.com/patrimoine-culturel/commanderie-des-templiers
Accès libre. Gratuit. Visite guidée (groupe de 20 personnes minimum et sur rendez-vous).

Classée aux Monuments historiques en 1909, cette ancienne commanderie des Templiers repose sur une butte isolée du pays des Bastides. La maison forte rurale a été fondée en 1140 lorsque les chevaliers de Penne firent don d'un terrain à Pierre Humbert. On dénombrait seulement une dizaine de chevaliers, le reste s'était établi dans diverses dépendances de la région (Montricoux, Cahors…). Aujourd'hui, la commanderie accueille en résidence des troupes de théâtre toute l'année.

DOLMEN DE PEYRO LEVADO DIT « DE VAOUR » ★

Au carrefour des routes départementales D91 et D15
www.tourisme-tarn.com/patrimoine-culturel/statue-menhir-peyro-levado
Accès libre. Gratuit.

Le dolmen de Vaour est le monument mégalithique le plus visité du département du Tarn. Il se découvre à seulement 2 km de Vaour, en direction de Saint-Antonin. Sa popularité prend sa source à partir de plusieurs éléments. Déjà il s'agit du plus grand dolmen du Tarn, mesurant tout de même 4 mètres de long sur 2,90 de large. Ensuite c'est surtout le mieux conservé de la région. Classé monument historique, le dolmen est toujours debout, malgré plus de 5000 ans d'histoire.

PASSEPORT

ORGANISER SON SÉJOUR

Pour s'échapper de l'agitation de la ville, prendre l'air ou vivre un séjour sportif, le Tarn est une destination de choix. Nul doute qu'au fil de vos déambulations et de nos pages vous trouverez de quoi occuper pleinement vos journées. Mais où est-ce que les choses se situent au niveau pratique ? On est obligé de reconnaitre que le Tarn, en raison de ses nombreux reliefs, n'est pas le territoire le plus facile à joindre par la route. Heureusement il y a les airs et le rail ! Une fois sur place, vous pourrez vivre un séjour de rêve, avec ou sans guide. C'est l'une des grandes récompenses quand on pense à mettre son Petit Futé dans son sac ! Pour ne rien rater de ce qui se fait ou se passe sur place, on vous conseille de compléter nos pages avec un média local. En plus de vous renseigner sur l'actualité de la région et les événements qui s'y déroulent, il offrira à vos oreilles le bel accent tarnais.

S'Y RENDRE

Pour accéder au département du Tarn et à tous ses atouts, plusieurs options s'offrent à vous. Si les axes routiers sont nombreux, particulièrement depuis le Sud-Ouest et Toulouse, ils se font plus rares et difficiles en direction du Nord et de l'Est en raison des reliefs du parc naturel régional du Haut Languedoc et ceux des Grands Causses. La bonne nouvelle est que la présence de Toulouse, Narbonne et Montpellier à proximité garantit la possibilité de voyager par les airs, il faudra juste compléter son voyage avec une navette spéciale, une location de voiture ou un trajet en train. Là encore, le territoire assure la distance ! En effet, le réseau ferré tarnais est plutôt bien établi, il permet de rejoindre les quatre coins du département. Si le trajet est un peu long, il est toujours possible et récompensé ! Jetez un coup d'œil aux abonnements, ils sont rapidement très intéressants, notamment avec liO.

AÉROPORT DE CASTRES-MAZAMET

Le Causse
LABRUGUIÈRE
✆ 05 63 70 34 77
aeroport81.fr
Destination : Paris Orly. Parking gratuit (250 places). Location de véhicules. Taxis.

À proximité du site Le Causse/Espace d'entreprises, cet aéroport moderne créé dans les années 1990 offre un service de vols réguliers vers Paris-Orly (trois allers-retours par jour). La liaison aérienne Castres-Mazamet-Orly Ouest est effectuée avec un ATR 400 qui relie la capitale en 1h30 seulement ! Un succès pour cet aéroport opérationnel à l'international qui accueille aujourd'hui plus de 40 000 passagers par an. Parking gratuit et navettes en sus !

AÉROPORT DE TOULOUSE-BLAGNAC

✆ 08 25 38 00 00
www.toulouse.aeroport.fr

Situé à moins de 30 minutes de route du département du Tarn, l'aéroport Toulouse-Blagnac permet de rejoindre plusieurs destinations internationales et nationales en quelques heures. Il est très facile d'accéder à la gare de Toulouse Matabiau depuis le réseau ferré tarnais. Depuis la gare, le métro toulousain ou la navette de l'aéroport vous amènera jusqu'à l'aéroport de Toulouse-Blagnac en quelques minutes. Facile d'accès et bien aménagé, c'est une solution pratique pour voyager.

GARE SNCF D'ALBI-VILLE

Place Stalingrad - **ALBI** ✆ 36 35
www.gares-sncf.com
Ouvert du lundi au vendredi de 5h25 à 21h ; le samedi de 6h à 21h ; le dimanche et les jours fériés de 6h50 à 21h.

Située sur la rive gauche du Tarn, place Stalingrad, la gare d'Albi-Ville (anciennement Albi-Orléans) est desservie par plusieurs lignes régionales. Vous pouvez ainsi facilement rejoindre cette gare à partir de Rodez, de Toulouse ou encore de Montauban. L'accueil est assuré tous les jours et de nombreux services vous y attendent : billetterie, connexion avec un service de bus, dépose-minute, parking et taxis mais aussi distributeur de presse, photocopieurs, photos d'identité... L'espace accueil a été rénové il y a trois ans pour optimiser le confort des voyageurs.

GARE SNCF DE CASTRES

108, avenue Albert-Ier
CASTRES
✆ 36 35
www.gares-sncf.com
Ouvert du lundi au vendredi de 5h20 à 22h10 ; le week-end et les jours fériés de 7h20 à 22h10.

Cette gare a vu arriver le premier train en provenance de Castelnaudary le 16 avril 1865. On peut la rejoindre aujourd'hui grâce à des lignes régionales qui partent de Toulouse, Mazamet et Saint-Sulpice. Le service est assuré par le rail mais aussi par la route, avec des autobus du réseau liO81. Un parking accueillant voitures et vélos est disponible. Vous y trouverez également un distributeur de presse ainsi qu'un équipement «Power & Station» qui vous propose de recharger votre téléphone et de surfer sur le Net en pédalant !

SÉJOURS ET CIRCUITS

Maintenant que vous êtes arrivé dans le Tarn, il ne vous reste plus qu'à vous aventurer dans ses rues, ses campagnes et ses montagnes. Dans nos pages, vous trouverez de nombreuses idées d'arrêts à réaliser dans le département. Et il y a du choix ! Le territoire est riche d'une mosaïque de paysages étonnante et de nombreux petits villages de caractère. C'est aussi un département à l'histoire passionnante, rythmée par les affrontements religieux et la révolution industrielle. Pour mieux découvrir ces aspects, des circuits guidés sont envisageables. Dans une ambiance généralement très conviviale, au milieu de la nature ou dans les rues des plus grandes villes tarnaises, ils vous conduisent à la découverte des autres facettes du territoire. Reposez vos jambes et partez en bateau traditionnel ou en train au cœur du département. Albi, Castres, le Pays de Cocagne... : les idées de visite sont variées !

CHEMIN DE FER TOURISTIQUE DU TARN

Gare des Jardins des Martels
SAINT-LIEUX-LÈS-LAVAUR © 05 61 47 44 52
www.cftt.org
Du 1/04 au 30/06 et du 5/09 au 24/10 : tous les dimanches et fêtes. Du 4/07 au 04/09 : tous les jours sauf le samedi.

Cette association propose un voyage dans le temps à bord d'un authentique tortillard d'époque. Durant une heure, trains à vapeur ou diesel empruntent la voie ferrée jusqu'au terminus des Martels, sillonnant le viaduc de l'Agout, le bois de la Garigole et la colline de Giroussens au départ du village de Saint-Lieux-lès-Lavaur. Une belle façon de découvrir le Pays de Cocagne. On visite également le musée vivant du Chemin de fer et ses locomotives classées aux Monuments historiques.

LE PETIT TRAIN TOURISTIQUE ALBIGEOIS

Place Sainte-Cecile - **ALBI** © 05 63 36 36 00
www.albi-tourisme.fr/fr/le-petit-train-touristique-albigeois
Du 2/06 au 31/12 : du mercredi au dimanche de 10h à 18h15. Gratuit jusqu'à 5 ans. Adulte : 8€. Enfant : 5€ (5 à 12 ans).

C'est depuis la place de la Pile, face à la cathédrale Sainte-Cécile, que le Petit Train démarre sa course à travers Albi. Pendant 40 min, la machine sillonne les rues albigeoises et vous emmène à la découverte de son centre historique et de son patrimoine. A la fois paisible, ludique et culturelle, cette visite permet de découvrir rapidement la beauté des lieux. Ce sera aussi l'occasion d'en apprendre plus sur l'Histoire grâce aux commentaires diffusés à bord.

LE COCHE D'EAU «LE MIREDAMES»

Embarcadères : Pont Vieux et parc de la Gourjade - **CASTRES** © 05 63 71 58 58
Ouvert de mai à septembre. Nocturnes en été. Horaire en ligne. Gratuit jusqu'à 4 ans. Adulte : 4€ (6€ l'aller-retour).

Le Miredames, c'est un bateau-promenade tout en bois, construit en 1990 sur le modèle des anciennes diligences fluviales. Il propose une escapade entre le centre-ville et le parc de Gourjade, le long des berges de l'Agout. Une visite de Castres de 40 minutes aller-retour, qui permet de profiter de la fraîcheur tout en admirant les anciennes maisons polychromes des tanneurs, les jardins situés le long de la rivière et les canards qui s'ébrouent joyeusement tout au long du chemin.

PROMENADE EN GABARRE - ALBI CROISIÈRES

ALBI © 05 63 43 59 63
www.albi-tourisme.fr/fr/promenade-en-gabarre-albi-croisieres
Ouvert du 4/07/21 au 31/10/21. Gratuit jusqu'à 3 ans. Adulte : 7,50 €. Enfant (de 3 à 12 ans) : 5 €. Visite guidée.

Voilà une bien belle façon de découvrir le paysage albigeois ! Ces gabarres en bois, prénommées *L'Hirondelle* et *Les Copains d'abord*, vous conduisent au fil du Tarn, à la découverte d'Albi et sa région. A travers différentes formules adaptées à vos envies vous pourrez découvrir le patrimoine de la ville, la rivière sauvage, sa faune et sa flore... Enfin, pour une pause-déjeuner détente, la gabarre vous entraîne sur les flots de 12h30 à 14h dans sa balade Pique-nique sur l'eau.

SE DÉPLACER

Si votre arrivée dans le Tarn est le fait de train, d'avion ou encore de bus, vos déplacements sur le territoire pourront être réalisés grâce au réseau public. Si vous préférez privilégier les transports en commun à la location de voiture, par soucis écologique ou simplement pour éviter le stress du stationnement, vous pourrez compter sur de nombreux réseaux. Le plus important d'entre eux est LiO, un service régional des transports collectifs unique comprenant différents modes de transports (bus, Ter, TAD) sur l'ensemble de la région Occitanie. On n'oublie pas les navettes aéroport qui assurent la liaison avec l'aéroport internationale de Toulouse. Plusieurs villes tarnaises possèdent également leur propre réseau de transport publics, on pense notamment à Grand Albigeois, dans l'agglomération d'Albi, et Libellus, du côté de Castres. Pensez à demander la carte Pastel, elle vous garantira de belles réductions !

AÉROPORT EXPRESS

ALBI
✆ 06 88 38 23 27
www.aeroport-express.fr

7j/7 et 24h/24. Transferts et excursions au départ ou à destination de l'aéroport Toulouse-Blagnac. Devis en ligne.

Ce service de navette d'aéroport est proposé par un natif de la région, Vincent Maigret. Depuis 1986, ses équipes et lui assurent le transfert depuis et vers l'aéroport Toulouse Blagnac. Une liaison réalisable tous les jours et à toutes heures, un vrai luxe quand on sait à quel point la cité albigeoise et ses alentours sont parfois isolés. Le service est adaptable aux personnes à mobilité réduite et peut également être réservé pour la prise en charge de groupes associatifs, familiaux, de spectacles, etc. L'entreprise dispose de monospaces et de minibus.

GRAND ALBIGEOIS

ALBI
✆ 05 63 76 06 06
www.grand-albigeois.fr

Horaires et plans en ligne. Billet unitaire : 1,10€. Carte «Pastel».

Grand Albigeois est le réseau de transport public de l'agglomération d'Albi. En plus d'assurer le transport scolaire à l'aide d'autocars adaptés, il permet aux résidents et aux visiteurs de traverser la ville facilement. Le réseau assure aussi le fonctionnement de lignes temporaires, notamment lors de manifestations culturelles, et de TAD (Transport à la Demande). Les tarifs, très accessibles, peuvent être réduits à l'aide de cartes et abonnements. Conseil Futé : si vous emménagez dans la région, pensez à prendre la carte Pastel !

LIBELLUS

8, rue Soult
CASTRES
www.castres-mazamet.fr/lignes-regulieres

Horaires et plans en ligne. Gratuit pour tous.

Ce réseau de transport urbain vous propose 11 lignes de bus qui sillonnent tout le centre-ville de Castres, de la gare à la base de loisirs de la Borde Basse, et même jusqu'à Mazamet. Un service Libellus Chrono qui traverse la ville en un temps record est aussi possible. Ce réseau est également un bon exemple de la volonté de la ville et de l'agglomération de poursuivre la transition vers l'électrique. Les services municipaux sont dotés d'un certain nombre de modèles et Libellus suit le même mouvement. Une nouvelle phase hybride est en cours de mise en ligne.

LIO

14, rue Jean Henri Fabre
ALBI
✆ 08 06 99 00 81
lio.laregion.fr

Horaires en ligne. Ticket unitaire : 2€. Carnet 10 voyages : 15€.

Les lignes intermodales d'Occitanie, de leur petit nom « Lio », sont le nouveau réseau de transport en commun de la région Occitanie. Inauguré en septembre 2018, en remplacement des réseaux départementaux existants, il intègre également le réseau TER Occitanie. Au total, Lio est composé de plus de trois cents lignes régulières d'autocars, ainsi que vingt lignes de TER, des services de transport à la demande dans six départements ainsi que plusieurs centaines de lignes scolaires. Parmi les arrêts : Albi, Castres, Gaillac, Carmaux, Lacaune...

S'INFORMER

S'offrir un séjour ressourçant dans le Tarn, loin de l'agitation de la grande ville, ne signifie pas forcément se détacher de la réalité et de l'actualité. Pour se tenir au courant de tout ce qui se passe au niveau international, national et surtout local, différents supports sont à disposition (radio, internet, presse écrite). Adaptés au goût de chacun, ces médias forment un relai qui permet de suivre ce qui se passe ou ce qu'on peut attendre du calendrier. Accéder à l'un d'entre eux vous permettra de ne pas avoir de mauvaise surprise, mais aussi de découvrir des choses qui vous étaient inconnues. On pense surtout aux médias locaux qui vous livreront en quelques mots des informations sur les fêtes de village, les traditions locales, les concerts programmés... C'est aussi une merveilleuse façon de découvrir la culture locale, le vocabulaire du cru et d'obtenir quelques adresses gourmandes.

100 % RADIO

30, boulevard du Thoré
AUSSILLON
✆ 08 92 70 16 01
www.centpourcent.com
Albi, Auch et Carcassonne. Web radio.

Cette station populaire a été créée par Olivier Fabre et Jacques Iribarren et tire, depuis sa création, sa fierté de son public local. Au point que la programmation de la radio est principalement tournée vers le département et la région. Les journaux d'informations côtoient des magazines people, musique et web mais ce sont surtout les événements locaux qui trouvent une résonance à l'antenne. La radio est le relais des manifestations culturelles locales et ses ondes battent au rythme de l'actualité du département. Une vraie réussite !

CFM CORDES

2, Grand rue de l'Horloge
CORDES-SUR-CIEL
✆ 05 63 56 63 15
cfmradio.fr/radios/cfm-cordes
Fréquence : 94.7 MHz.

Écouter CFM, c'est vivre sa vie sur fond de musique rythmée et de magazines instructifs. La station de Cordes-sur-Ciel ne fait pas exception ! La version tarnaise de cette radio diffuse les émissions de la grille nationale ainsi que des programmes spécifiques au département. Ces informations et actualités sont particulièrement développées au sein du Mag 81, du lundi au vendredi en direct à 12h (rediffusion à 17h). Lors de votre séjour dans le département, allumez la radio et tendez l'oreille, vous recevrez des infos utiles et des idées pour faciliter vos vacances.

LE JOURNAL D'ICI

14, rue Mahuziès - **CASTRES**
✆ 05 63 51 49 49
www.lejournaldici.com
Le jeudi. Abonnement d'un an : 54 € en version numérique, 64 € en version papier, 80 € offre combinée.

Cet hebdomadaire de proximité est né le 4 septembre 2003 dans le but de donner une nouvelle voix à l'actualité tarnaise, et particulièrement celle du bassin sud tarnais, où il est le leader en matière d'information. En vente tous les jeudis, la publication communique sur la vie locale, met en avant les événements du département et propose à la lecture des reportages de fonds et des portraits de personnalités du coin. Des suppléments sont ajoutés plusieurs fois par an, tels que le *Mag de l'été* (tourisme), *Maison habitat (décoration)*, *Temps de vivre* (seniors)...

OXYTANIE

MARSSAC-SUR-TARN
oxytanie.com
7,90€ le numéro. Abonnement annuel : 28€.

Ce magazine local s'adresse aussi bien aux habitants de la région Occitanie qu'aux touristes ! Engagé, il se veut local jusqu'à sa fabrication, qui traite de développement durable, d'écologie, d'engagement et du bio. Hors des sentiers battus, ils explorent la région à la rencontre des acteurs de nouvelles initiatives pour proposer, chaque trimestre, des reportages, des portraits, mais aussi des décryptages et des infos utiles. *Oxytanie* est un magazine qui prend de la hauteur et qui prend son temps avec des reportages long-format.

VERSION NUMÉRIQUE OFFERTE

Obtenez votre guide numérique en scannant ce QR code

ou rendez-vous sur le site **www.ebookfute.com** avec le code avantage

L2S9QF

OFFRE VALABLE JUSQU'À L'ARRÊT DE COMMERCIALISATION DU TITRE EN FRANCE MÉTROPOLITAINE ET DANS LE MONDE ET SOUS RÉSERVE QUE LE NOMBRE DE TÉLÉCHARGEMENTS SOIT INFÉRIEUR

RADIO ALBIGÉS

36, square Bonaparte
ALBI
✆ 05 63 60 60 36
www.radioalbiges.com
Fréquences : 95.4 et 104.2.

Radio Albigés compose avec le traditionnel et le contemporain, tout en conservant son rôle de radio libre, indépendante et non commerciale. Sur ses ondes, vous aurez le loisir de suivre l'information mais aussi d'entendre de l'occitan, de la chanson française, du jazz, du rap, du métal, du rock, du hip-hop, du reggae... Les programmes culturels sont animés par l'équipe de bénévoles de la Radio Albigés, d'ailleurs cette station ouverte à tous est toujours à l'affût de nouveaux participants pour ses ateliers radiophoniques ou assurer l'animation.

RADIO CAGNAC

41, rue André-Raust
CAGNAC-LES-MINES
✆ 05 63 56 23 23
www.radiocagnac.fr
Fréquences : 94.4 et 96 FM.

Radio Cagnac, c'est la radio du coin, celle que l'on écoute en écossant les petits pois ou en faisant ses confitures ! Très terroir, elle met l'accordéon et la chanson française à l'honneur. On imagine bien, avec facilité et humour, Maurice et Ginette qui ne ratent pas une émission, installés confortablement dans leurs transats. Evidemment, les fréquences ne se limitent pas à ça. Le média met aussi à l'honneur les musiques folkloriques comme le flamenco, le copla et autres airs populaires d'Espagne et d'ailleurs. C'est la radio à mettre pour s'évader !

RADIO LACAUNE

LACAUNE
✆ 05 63 37 24 10
www.radiolacaune.fr
Fréquences : 89.2 FM à Lacaune et 106.2 FM à Murat.

Cette station Pop-Rock est le moyen idéal de débuter la journée de bonne humeur et informé des actualités du département. Émise sur les Mont de Lacaune, cette radio associative est « la voix de vos montagnes ». Sur ses ondes, elle développe des émissions en direct, diffuse de la musique, crée des échanges avec ses auditeurs. En plus de jouer le rôle de relais d'information, particulièrement locale, Radio Lacaune transmet des éléments sur les annonces associatives, échange avec les associations locales et se met en relation avec les structures du territoire.

RADIO MENERGY

L'Hermet - **LESCURE-D'ALBIGEOIS**
✆ 05 63 60 68 68
www.radiomenergy.fr
Fréquences : Albi 90.3, Castres 95.0, Mazamet 100.5, Gaillac 89.5, Carmaux 94.3.

Cette radio associative possède un public assez jeune qui se réjouit de découvrir sur ses ondes des musiques des années 80's à aujourd'hui. Ces plages musicales variées sont ponctuées de flashs d'informations consacrés aux actualités des départements de l'Aveyron et du Tarn, territoires couverts sur la bande FM par la station. Cette formule tournée vers la vie locale porte ses fruits, puisque le nombre d'auditeurs ne cesse d'augmenter. Ses magazines, journaux, tubes ainsi que le direct sont disponibles sur son site Internet, pour une écoute sans limites.

LE TARN LIBRE

Rue Alain-Colas - **ALBI**
✆ 05 63 48 75 48
www.letarnlibre.com
Hebdomadaire. 1,30€ le numéro. Abonnement d'un an (version papier + version numérique) : 77 €.

Le *Tarn Libre* est un monument de la presse tarnaise : cet hebdomadaire a vu le jour en 1835 ! Créé sous le titre *Journal du Tarn*, ce bulletin est l'un des plus anciens de France. Comme son intitulé l'indique, ce journal relate en priorité l'actualité tarnaise, mais il s'intéresse aussi à une partie du Tarn-et-Garonne et de l'Aveyron. Tous les vendredis, les lecteurs pourront découvrir un cahier d'informations départementales, un cahier d'informations locales et un cahier loisirs pour comprendre leur vie locale et profiter au mieux de son offre de divertissements.

WWW.TOURISME-TARN.COM

ALBI
✆ 05 63 77 32 10
www.tourisme-tarn.com

Ce site d'information bien renseigné est l'outil indispensable pour passer d'excellents séjours dans le département. Animé par le comité départemental du tourisme, il présente de manière exhaustive le territoire, ses commerces et ses points forts. Toutes les questions trouvent réponses : Où manger ? Dormir ? Quoi faire ? Quand ? Ici, on vous parle autant de musées que de spots de pêche ! Les mises à jour sont régulières et le support web est très pédagogique. Besoin d'inspiration ? Laissez-vous guider par leurs recommandations et leurs conseils.

INDEX

100 % RADIO 185

A

ABBAYE SAINT-BENOÎT-D'EN-CALCAT 129
ABBAYE SAINT-MICHEL 161
ABBAYE SAINTE-SCHOLASTIQUE . 129
ACTHÉA 7
AÉROPORT DE CASTRES-MAZAMET 182
AÉROPORT DE TOULOUSE-BLAGNAC 182
AÉROPORT EXPRESS 184
ALBAN 73
ALBIRONDACK LODGE ET SPA*** .. 59
ALBI ★★★ 53
ALBY FOIE GRAS 69
ALCHIMY 63
ALTISSIMO ALBI 71
AMAPOLA KITCHEN & COFFEE 62
AMBIALET 74
AMBROISIE 14, 63
ANCIENNE COMMANDERIE DES TEMPLIERS 179
ANGOLAINE 142
APIS VINAEGRIA 75
APPART-HÔTEL-ALBI 62
AQUAMONTS 96
AQUAVAL 137
ARCHÉOCRYPTE DE SAINTE-SIGOLÈNE 53
ARGENTINA 7
ARIANNE.G VOYANCE 71
ART BRUT : ATELIER DE LA PEYRO CLABADO 111
ASSOCIATION ARTS, TERRE, COULEURS EN SORÈZOIS 147
ATMOSPH'AIR MONTGOLFIÈRES OCCITANES 16, 71
AU CABANON DE PUYCELSI 173
AU HIBOU 65
AU JARDIN DES SAVEURS 160
AU MAS DES CALMETTES 132
AU MOULIN À CAFÉ 69
AU VIEUX CHANTIER 110
AU VILAIN PETIT CORDAIS 161
AUBERGE DE LA HALLE 160
AUBERGE DU RELAIS CATHARE .. 140
AUBERGE DU TILLEUL 84
AUX COULEURS GOURMANDES 108
AUX PETITS CHEFS GOURMANDS 175
AUX SAVEURS DE L'AUTAN 119
AUX VENTS D'ANGES 155
AVENTURE PARC 95

B

B.SUSHI 108
BAMBOO SUSHI 63
BASE DE CANOË-KAYAK D'AMBIALET 76
BASE DE LOISIRS D'AIGUELÈZE .. 161
BASE DE LOISIRS DE CANTEPAU ... 53
BASE DE LOISIRS DE LA ROUCARIÉ 78
BASE DE LOISIRS DE PRATGRAUSSALS 53
BASE DE LOISIRS DE SAINT FERREOL 147
BASE DE LOISIRS DES SOURIGOUS 178
BASE DE LOISIRS DU LAC DU LAOUZAS 94
BASE DE LOISIRS LE GARISSOU .. 156
BASE DE LOISIRS VÉRE GRÉSIGNE 154
BASE NAUTIQUE DU LAC DES MONTAGNÈS 121
BELLEGARDE 139
BISTROT DES HALLES 108
BISTROT LA TOURANGELLE 78
BISTROT SAVEURS 14, 111
BLEU PASTEL 163
BOUTIQUE ARTISANALE L'ART ET LA MATIÈRE 100
BOWLING D'ALBI 72
BRASSAC 84
BRASSERIE LA RENAISSANCE ... 175
BRASSERIE M 115
BRASSERIE OXIT 178
BUREAU D'INFORMATION TOURISTIQUE DE DOURGNE 129
BUREAU D'INFORMATION TOURISTIQUE DE LACAZE 86
BUREAU D'INFORMATION TOURISTIQUE DE MURAT 92
BUREAU D'INFORMATION TOURISTIQUE DE PENNE 172
BUREAU D'INFORMATION TOURISTIQUE DE ROQUECOURBE 124
BUREAU D'INFORMATION TOURISTIQUE DE SORÈZE 148
BUREAU D'INFORMATION TOURISTIQUE DU LAOUZAS 94
BUREAU D'INFORMATION TOURISTIQUE 123

C

CAFÉ DE PARIS 86
CAFE DU CENTRE 120
CAHUZAC-SUR-VÈRE 154
CAMMARC 158
CAMPANILE ALBI*** 59
CAMPING-BASE DE LOISIRS «LA FORÊT»*** 96
CAMPING CAMP VALLÉE DU TARN 75
CAMPING DE GOURJADE*** 104
CAMPING DES SOURCES CHAUDES**** 89
CAMPING DOMAINE LACANAL** ... 95
CAMPING LA RIGOLE**** 131
CAMPING LA VALLÉE DU THORÉ** 117
CAMPING LE JARDIN*** 87
CAMPING LE SOLEIL DES BASTIDES 155
CAMPING LES FÉES DU LAC*** ... 95
CAMPING LES MONTS D'ALBI**** . 80
CAMPING MUNICIPAL DE LA LAUZE*** 118
CAMPING MUNICIPAL DES SOURCES*** 164
CAMPING MUNICIPAL LA BÂTISSE** 145
CAMPING MUNICIPAL LA LANDE** 85
CAMPING MUNICIPAL LES ADRETS 92
CAMPING MUNICIPAL TRAVERS DE ST-STAPIN 129
CANTINA CHEZ ETCHE 170
CAP' DÉCOUVERTE 76
CARMAUX ★ 76
CARNAVAL D'ALBI 6, 47
CARNAVAL VÉNITIEN DE CASTRES 6, 47
CARRIÈRE DU SIDOBRE 86
CASCARBAR 64
CASINO DE LACAUNE 92
CASTELNAU-DE-MONTMIRAL 153
CASTRES ★ 100
CATHÉDRALE SAINT-ALAIN DE LAVAUR 138
CATHÉDRALE SAINTE-CÉCILE 54
CAVE LE CELLIER 70
CENTRE CÉRAMIQUE DE GIROUSSENS 132
CENTRE D'ART LE LAIT 55
CENTRE D'INTERPRETATION DES STATUES-MENHIRS 92
CENTRE DE VACANCES ET DE LOISIRS DES CLAUZELS 159
CENTRE NATIONAL ET MUSÉE JEAN JAURÈS 103
CERAC - ARCHÉOPOLE 101
CFM CORDES 185
CHAI LES JUMEAUX 111
CHAMBRE D'HÔTES D'OMS 85
CHAMBRES D'HÔTES AMBELS 75

CHAMBRES D'HÔTES DE CADALEN 135
CHAMBRES D'HÔTES L'EMBELLIE 59
CHAMBRES D'HÔTES LA PREMIÈRE VIGNE 173
CHAMPEAUBOIS 148
CHAMPS DU SUD 111
CHAPELLE NOTRE-DAME-DE-GRACE 174
CHAPELLE NOTRE-DAME-DE-RUFFIS 122
CHARCUTERIE MILLAS 93
CHÂTEAU-MUSÉE DE MAGRIN 142
CHÂTEAU-MUSÉE DU CAYLA 154
CHÂTEAU BALSAMINE 167
CHÂTEAU DE CALMELS 90
CHÂTEAU DE CASTELFRANC 122
CHÂTEAU DE FONCOUSSIÈRES ... 174
CHÂTEAU DE GRANDVAL 80
CHÂTEAU DE MAURIAC 15, 154
CHÂTEAU DE MONTREDON 122
CHÂTEAU DE RHODES 167
CHÂTEAU DE TAUZIÈS 166
CHÂTEAU DU VERGNET 140
CHÂTEAU ET PARC DE FOUCAUD 162
CHÂTEAU LARROZE 15, 155
CHEMIN D'INTERPRETATION DES MILIEUX NATURELS 87
CHEMIN DE FER TOURISTIQUE DU TARN 146, 183
CHEZ DELPHINE 173
CHEZ FERNAND 166
CHEZ GENEVIÈVE ET RICHARD 75
CHEZ GERMAINE 166
CHEZ JOHN 141
CHEZ LES ENFANTS DU MEUNIER 85
CHEZ MARTINE 77
CHEZ NINNIE 96
CHOCOLATERIE THURIES 68
CIRCUIT D'ALBI 71
CIRCUIT DES TROIS LACS 134
CITADELLE DE LAGARDE VIAUR ... 76
CITY FUN 113
CLOS ROCAILLEUX 156
COCO JAZZ 6
COL DE PICOTALEN - RANDONNÉE NORDIQUE 91
COLLÉGIALE SAINT-RÉMY 134
COLVERTS DE SABOURNAC 144
CONSERVATOIRE D'ESPÈCES FRUITIÈRES ET DE VIGNES 172
CONSERVATOIRE DE L'OUTILLAGE DU PAYS DES BASTIDES 177
CORDES-SUR-CIEL ★★★ ..156
CORRIDA DE L'ÉPIPHANIE 6
CRÉATIONS MISS TERRE 156
CUQ EN TERRASSES - RESTAURANT GOURMAND 144

D

DÉLICES D'ASIE 108
DISTILLERIE ARTISANALE CAZOTTES 70
DISTILLERIE CASTAN 70
DOLMEN DE PEYRO LEVADO DIT «DE VAOUR» 179
DOMAINE D'AILLOT 133
DOMAINE D'EN BALEUX 115
DOMAINE D'EN NAUDET 139
DOMAINE D'EN SEGUR 141
DOMAINE DE CANTO PERLIC 167
DOMAINE DE LA VIVARIÉ 104
DOMAINE DE LABARTHE 168
DOMAINE DE LALANDE 136
DOMAINE DE LARROQUE 161
DOMAINE DE PERCHES 164
DOMAINE DE SANBATAN 171
DOMAINE DU BUC 164
DOMAINE DU CHATEAU LASTOURS 171
DOMAINE EN BÉRAIL DE SAINT-LOUP 143
DOMAINE GAYRARD 161
DOMAINE LAGARRIGUE 178
DOMAINE LE CASTELET 107
DOMAINE LES CLOTS*** 77
DOMAINE LES MIQUELS 153
DOMAINE PLAGEOLES 156
DOUCEURS DU PALAIS 120
DOURGNE 129
DURFORT 130

E

EAU MONT ROUCOUS 90
ÉGLISE DE SAINT-SULPICE 175
ÉGLISE NOTRE-DAME-DU-BOURG 174
ÉGLISE NOTRE-DAME DE L'ASSOMPTION 153
ÉGLISE PAROISSIALE NOTRE-DAME-D'ALBAN 73
ÉGLISE SAINT-FRANÇOIS 138
ÉGLISE SAINT-MICHEL 157
ÉGLISE SAINTE-MADELEINE 55
ELSAIL 154
EN AZÉMAR 130
ESPACE ATLANTIS 72
ESPACE DES MÉTIERS D'AUTREFOIS 176
ESPACE DES SOURCES CHAUDES 16, 91
ESPACE JEAN JAURÈS - PAMPELONNE 76
ESPACE PATRIMOINE « LES CHARTREUX » 101
ESPACE PHOTOGRAPHIQUE ARTHUR-BATUT 115
EUROPE HÔTEL*** 15, 105

F

FABUL'HOUSE GITE URBAIN D'ETAPE 58
FERME-AUBERGE LES CHÊNES .. 173
FERME ANIMALIÈRE DE BELLEVUE 78
FERME D'EN GOUT 130
FERME DE BELLEGARDE 145
FERME DE BONICARDE 112
FERME DE SÉJOUR D'EN RIVES .. 130
FESTIVAL DES ŒILLADES 7
FESTIVAL MUSIQUE SUR CIEL 48
FESTIVAL PAPILLONNEZ 7
FESTIVAL PAUSE GUITARE 6, 48
FESTIVAL TONS VOISINS 7
FÊTE DE L'AIL ROSE 48
FÊTE DE LA CHARCUTERIE 47
FÊTE DU ROMARIN DOURGNE 6
FILATURE RAMOND 87
FOIRE AGRICOLE DE RÉALMONT 7
FONDERIE DE BRONZE LAURAGAISE 143
FONTAINE DU GRIFFOUL 162
FORTERESSE DE PENNE 172

G

GAEC LES PAULINÉTOISES 74
GAILLAC ★ 161
GALERIE DES PANIERS 84
GARE SNCF D'ALBI-VILLE 182
GARE SNCF DE CASTRES 182
GIROUSSENS 132
GÎTE DE CAMBERT 93
GÎTE LA SAGETIE 79
GÎTE SAINT MARTIAL 146
GITES VILLA ROBINSON 118
GOLF D'ALBI LASBORDES 72
GOLF DE CASTRES-GOURJADE ... 112
GOLF DE MAZAMET LA BAROUGE . 121
GOLF ETANGS DE FIAC 142
GOUTTE D'Ô 94
GRAND ALBIGEOIS 58, 184
GRAND HÔTEL D'ORLÉANS*** 60
GRAULHET 133
GUEST HOUSE LA VILLAE 117

H

HERYTAGE 68
HOSTELLERIE DES LAURIERS** ... 75
HOSTELLERIE DU VIEUX CORDES . 160
HOSTELLERIE DU VIGAN*** 60
HÔTEL-RESTAURANT À LA MAISON 90
HÔTEL-RESTAURANT CAP DE CASTEL 143
HÔTEL-RESTAURANT DE LA MONTAGNE NOIRE 130

HÔTEL-RESTAURANT DE LA POSTE 174
HÔTEL-RESTAURANT DU LION D'OR 163
HÔTEL-RESTAURANT LA BOMBARDIÈRE*** 143
HÔTEL-RESTAURANT LA DEMEURE DE FLORE*** 114
HÔTEL-RESTAURANT LE RELAIS DE FUSIÈS*** 90
HÔTEL-RESTAURANT LE RELAIS DES DEUX VALLÉES**. 178
HÔTEL-RESTAURANT LOU CASTEL 95
HÔTEL-RESTAURANT METS ET PLAISIRS........... 14, 120
HÔTEL DELGA - MAISON D'HÔTES. 164
HÔTEL DOMAINE D'EN FARGOU**** 177
HÔTEL LA RÉSERVE***** 62
HÔTEL LA TOUR DE CIRON 77
HÔTEL LAPEROUSE DES CORDELIERS** 60
HÔTEL LE COCAGNE** 176
HÔTEL LES PASTELIERS** 60
HÔTEL PIERRE DE BRENS 162
HOTEL RIVE DROITE*** 61
HÔTEL RIVIÈRE** 104
HÔTELS PARTICULIERS.......... 101

I

ITINERANCE VTT................ 124

J

JARDIN DE L'ÉVÊCHÉ 101
JARDIN DE LA RIVIÈRE 133
JARDINERIE TARNAISE 112
JARDINS DES MARTELS 132

L

L'ABBAYE-ÉCOLE DE SORÈZE 147
L'ABSINTHE.................... 107
L'ACCORD DIVIN 141
L'ACCORD PARFAIT.............. 140
L'AFFABLE 131
L'AFTERWORK DU MÉGISSIER.... 133
L'ALBINQUE.................... 104
L'ALIBI......................... 59
L'ANCIEN PALAIS EPISCOPAL..... 100
L'ARCHÉOSITE.................. 169
L'AROMATE...................... 62
L'ARTISAN PASTELLIER........... 69
L'ARTIST 107
L'ATELIER DU SABOTIER 137
L'ATMOSPHÈRE................... 64
L'AUBERGE DE LA POINTE 177
L'AUBERGE DES SALVAGES....... 108
L'AUBERGE OCCITANE 80
L'ÉCHAPPÉE VERTE D'ALBI 72
L'ECHAUGUETTE................ 132
L'ELIXIR DE JOUVENCE........... 90
L'ÉPICURIEN 65
L'ESCUELLE DES CHEVALIERS ... 160
L'ÉTABLE À ROUSSETTE 119
L'ÉTAPE DES MENHIRS........... 93
L'ÉTÉ DE VAOUR 6, 48
L'ÉTRIER DE LA MONTAGNE NOIRE......................... 131
L'HOSTELLERIE D'OC............ 109
L'HUBERT...................... 134
L'IMPÉRIAL 146
L'ISPIENS...................... 166
L'ŒUF DE COQ 140
L'ORÉE DES BOIS 104
L'OUSTAL DE PASCAL............. 73
L'OUSTAL 96
LA BIBLIOTÈCA.................. 96
LA BONNE AUBERGE............ 155
LA BONNE MAISON 64
LA BOURIETTE DU BOUT DU PONT 117
LA BRASSERIE DE L'EUROPE.... 109
LA CABANE DU VIGNERON....... 158
LA CASE NATURE................ 87
LA CATHÉDRALE SAINT-BENOÎT .. 101
LA CAVE DE GAILLAC - CHÂTEAU VIGNÉ-LOURAC....69, 168
LA CAVE DE GAILLAC............ 70
LA CHAPELLE SAINT-JACQUES.... 78
LA CITÉ ÉPISCOPALE D'ALBI EN AUDIOGUIDE 55
LA CLEF DES VINS 70
LA COLLÉGIALE ET LE CLOÎTRE SAINT-SALVI 55
LA COLOC...................... 134
LA CRÊPERIE DU COIN 107
LA FERME AU VILLAGE.......... 137
LA FERME DANS L'ASSIETTE 136
LA FERME DE LAS CASES 144
LA FERME DE VALEYRES 171
LA FÊTE DES VINS DE GAILLAC.................. 6, 47
LA FLAMBÉE ITALIENNE 146
LA FRÉJADE 170
LA GARRIGUE - CHEZ MICHEL..... 85
LA GOURMANDINE.............. 141
LA GRANGE AUX ÂNES 85
LA GRILLADE.................. 109
LA GUINGUETTE 178
LA HALLE AUX TERROIRS........ 168
LA LAQUIERE 121
LA LAUTRÉCOISE 137
LA MAISON AU PUITS........... 159
LA MAISON DE L'ABBÉ.......... 148
LA MAISON DE LA CHARCUTERIE .. 87
LA MAISON DE PAYRAC........... 94
LA MAISON DES MÉTIERS DU CUIR 133
LA MAISON DU CHAI 153
LA MAISON DU VIEIL ALBY........ 56
LA MAISON 61
LA MÉTAIRIE NEUVE 144
LA MONTAGNE NOIRE 116
LA NUIT PASTEL 7, 48
LA PADÉNA 136
LA PART DES ANGES 14, 110
LA PASSERELLE DE MAZAMET 16, 117
LA PIERRE PLANTÉE............. 88
LA PLACE DES HALLES.......... 135
LA PLACE JEAN-JAURÈS 102
LA PLACETTE ALBIGEOISE 61
LA PLANQUE DE L'ÉVÊQUE....... 68
LA POMMERAIE DE COULOUBRAC . 89
LA PRESQU'ILE D'AMBIALET 74
LA QUILLE DU ROY............. 123
LA RUE DU BAIN................ 72
LA SCALA..................... 119
LA TABLE DE BIOAZUR 167
LA TABLE DE DURFORT.......... 131
LA TAVERNE D'HAUTPOUL 120
LA TERRASSE.................. 172
LA TOUR DES RONDES 139
LA TOUR SAINTE-CÉCILE.......... 62
LA VIGNERONNE 155
LA VILLA DE MAZAMET...... 15, 118
LABASTIDE-ROUAIROUX ...113
LABRUGUIÈRE............114
LAC'CRO PARC 16, 121
LAC DE LA ROUCARIÉ 80
LAC DES AUZERALS............. 175
LAC DES SAINTS-PEYRES........ 114
LACAUNE 87
LACAZE...................86
LAUTREC ★...............134
LAVAUR..................138
LE BALCON DU LAC 95
LE BELLEVUE.................. 144
LE BISTROQUET 64
LE BOAL...................... 129
LE BŒUF MARIN 78
LE CAFÉ DES SPORTS........... 166
LE CAFÉ PLUM 137
LE CARPODROME DU TARN-AGOUT................ 177
LE CHALET DU LAC 119
LE CHEMIN DU PETIT TRAIN....... 89
LE CHIEN ROUGE 65
LE CLOS SAINTE-CECILE.......... 65
LE COCHE D'EAU « LE MIREDAMES » 103, 183
LE CORSICAVEYRON 160
LE COSY........................ 68
LE DOLMEN.................... 114
LE DOMAINE DE CIMÉLIA 15, 59
LE FAMILY POD ET SPA 164
LE FER À CHEVAL................ 73
LE GOULU 65
LE GRAND BALCON 120
LE GRAND HÔTEL DE CASTRES**** 106
LE GRAND THÉÂTRE DES CORDELIERS................ 55

LE HAMEAU DE TAUR 60
LE JARDIN DES CÈDRES......... 140
LE JARDIN DES PARADIS 157
LE JARDIN DES QUATRE SAISONS.. 65
LE JOURNAL D'ICI 185
LE LAC DE BELLEVUE............171
LE LAUTREC 66
LE MARCHÉ COUVERT............71
LE MEDIEVAL 109
LE MÉNAGIER................... 154
LE MESSIDOR 136
LE MILLÉSIME 136
LE MOULIN DE RECORD 85
LE MOULIN DU BARTHAS 123
LE MOULIN DU CHAPITRE........ 148
LE MUSÉE DE LA MODE 56
LE MUSÉE DU SAUT-DU-TARN..... 56
LE MUSÉE LAPÉROUSE 56
LE MUSÉE POUR TOUS
DE RAPHAËL CORDOBA 56
LE NID DE L'ÉCUREUIL 166
LE NID PENNOL 172
LE PALAIS DE LA BERBIE 57
LE PARC ROCHEGUDE............ 57
LE PAVILLON D'ADELAÏDE 102
LE PESCADOU.................. 110
LE PETIT TRAIN TOURISTIQUE
ALBIGEOIS..................58, 183
LE PIEURÉ NOTRE-DAME DE L'ODER
D'AMBIALET 74
LE PIGEONNIER DE SOAZ 143
LE POINT D'ACCUEIL TOURISTIQUE
DE MONESTIÉS.................. 79
LE PONT-VIEUX.................. 57
LE PONT SAINT-ROCH........... 139
LE PONT SUSPENDU............ 176
LE PRÉAU SAINT-JACQUES 106
LE PRESBYTÈRE DE CESTAYROLS 159
LE PRINCINOR.................. 170
LE QUARTIER DROUOT.......... 103
LE RELAIS DE LA VÈRE -
CHEZ ANNE.................... 153
LE RELAIS DES FARGUETTES 77
LE REPOS DE LA GARE.......... 114
LE ROBINSON.................... 66
LE ROC DE MONTALET........... 88
LE ROMUALD 170
LE SALON DE VAUBAN........... 131
LE SECRET DU CHAT 159
LE SOUTERRAIN DU CASTELA.... 176
LE TARN LIBRE................. 187
LE TOURNESOL 62
LE VAL DE LA GARENNE......... 155
LE VIEUX CABARET 67
LE VIEUX MARCHÉ.............. 141
LE VIN CŒUR 67
LE VINTAGE 110
LE WIGWAM DU FASSAC......... 106
LES ARCADES.................... 63
LES ATELIERS................... 108
LES BERGES DU TARN............ 53
LES CHALETS DE LA BESSIÈRE .. 104
LES CHOCOLATS DE JOSEPHA ... 111
LES CHOCOLATS YVES
THURIES 111, 167
LES CIRCUITS DE L'AUBEPINE 144
LES ÉCURIES DE LA SABATARIE ... 86
LES ÉGLISES DE CAMPAGNE..... 133
LES ÉGLISES DE CASTRES....... 101
LES EXTRAVADANSES..............6
LES FERMIERS OCCITANS 112
LES FOLIES FERMIÈRES......... 142
LES FORÊTS DE LACAUNE 91
LES FOUILLES DE SAINTE-
JULIANE...................... 124
LES HÔTES DE LABASTIDE....... 114
LES JARDINS DE L'ÉVÊCHÉ 139
LES JARDINS DE MAZAMET...... 118
LES JARDINS DU PALAIS
DE LA BERBIE.................. 55
LES METS D'ADELAIDE.......14, 109
LES MIRLIFLORES 171
LES PIGEONNIERS.............. 146
LES PIGEONS DU MONT-ROYAL... 145
LES PLANQUETTES 79
LES PLANTES DE LA LORIEN..... 137
LES QUAIS..................... 103
LES RANDONNEES 177
LES ROCHERS ET LA MAISON
DU SIDOBRE 84
LES RUINES DU CASTELA........ 176
LES RUINES DU CHÂTEAU DE
CASTELNAU-DE-LÉVIS 57
LES TOILES DE LA MONTAGNE
NOIRE........................ 121
LES VENTS BLEUS.............. 159
LIBELLUS...................... 184
LIO........................... 184
LISLE-SUR-TARN..........169
LO BOLEGASON 113
LO CAMIN DELS CARBONIÈRS..... 76
LO CANTAMERLE 93
LOGIS SUR CIEL 159
LOU BASS PLAT 73
LOU CANTOUN.................. 160
LOU LENGADOCIAN 115
LOU SICRET..................... 66

M

MAISON BRUYÈRE................ 68
MAISON DES VINS DE GAILLAC ... 168
MAISON DU BOIS ET DU JOUET ... 116
MAISON DU SAFRAN DU TERROIR
TARNAIS...................... 112
MANAVIT-HAUT-CADALEN 136
MARCHÉ DE LACAUNE 90
MARCHÉ DE NOËL À CASTRES 7
MARCHÉS DE PLEIN VENT....... 168
MARCHÉS GRAS ET FERMIER 121
MARCHÉS 112
MAS DE SUDRE................. 164
MAZAMET.................116
MICHEL BELIN – ARTISAN
CHOCOLATIER................... 69
MIREDAMES HÔTEL BAR*** 106
MONESTIÉS 78
**MONTREDON-
LABESSONNIÉ............122**
MOULIN À VENT
DE LA SALETTE 135
MURAT-SUR-VÈBRE 92
MUSÉE-MINE DÉPARTEMENTAL... 77
MUSÉE ART DU CHOCOLAT....... 169
MUSEE BAJEN VEGA............. 79
MUSÉE CHARLES PORTAL 157
MUSÉE D'ART MODERNE
ET CONTEMPORAIN............. 157
MUSÉE DE L'ABBAYE 162
MUSÉE DE LA BRODERIE 158
MUSÉE DE LA VIE PAYSANNE
EN HAUT LANGUEDOC 94
MUSÉE DE MINÉRAUX
ET FOSSILES DE JEAN CROS..... 102
MUSÉE DÉPARTEMENTAL
DU TEXTILE................... 113
MUSÉE DES BATTAGES
ET DES ANCIENS TRACTEURS 92
MUSÉE DES BEAUX-ARTS........ 163
MUSÉE DOM ROBERT ET DE
LA TAPISSERIE DU XXE SIÈCLE ... 147
MUSÉE DU CATHARISME 116
MUSÉE DU CUIVRE 131
MUSÉE DU PAYS RABASTINOIS ... 174
MUSÉE DU PAYS VAURAIS........ 139
MUSÉE DU PROTESTANTISME
DE LA RÉFORME À LA LAÏCITÉ 84
MUSÉE DU VERRE
DE SORÈZE.................... 148
MUSÉE DU VIEUX LACAUNE....... 88
MUSÉE GOYA - MUSÉE D'ART
HISPANIQUE 102
MUSÉE LE RÊVE DU PASSÉ...... 145
MUSÉE LES ARTS DU SUCRE
ET DU CHOCOLAT.............. 158
MUSÉE RAYMOND LAFAGE....... 170
MUSÉE TOULOUSE-LAUTREC...... 56
MUSEUM D'HISTOIRE NATURELLE
PHILADELPHE THOMAS 163

N

NAGES 94
NATURA CAFÉ................... 69
NOTRE-DAME-DU-GRANITE 102
NUMÉRO 55 61

O

O RESTO DES CAUQUILLOUS 141
O VENT D'ANGES 66
Ô VICTORIA.................... 110
OFFICE DE TOURISME - ACCUEIL
DE PUYCELSI CHAPELLE 173

EDITION

Directeurs de collection et auteurs : Dominique AUZIAS et Jean-Paul LABOURDETTE

Responsable d'édition : Tristan CUCHE

Auteurs : Louise BRAHITI, Tristan CUCHE, Mélisa GUENDOUZI, Aurélie HERNANDEZ, Julien LAYABTS, Stéphanie CHAULOT, François TENEZE, Nicolas TENEZE, Jean-Paul LABOURDETTE, Dominique AUZIAS et alter

Directeur Editorial : Stéphan SZEREMETA

Rédaction France : Elisabeth COL, Tony DE SOUSA, Mélanie COTTARD, Audrey VEDOVOTTO

Rédaction Monde : Caroline MICHELOT, Morgane VESLIN, Pierre-Yves SOUCHET, Natalia COLLIER

FABRICATION

Responsable Studio : Sophie LECHERTIER assistée de Romain AUDREN

Maquette et Montage : Julie BORDES, Delphine PAGANO

Iconographie et Cartographie : Anne DIOT, Julien DOUCET

WEB ET NUMERIQUE

Directeur Web : Louis GENEAU DE LAMARLIERE

Développeurs : Adeline CAUX et Kiril PAVELEK

Intégrateur Web : Mickael LATTES

Webdesigner : Caroline LAFFAITEUR

Community Traffic Manager : Alice BARBIER, Mariana BURLAMAQUI et Vincent PHAM

DIRECTION COMMERCIALE

Directeur commercial : Guillaume VORBURGER assisté de Manon GUERIN

Responsable Régies locales : Michel GRANSEIGNE

Responsables Développement régie inter : Jean-Marc FARAGUET et Guillaume LABOUREUR

Chefs de Publicité : Camille ESMIEU

Chefs de Publicité Régie nationale : Caroline AUBRY, François BRIANCON-MARJOLLET, Perrine DE CARNE MARCEIN

DIFFUSION ET PROMOTION

Directrice des Ventes : Bénédicte MOULET assistée d'Aissatou DIOP

Responsable des ventes : Jean-Pierre GHEZ assisté de Nelly BRION

Relations Presse-Partenariats : Jean-Mary MARCHAL

ADMINISTRATION

Président : Jean-Paul LABOURDETTE

Directrice des Ressources Humaines : Dina BOURDEAU assistée de Sandra DOS REIS et Eva BAELEN

Directrice Administrative et Financière : Valérie DECOTTIGNIES

Comptabilité : Jeannine DEMIRDJIAN

Recouvrement : Fabien BONNAN assisté de Sandra BRIJLALL et Vinoth SAGUERRE

Responsable informatique : Elie NZUZI-LEBA

PETIT FUTÉ ALBI - TARN

LES NOUVELLES EDITIONS DE L'UNIVERSITE
18, rue des Volontaires - 75015 Paris.
✆ 01 53 69 70 00 - Fax 01 42 73 15 24
Internet : www.petitfute.com
SAS au capital de 1 000 000 € - RC PARIS B 309 769 966
Couverture : Cordes-sur-Ciel
© stephanemedina81 - stock.adobe.com
Impression : IMPRIMERIE CHIRAT - 42540 Saint-Just-la-Pendue
Achevé d'imprimer :
Dépôt légal : 28/08/2021
ISBN : 9782305059396

Pour nous contacter par email, indiquez le nom de famille en minuscule suivi de @petitfute.com
Pour le courrier des lecteurs : info@petitfute.com

IMPRIMÉ EN FRANCE

OFFICE DE TOURISME BASTIDES ET VIGNOBLE DU GAILLAC 163
OFFICE DE TOURISME CASTRES MAZAMET 116
OFFICE DE TOURISME DE CASTELNAU DE MONTMIRAL .. 153
OFFICE DE TOURISME DE CASTRES 103
OFFICE DE TOURISME DE CORDES-SUR-CIEL........... 158
OFFICE DE TOURISME DE LABRUGUIÈRE 115
OFFICE DE TOURISME DE LACAUNE-LES-BAINS 88
OFFICE DE TOURISME DE LISLE-SUR-TARN 170
OFFICE DE TOURISME DE RABASTENS 174
OFFICE DE TOURISME DE RÉALMONT 145
OFFICE DE TOURISME DE SAINT-PIERRE DE TRIVISY 96
OFFICE DE TOURISME DE SAINT-SULPICE 176
OFFICE DE TOURISME DE SALVAGNAC................. 178
OFFICE DE TOURISME DU LAUTRÉCOIS - PAYS D'AGOUT.. 135
OFFICE DE TOURISME THORÉ– MONTAGNE NOIRE.............. 113
OFFICE DE TOURISME VALLÉE DU TARN 75
OXYTANIE...................... 185

P

PARC DE GOURJADE 102
PARC RÉSIDENTIEL DE LOISIRS DOMAINE D'EN LAURE 115
PARC RÉSIDENTIEL DE LOISIRS DOMAINE DE MIRAVAL**** 130
PENNE 171
PETIT TRAIN DE LA PORTANELLE............ 163
PETIT TRAIN.................... 158
PIZZERIA DEL DUOMO...........67
PLANÈTE TARN................. 123
PLEIN CIEL 106
POINT D'ACCUEIL TOURISTIQUE DE CARMAUX 77
PRESBYTÈRE DE SAINT-THÉODARD 143
PROMENADE EN GABARRE - ALBI CROISIÈRES........ 16, 58, 183
PUB SAINT-MARTIN 148
PUECH NOLY.................... 80
PUYCELSI................ 172
PUYLAURENS 142

R

RABASTENS.............. 173
RADIO ALBIGÉS.................. 187
RADIO CAGNAC 187
RADIO LACAUNE................. 187
RADIO MENERGY 187
RAIL MINIATURE CASTRAIS 103
RÉALMONT............... 145
RESTAURANT-SALON DE THÉ Ô SAVEURS 140
RESTAURANT DE BONNERY...... 120
RESTAURANT LOUIS............. 110
ROQUECOURBE........... 124

S

SAINT-LIEUX-LÈS-LAVAUR 146
SAINT-PIERRE-DE-TRIVISY 95
SAINT-SULPICE........... 175
SALAISONS OBERTI............. 89
SALVAGNAC 177
SAMY'S DINER 107
SCENE NATIONALE D'ALBI 58
SENTIER « SUR LES TRACES DE L'ENFANT SAUVAGE » 91
SENTIER DU PETIT TRAIN DE LACAUNE.................. 113
SENTIER « SUIVEZ LE COQ » 169
SITE DU BARRAGE DE BEZAN 124
SORÈZE ★★ 147

T

TANIS, PAYSAN BRASSEUR....... 142
TEILLET 80
THAÏ SQUARE RESTAU............ 67

V

VAOUR 179
VIANDES ET SAVEURS........... 93
VILLA MANDARINE...............61
VILLA PINEWOOD................ 119
VILLE DE GAILLAC 165
VINOVALIE - CAVE DE RABASTENS 175
VINS TERROIRS ET FLEURS....... 86
VOA VERRERIE D'ALBI............ 58
VOIE VERTE ENTRE CARMAUX ET CAP' DÉCOUVERTE............ 72

W

WWW.TOURISME-TARN.COM 187

Z

ZIG PARK 73
ZOO-PARC DES FELINS LES 3 VALLEES................. 123